전세가를 알면 부동산 투자가 보인다

전세가를 알면 부동산 투자가 보인다

이현철 지음

매일경제신문사

프롤로그

요즘 들어 특히나 세상 살기가 어렵다는 생각이 듭니다. 청년층들은 취업을 못 해서 공무원이 되기 위한 공시족으로 몰리고 있고, 장년층들은 아직 한참 일할 상황에도 불구하고 일찌감치 퇴직해 어쩔 수 없이 창업이라는 정글 속으로 내몰리고 있습니다. 최근 들어 사회적 계층의 격차가 점점 더 심해지고 있다고 합니다. 이제 중산층은 없다고도 합니다. 금수저, 흙수저 논란도 일고 있습니다. 아무리 잘살고자 발버둥 쳐봐도 희망이 없는 세상 같아 보입니다. 우리는 언제 치열한 무한 경쟁에서 벗어나 여유 있는 삶을 살아갈 수 있는 부자가 될 수 있을까요?

이렇게 사는데 과연 부자가 될 수 있을까요? 부자가 되기에는 너무 요원한 세상 같아 보입니다.

그런데 이러한 세상에서 실낱같은 희망이 조금은 보입니다. 바로 '부동산'이죠. 부동산이 부자로 가는 유일한 길일 가능성이 크다는 것은 누구나 알고 있습니다. 그러나 이 부동산마저 자신에게는 기회를 주지 않는 것 같아 정말 답답합니다.

시중에 나와 있는 부동산에 관한 책들을 많이 읽어봤습니다. 요즘 저의 친한 친구 녀석도 한참 부동산에 관심이 집중되어 있습니다. 주변 사람들이 위례나 하남지역의 분양권을 분양받아

몇 억 원씩 올랐다는 자랑을 계속 듣다 보니 늦었지만 지금이라도 부동산에 투자해야 할 것만 같다는 것이었습니다. 그래서 부동산 관련 책을 많이 사서 읽어봤는데, 시중에 나와 있는 책 대부분이 이미 자기도 다 알고 있는 내용이라는 것입니다. 저도 거의 같은 느낌을 받고 있었습니다. 정말 시중에 있는 책 중 부동산에 대해서 제대로 맥을 짚고 있다는 느낌을 주는 것은 거의 없었습니다.

　많은 분이 저에게 지금이 아파트를 사야 할 시점인지를 묻습니다. 몇 년 전부터 그렇게 질문하는 사람들이 많았습니다. 저는 몇 년 전부터 사야 할 시점이라고 말씀은 드렸지만, 이유를 물으면 그것을 설명하기가 너무 어려웠습니다. 왜냐하면, 그분에게 지금이 사야 하는 시점이라는 것을 충분히 이해시켜주기에는 너무나도 많은 말이 필요했기 때문입니다. 그런데 이렇게 불안해하고, 궁금해하는 사람들의 부동산에 대한 의구심을 해소해줄 만한 책은 보지 못했습니다. 그래서 부족하나마 이분들에게 도움이 될 만한 책을 만들어야겠다는 생각을 하게 되었습니다.

정말 안타까운 마음이 많이 들었습니다. 시중에 있는 책도 그렇고, 가끔 미디어에서 접하는 부동산에 대한 칼럼들을 읽어보면 '왜 부동산에 대한 분석을 다른 재화를 분석하듯이 똑같이 할까?' 하는 의문이 들었습니다. 부동산을 공부할 때 부동산학개론이라는 이론서가 있습니다. 그 첫 번째 장이 바로 부동산의 특성입니다. 이것을 맨 첫머리에 두는 이유는 다른 재화와는 다른 부동산만의 특성이 있고, 바로 이 특성으로 인해서 다른 재화와는 다른 시장 상황을 나타낸다는 것입니다. 맞습니다. 부동산을 분석할 때는 바로 그 특성에서 출발해야 합니다. 그런데 그 누구도 그 특성에 기반을 둔 분석을 하지 못하고 있는 것으로 보였습니다. 그렇기에 우리나라 부동산의 흐름을 제대로 짚어낼 수가 없었던 것이죠. 이러한 정보를 접하고 이에 기반을 둔 논리를 가진 분들이 시장의 흐름을 잘못 파악해 제때 투자하는 시점을 놓치게 되는 안타까운 상황들이 벌어지는 것입니다. 그리고 우리나라는 다른 나라에는 없는 특수한 전세제도가 있습니다. 그리고 이 전세제도가 매매가에도 영향을 주고 있습니다.

이 책에는 부동산의 특성에 기반을 둬 부동산을 분석하는 틀을 마련했고, 특히 전세제도가 우리나라 주택가격에 어떻게 미치는가를 자세하게 분석해 기술했습니다. 그리고 현장의 분위기와 사람들의 심리가 어떻게 변화되는가에 중점을 맞추었습니다. 그렇게 분석을 하다 보니 부동산 이론에 나오는 주택경기 사이클이 그려지게 되더라고요. 이 사이클이 10년에 해당한다고 해서 10년 주기설을 주장하시는 분들도 계시는데, 실제로는 정확하게 10년이 맞는 것은 아닙니다. 이번 사이클을 분석해보니 2008년 하락을 시작해 2017년 현재 상승기까지 10년이 흘렀습니다. 그런데 아직 폭등이 오지 않았습니다. 앞으로 폭등기에 해당하는 3~4년 정도의 사이클이 더 진행될 것으로 보입니다.
'헉! 지금까지도 많이 올랐는데, 앞으로 더 폭등이 있을 수 있다고요?'라고 믿지 않으시는 분들이 많습니다. 그러나 저는 앞으로 조만간 폭등이 올 것으로 확신하고 있습니다. 그리고 그다음에는 또 반드시 하락기가 찾아옵니다. 그 원인은 이 책에 자세하게 기술되어 있습니다.

저는 사실 이 흐름만 제대로 파악한다면 걱정할 것이 없다고 봅니다. 흐름을 잘 알고 있으면 어떤 지역을 사야 할지, 어떤 물건을 사야 할지, 지금은 사야 할 때인지, 팔아야 할 때인지 답이 어느 정도 나오기 때문입니다.

지금까지 부동산에 대한 걱정이 많으셨을 것입니다. 저는 특히 이 책을 읽는 분들이 무주택자였으면 좋겠습니다. 제가 한참 분양을 하고 있을 때 느꼈던 것이 무주택자들이 돈이 없어서 그렇게 되었다기보다는 부동산에 대한 부정적인 시각만을 가지고 있었기 때문에 무주택자를 벗어날 기회를 계속해서 놓치고 있다고 생각합니다.

이 책이 그러한 잘못된 시각을 개선해주는 계기가 되었으면 하는 바람이 큽니다. 부동산은 흐름만 잘 타면 엄청난 수익을 올려주는 황금 거위가 될 수 있습니다. 그러한 기회를 이 책을 통해서 갖게 되었으면 하는 바람으로 집필하게 되었습니다. 우리 다 같이 부동산을 통해서 부자가 되어 이 험난한 세상에서 여유 있는 삶을 살아갔으면 좋겠습니다.

자본주의 세상에서는 돈을 굴리지 못하고 멈춰 있으면 결국에는 손해 보는 것과 같습니다. 전세가 안전하기는 하지만, 결코 돈을 벌어주는 것은 아니라는 것을 꼭 명심하시기 바랍니다. 시골의사 박경철 님의 《시골의사의 부자경제학》이라는 책의 머리말에 쓰인 내용의 일부가 늘 제 머릿속에 강하게 남아 있습니다. 바로 '돈의 노예가 되지 말자'는 내용인데요. 돈을 벌고자 할 때 목표 금액이 없으면 결국 돈의 노예와 같다는 것입니다. 돈이라는 것은 벌다 보면 계속해서 벌고 싶은 욕구가 생기는 아주 이상한 물건입니다. 옛말에 그런 말이 있지 않습니까? 99석을 가진 사람이 1석 가진 사람을 빼앗아 100석으로 만든다고요. 박경철 님은 돈의 노예가 되지 않기 위해서는 목표 금액을 적당하게 정해놓고 그 목표액을 달성하면 더 이상 돈을 벌기 위한 노력을 중지하는 것이 필요하다는 말씀을 하셨습니다. 저는 이 말씀이 너무나도 가슴에 와 닿았습니다. 적당히 벌고 여유 있는 삶을 사는 것이 정말 행복한 삶이라는 말씀이 너무 좋더라고요.

독자분들도 너무 욕심내지 마시고 적당한 목표치를 세우고, 그 목표에 도달하면 투자에 손을 놓는 것도 행복으로 가는 지름길이라는 것을 잊지 마셨으면 좋겠습니다.

이현철

목 차 Contents

프롤로그 ······ 4

PART 01 아파트 가격은 '심리, 전세, 정책'으로 변한다

01 아파트에 대한 잘못된 상식 Best 10 ······ 15
01. 주택보급률 100%가 넘으면 집값이 내려갈까요? ······ 16
02. 인구가 줄어든다는데, 집값이 내려갈까요? ······ 20
03. 미국 금리가 올라간다는데, 집값이 내려갈까요? ······ 24
04. 우리나라 부동산이 일본처럼 폭락할까요? ······ 29
05. 미분양이 많아지면 집값이 내려갈까요? ······ 35
06. 세입자는 왜 집을 못 사는 것일까요? ······ 38
07. 임대인이 집값을 올리는 나쁜 사람일까요? ······ 44
08. 우리는 왜 보고 싶은 뉴스만 읽게 되나요? ······ 49
09. 다 같은 집인데 왜 가격 차이가 나는 것일까요? ······ 53
10. 부동산은 왜 다른 재화처럼 가격이 움직이지 않나요? ······ 57

02 아파트 가격? 먼저 전세에 대한 이해가 필요하다 ······ 63
01. 우리나라에만 있는 전세 ······ 64
02. 전세대란의 이유와 대책 ······ 81
03. 매매가를 역전하는 전세가 ······ 100
04. 집값을 올리는 전세 ······ 103
05. 역전세로 나타나는 현상 ······ 107

03 주택가격에 영향을 크게 미치는 요인 ······ 117
01. 선분양으로 심해지는 주택가격 왜곡과 대안인 후분양 ······ 118
02. 전세 때문에 매매가가 오르기도 하고 내리기도 한다 ······ 139
03. 사람들의 심리를 알면 가격 변화를 알 수 있다 ······ 147
04. 정부정책은 가격에 큰 영향을 끼친다 ······ 160
05. 부동산의 가격은 결국 부동산 시장에서 형성된다 ······ 171

PART 02 부동산 투자에 숨어 있는 비밀

01 황금알을 낳는 투자 11 ······ 179

01. 제대로 투자하려면 알아야 하는 부동산 경기사이클 ······ 180
02. 집 한 채로 돈 버는 방법 ······ 206
03. 수요가 몰리는 새 아파트 투자 ······ 211
04. 절대적인 학군, 절대적인 수요 ······ 218
05. 최고로 좋은 것을 구하려 하지 마라 ······ 222
06. 최고의 투자 방법 중 하나, 갭 투자 ······ 226
07. 대형평형은 이제 끝난 것인가? ······ 235
08. 지방 시장 VS. 서울·수도권 시장 ······ 241
09. 너무 주변 사람들의 조언에 구속되지 마라 ······ 245
10. 적은 자본으로 투자하기 좋은 오피스텔 투자 ······ 248
11. 매도! 즉, 파는 것이 더 중요하다 ······ 263

02 초보자가 좋아하는, 그러나 피해야 할 투자 5 ······ 269

01. 경매 투자는 좋은 투자법이지만, 비효율적이다 ······ 270
02. 지역 주택조합아파트 투자를 조심해야 한다 ······ 281
03. 빌라는 아주 짧은 기간만 상승하고 소외된다 ······ 295
04. 재개발·재건축 투자는 비효율적일 수 있다 ······ 300
05. 분양권 단타 매매는 매우 위험하다 ······ 307

03 무주택자들이 궁금한 BEST 9 ······ 313

01. 정부의 강력한 규제정책으로 부동산 가격이 내려갈까요? ······ 314
02. 그럼 집값은 언제 내려가나요? ······ 324
03. 2017~2018년 입주 폭탄으로 집값이 폭락할까요? ······ 329
04. 인구가 줄고 있다는데 아파트는 이제 끝인가요? ······ 335
05. 전세자금대출, 문제점은 뭔가요? ······ 340
06. 무주택자인데 지금이라도 내 집 마련을 해야 할까요? ······ 348
07. 전세를 싸게 들어가는 방법은 없나요? ······ 355
08. 내 집 마련을 위한 대출은 어느 정도를 받아야 할까요? ······ 360
09. 깡통전세가 위험한가요? ······ 365

PART 01

아파트 가격은 '심리, 전세, 정책'으로 변한다

Chapter
01

아파트에 대한 잘못된 상식 Best 10

01
주택보급률 100%가 넘으면 집값이 내려갈까요?

집값이 하향 안정화할 것이라는 전망을 하는 사람이 많습니다. 이분들의 대부분이 이제 주택보급률이 100%를 넘었다는 것을 이유로 하고 있습니다. 정말 주택보급률이 100%가 넘으면 집값이 하락할까요?

일단 일본을 한번 보겠습니다. 일본은 현재 빈집이 800만 채가 넘는다고 합니다. 그래서 폭락했다고 연결하시는 분들도 많습니다. 그럼 지금도 일본의 집값이 내려가고 있을까요? 일본 통계에 의하면 일본 도심의 집값은 다시 상승하고 있다고 합니다. 빈집이 800만 채가 넘어서 빈집이 해마다 늘고 있는데도 말입니다. 빈집이 있다는 말은 주택보급률이 100%를 넘었기 때문이라는 것을 대변해주고 있습니다. 일본의 경우 주택보급률이 120% 정도 된다고 합니다. 주택보급률 때문에 집값이 내려간다고 보면 빈집이 해마다 50만 채 정도 늘어나는 일본의 경우로 봤을 때 일본의 집값은 계속 내려가고 있어야 합니다. 그러나 큰 폭락을 겪었지만, 일본의 집값은 다시 오르고 있습니다. 빈집을 뒤로한 채 말입니다.

우리나라의 경우, 전국에 빈집이 100만 채 정도 된다는 통계 결과가 있습니다. 서울의 경우, 빈집이 약 8만 채 정도 된다고 합니다. 서울에도 빈집이 이렇게나 많은데 왜 전세가와 집값이 지속해서 상승하는 것일까요? 서울에서 대체 빈집은 어디에 있을까요?

서울의 빈집은 대부분 재개발지역에 있다고 보면 됩니다. 재개발지역으로 지정이 되어 재개발이 예정되어 있으나 사업추진이 지지부진한 경우, 그 지역은 슬럼화되어 더 이상 사람이 살기에 적당한 지역이 못 되는 것입니다. 범죄의 우려도 커지고 편의시설도 점점 사라져가는 상황에서 슬럼화되어 있는 지역의 집이 과연 집으로서의 역할을 제대로 할 수 있을까요? 만약, 여러분들에게 그 집에서 공짜로 살게 해줄 테니까 들어가서 살라고 제안한다면 과연 그 집에 들어가서 사시겠습니까?

바로 여기에 통계의 함정이 있습니다. 그 빈집도 집의 개수를 구하는 통계에는 포함이 되어 있습니다. 하지만 사람이 살기에는 부적당한 집입니다. 일본 역시 노령인구가 늘어서 시골이나 도시 외곽에 있는 집에 노인분들이 살다가 돌아가시는 경우 그 집이 빈집으로 남게 됩니다. 우리나라도 그와 마찬가지입니다. 지방의 빈집은 거의 시골에 있습니다. 시골에는 젊은 사람들이 다 도시로 빠져나와 빈집으로 방치되고, 노인분 위주로 살고 계십니다. 그러다가 노인분들이 돌아가실 때도 빈집으로 방치될 수밖에 없습니다. 그리고 이사를 들어오는 귀농 인구는 빈집을 활용하기보다 빈 땅에 새 집을 지어 사는 경우가 대부분입니다. 이렇게 빈집은 늘어가고 있습니다. 그런데 이런 빈집이 다른 집값에 영향을 줄까요? 이런 집은 통계에는 잡혀 있지만, 집값에 전혀 영향을 주지 않고 있습니다. 통계의 함정만 만들어내는 집들입니다. 주택은 다른 물건들과 다르게 생활권이라는 공간적 제약이 작용합니다. 그 집 한 채만 있다고 그 지역에 살 수는 없습니다. 주변에 학교, 병원, 상가 등 각종 편의시설 및 기반시설이 함께 존재해야 비로소 집으로서의 가치를 지니는 것입니다.

그럼 다른 방향으로 생각해보겠습니다. 빈집이라도 누군가는 소유하고 있다는 것 아니겠습니까? 결국, 그 집을 소유한 사람은 다른 집을 살 여력이 떨어져 수요에 영향을 주어 집값을 떨어뜨리는 역할을 하지는 않을까요? 우리는 주변에 집은 가지고 있으면서 땅에 투자하는 분들을 많이 보고 있습니다. 집은 집으로서의 역할도 하지만, 땅으로서의 역할도 합니다. 지금은 방치

된 집으로 아무 쓸모가 없지만, 결국 집을 허물고 다른 무언가를 지을 수 있는 땅으로서의 역할은 충분합니다. 어떤 분들은 땅을 사서 20~30년 이상 가지고 있기도 합니다. 투자자로서 그냥 빈 땅에 투자했다 생각하고 가지고 있으면 나중에 그 지역이 좋아져 땅값이 오를 것을 기대해 그냥 가지고 있는 것을 선택하는 사람도 많을 것입니다. 이런 분들이 집 수요에 크게 영향을 준다고 볼 수는 없을 것입니다. 빈집은 갑자기 엄청난 규모의 변화가 일어나지 않는 이상 집값에 크게 영향을 주지 않습니다. 천천히 빈집이 늘어나는 현상은 거의 집값에 영향을 주지 않는다고 보는 것이 맞습니다.

결국, 주택보급률은 통계상으로나 의미가 있는 것일 뿐 실질적인 주택보급상황이 더 중요하다고 보입니다. 그런데 실질 주택보급상황은 거의 언제나 100% 언저리에서 오르락내리락할 뿐 크게 변하지 않습니다.

02 인구가 줄어든다는데, 집값이 내려갈까요?

집값 하락론자의 대부분이 앞으로 인구가 줄어들어 집값에 영향을 줄 것이라고 전망하고 있습니다. 그런데 정말 그럴까요? 인구가 줄면 집값이 내려갈까요?

대구의 경우 집값이 2010년부터 2016년까지 거의 쉼 없이 올랐습니다. 그런데 대구의 인구를 한번 살펴보겠습니다. 대구시 인구는 2010년을 기점으로 꾸준히 줄고 있습니다. 2010년부터 2016년까지 인구는 줄고 있는데, 집값은 그 기간 꾸준하게 상승했습니다. 보통은 인구가 줄면 수요가 줄고 당연히 집값이 내려가야 한다고 생각하고 있을 것입니다. 그런데 대구의 경우 그렇지 않았습니다. 거의 모든 사람이 알고 있는 상식, 즉 인구가 줄면 집값이 내려갈 것이라는 예측이 다른 결과를 나타낸 지역이었습니다. 단정적으로 말씀드리면 인구가 줄어든다고 해서 절

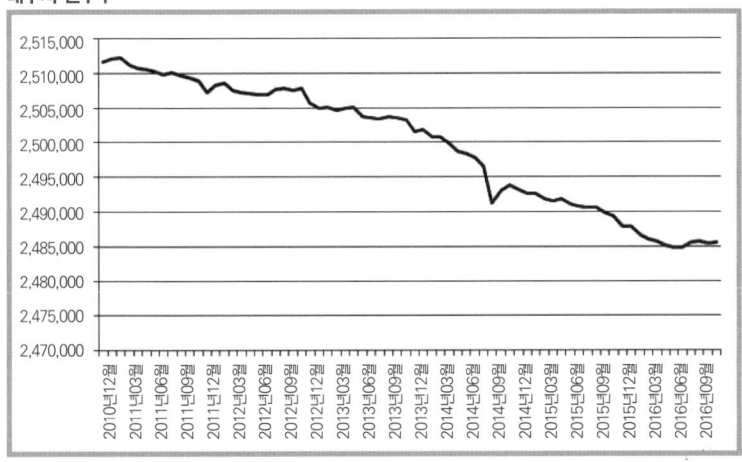

대적으로 집값이 내려가는 것은 아닙니다. 대구와 같이 오히려 오르는 상황이 벌어지기도 합니다. 인구는 수요에 영향을 주는 하나의 변수에 지나지 않습니다.

우리는 또다시 인구라는 통계의 함정에 빠질 수 있습니다. 즉 인구를 실수요자로만 파악한 것이죠. 결국, 집은 사람이 살아야 한다는 어떤 강박 관념에 빠진 것입니다. 극단적으로 표현하자면 집은 사람이 살지 않아도 매수자들이 많이 사게 되면 결국 집값은 올라가게 됩니다. 그 예로 최근 영국의 집값이 급등하자 많은 사람이 집을 구매하게 되고, 심지어는 빈집도 높은 가격에 거래되었는데, 아직 빈집으로 방치되고 있다는 뉴스를 보신 적이 있으실 것입니다.

옛날 네덜란드의 튤립 투기 파동 사건에 대해서 다들 알고 계실 것입니다. 튤립 알뿌리가 3년 동안 무려 60배가 뛰었던 적이 있었죠? 아무 필요도 없는 튤립 알뿌리가 60배나 뛰다니요? 적절한 예가 될 수 없을 수도 있겠지만, 필요 없는 물건도 수요가 넘치게 되면 가격은 올라가게 됩니다. 집은 대표적인 가격이 정해져 있지 않은 물건입니다. 시장에서 수요와 공급으로 가격이 결정되는 대표적인 물건입니다. 그런데 우리는 '인구는 곧 수요다'라는 함정에 빠진 것입니다. 1인 1 수요로 착각을 하는 것이죠. 정말 잘못된 생각입니다. 1인 10 수요도 될 수 있고, 1인 100 수요도 될 수 있는 것입니다. 정말 돈 많은 사람이 한꺼번에 집을 100채를 사겠다고 한다면 그게 바로 1인 100 수요인 것 아니겠습니까? 그런데 왜 우리는 1인 1 수요라고만 생각하고 있을까요? 그것은 사람이 꼭 집에 들어가서 살아야 하는 상품이기 때문입니다. 그래서 다들 실수요기준으로 생각하기 마련인 것입니다.

그러나 항상 집은 투기 수요가 존재한다는 사실을 인식해야 합니다. 언제든지 1인 100 수요가 발생할 수 있다는 사실을 명심, 또 명심해야 합니다. 인구가 시장에 크게 영향을 주는 상황은 인구가 갑작스럽게 많은 수가 변해야 합니다. 예를 들어 수만 명이 한꺼번에 이민을 한다든지, 아니면 수만 명이 한꺼번에 죽었다든지 해야 시장에 영향을 줄 수가 있는 것입니다. 수요

요인 중 일개 변수 하나인 인구가 시장에 영향을 주기 위해서는 갑작스러운 충격이 가해져야 합니다. 인구가 자연스럽게 슬금슬금 줄어드는 상황에서는 시장은 이미 적응을 해서 크게 영향을 주지 않게 됩니다.

03
미국 금리가 올라간다는데, 집값이 내려갈까요?

2016년 아파트 시장을 전망할 때 다들 미국 금리에 촉각을 세우고 있었습니다. 미국이 금리를 인상하면 세계 경제에 주도적인 역할을 하는 미국의 영향으로 우리나라도 결국 금리 인상을 하지 않을 수가 없습니다. 금리 인상이 이루어지면, 가계부채가 매우 증가한 상황에서 이자 부담이 커질 수밖에 없습니다. 그 여파로 대거 집을 파는 사태가 벌어져 집값이 크게 떨어질 것이라는 전망이었습니다. 그런데 결국 미국 금리는 인상했고, 우리나라 금리도 인상이 되었습니다. 그런데 집값은 어떻게 되었나요? 크게 떨어졌나요?

주식 같은 경우 금리가 인상되면 시장에 부정적인 작용을 하는 것이 맞습니다. 주식은 전형적인 투자 상품이고, 투자 수익률이 금리보다 조금 높은 수준만을 기대하고 있습니다. 그래서 주식은 금리의 영향을 많이 받습니다. 그런데 집은 전혀 영향이 없다고는 말하기 어렵지만, 다른 수요에 영향을 주는 수요변수 요인 중 하나에 지나지 않기 때문에 결국 크게 영향이 없습니다. 왜냐하면, 주택은 일단 투자 상품이면서 소비재이기도 합니다. 그리고 주택의 수익률은 많을 때는 수백 %에 이르기도 합니다. 그러므로 금리에 크게 영향이 없을 수 있습니다.

극단적인 예를 하나 들어보겠습니다.
지금 금리가 오르고 있습니다. 그런데 옆에 사는 개똥이 엄마는 얼마 전에 산 분양권에 프리미엄이 1억 원이 붙었다고 자랑하고 있습니다. 금리가 오른다고 해서 집값이 내려갈 것이라 보고 나중에 떨어지면 싸게 사야지 생각하고 있던 금순 씨는 안달이 났습니다. 그런데 다른 옆집에 사는 소똥이 엄마도 가슴에 불을 지릅니다. 전세를 끼고 집을 1년 전에 사두었는데 전세가가 막 뛰어서 지금 5,000만 원이 올랐답니다. 그런데 시장에서는 집값이 내려가지 않고 있다고 합니다.
이때 금순 씨는 어떻게 해야 할까요? 결국, 금순 씨는 집을 사는 쪽으로 마음을 먹을 가능성이 아주 클 것입니다. 물론 약간은 극단적인 예일 수 있겠지만, 금리가 오른다고 해도 주변 집값에 크게 영향이 없는 경우 사람들은 다시 집을 사서 오히려 집값이 올라가기도 합니다. 결국, 집값은 금리에 크게 좌우되지는 않는다는 이야기입니다.

그럼 왜 집값은 금리에 좌우되지 않을까요? 일단 집이라는 물건의 특성상 다른 투자 상품에 비해 규모가 큽니다. 그래서 투자할 경우 자금 계획을 세워서 미리 준비하는 경향이 있습니다. 금리가 오르고 내리는 것에 순간적인 영향을 크게 주지 않는다는 것입니다. 그리고 투자로 인해 얻는 수익이나 손실이 금리로 인한 영향보다 월등하게 큽니다. 앞서 언급했듯이 몇천에서 억을 버는데 금리 몇 %가 중요하겠습니까? 확실하다 싶으면 금리를 무시하고도 투자하는 것이고, 손실을 볼 것 같다고 예상되면 금리가 떨어져도 투자를 안 하는 것이 투자의 기본 원리입니다.

그리고 명확하게 보면 금리가 오르고 내리는 것은 현재의 기준이고 실제로 어느 정도 이상이면 투자가 증가하고, 어느 정도 이하면 투자가 증가하지 않는다는 기준이 정해져 있는 것이 아닙니다. 예를 들면, 2006년 아파트가 폭등할 때 금리는 5~6%대였습니다. 지금보다 훨씬 비싼 금리였습니다. 지금은 어떻습니까? 미국 금리가 오른다고 해도 현재 대출금리는 3%대입니다. 단지 2~3%대로 약간 오르는 정도에 불과합니다. 도대체 어떤 기준으로 금리가 오르면 집값이 내려가고 금리가 내리면 집값이 오르는지를 모르겠습니다. 단지 사람들이 느끼는 것은 현재보다 미래가 금리가 오를 것 같다, 그러면 불안해지는 것이고 내릴 것 같다, 그러면 희망적으로 보이는 약간의 착시 현상 같은 것이라고 볼 수도 있습니다. 이런 점 때문에 금리가 오르고 어느 정도 시간이 흐르면 사람들은 내성이 생겨 금리에 민감하지 않게 됩니다. 그렇기에 집값에 크게 영향을 주지 않게 되는 것입니다.

그리고 수요에 영향을 주는 요인은 항상 갑작스러운 변화가 있을 때 시장에 영향을 줍니다. 이미 모든 사람이 알고 있어서 예견된 상황에서는 시장에 내성이 작용해 큰 영향을 주지 않는다는 사실을 인지해야 합니다.

금리가 올라가면 집값이 내려간다고 주장하는 많은 전문가가 오류를 겪는 것이 주택을 투자 상품으로만 보기 때문입니다. 그들은 금리가 오르면 월세를 받음으로써 투자 수익을 올리던 투자자가 오르는 금리로 인해 수익률이 떨어지기 때문에 집을 파는 쪽으로 포지션을 취할 것이고, 현재 매수를 기다리고 있는 투자자들도 매수를 관망하는 쪽으로 포지션을 취할 것이기 때문에 결국에는 집값이 내려갈 것이라고 예견하는 것이죠.

집값에 영향을 주는 것은 월세보다는 전세입니다. 그런데 전세 투자자가 금리와 무슨 상관이 있을까요? 실수요자는 금리보다는 시장의 분위기에 더 좌우됩니다. 대출을 받는 경우 이자 부담이 늘 수는 있겠지만, 그것으로 인해서 집 사는 것을 포기하거나 또는 가지고 있는 집을 지금 당장 매도하는 일은 거의 없습니다. 그렇기에 금리의 오르고 내림은 집값에 크게 영향을 주지 않는 것입니다. 다만 이미 흐름이 정해져 있는 경우, 즉 지금이 하락세에 있다면, 금리가 오르는 것은 사람들 심리에 크게 영향을 줄 수는 있습니다. 그리고 오름세에 있을 때 금리가 떨어지는 경우에도 사람들의 심리를 자극해 더 오르는 역할을 할 것입니다. 그러니까 결국, 금리 때문에 집값이 움직이는 것이 아니라 시장의 분위기에 따라 그 영향이 커질 수도 있고 전혀 없을 수도 있는, 수요에 영향을 미치는 한 요소에 불과한 것입니다.

04 우리나라 부동산이 일본처럼 폭락할까요?

많은 분이 우리나라가 일본과 비슷한 흐름으로 약 10~20년 정도 뒤처져서 따라가고 있는 상황으로 보고 있습니다. 그래서 우리나라 부동산도 일본 부동산의 1990년대 대폭락처럼 폭락을 맞을 거라고 주장하고 있습니다. 과연 그렇게 될까요? 그리고 현재 일본 부동산의 경기는 어떠할까요? 중요한 것은 현상이 같다, 다르다를 논하기 전에, 왜 그렇게 되었나를 알아야 합니다. 일본 부동산은 어떠한 과정으로 폭락을 맞이하게 되었는지, 그리고 우리나라 부동산이 일본과 같은 과정을 겪으면서 가고 있는지를 파악해봐야 합니다. 단순히 일본이 선진국이고, 바로 이웃 나라이고, 같은 동양사람이라 해서 같은 과정과 결과를 낼 것이라 판단하는 것은 큰 오류에 빠질 가능성이 크기 때문입니다.

먼저 일본이 부동산 폭락을 맞게 되는 과정을 간략하게 짚어 보겠습니다.

지금의 우리나라 부동산 시장이 일본의 버블 붕괴 직전의 상황과 거의 일치한다고 보는 분들이 많은데, 그렇지 않습니다. 일본은 1980년대 말 부동산, 주식 등이 단기간에 2~3배 정도 폭등했습니다. 이때 일본은 대출이 무분별하게 이루어졌습니다. 일본의 경제상황이 수출주도형의 경제였는데, 엔화 가치가 올라서 경쟁력이 많이 없어져 수출에 엄청난 타격을 입게 되었습니다.

그래서 정책적으로 나타난 것이 소위 말하는 마이너스 금리의 금융정책입니다. 일본은 이때 엄청난 규모의 재정지출을 단행했습니다. 돈이 넘쳐났습니다. 그게 부동산과 주식으로 몰린 것입니다. 그 결과로 일본의 주식과 부동산은 폭등했습니다. 거품이 잔뜩 끼게 된 것입니다. 실물경제를 바탕으로 성장한 것이 아닌, 돈을 마구 찍어냄으로써 발생한 예상하지 못했던 상황이 벌어진 것입니다.

정부는 돈을 풀면서 실물경제 쪽으로 가길 바랐습니다. 그러나 정작 돈이 몰린 곳은 경제에 아무런 도움이 못 되는 부동산과 주식이었죠. 예상치 못한 결과에 정부는 조정의 필요성을 뒤늦게 깨닫게 됩니다. 그래서 다시 금리를 올리고 시중에 풀린 돈을 회수하기 시작합니다. 그러면서 돌아올 경제의 충격을 줄이기 위해 아주 극단적 방법을 쓰게 됩니다. 금리를 올리고 돈을 회수하자 2~3배 이상의 폭등으로 심리적인 위험 수준에 있던 투자자들이 공포에 휩싸이게 됩니다. 폭락이 시작된 것이죠. 이미 은행에서는 넘쳐나는 돈으로 투자자들의 이자를 갚을 능력이나 직업 수준 등을 고려하지 않고 대출이 나간 것이 부메랑이 되어 돌아왔습니다.

그리고 정부는 부동산 폭락에도 불구하고 아파트를 대거 짓기 시작했습니다. 실물경제를 살리기 위해서 어쩔 수 없는 재정지출을 계속 진행해야 했습니다. 그중에 가장 효과를 크게 볼 수 있는 건설 부분에 돈을 쏟아부은 것이죠. 대폭락을 하는 부동산에 공급을 계속 더하니 폭락은 진정될 수가 없었던 것이죠. 이것이 일본 부동산 버블 붕괴의 과정입니다.

일본과 우리나라가 다른 점은 부동산 때문에 발생한 가계대출이 비슷한 비중을 차지하고 있다고는 하나, 성격은 매우 다릅니다. 우리나라 대출은 관리가 어느 정도 되고 있다는 것입니다. LTV와 DTI 규제가 한도는 완화되었다고는 하나 적정선이 지켜지고 있습니다. 대출자의 이자 상환 능력이 충분히 고려되어 있는 상황입니다. 그렇기에 시장에서 다른 엄청난 외부 충격이 오지 않는 이상 시장에서 버텨낼 능력은 충분히 있는 상황입니다.

그리고 중요한 것은 똑같은 폭락을 맞더라도 우리나라 부동산 시장은 정부의 과도한 개입이 없이 시장에서 스스로 자정되기 때문에 일본처럼 장기 불황이 없는 것이 그 특징입니다. 부동산 폭락이 일어나면 시장에서는 부동산을 구입할 수요가 사라지게 됩니다. 그리고 그에 맞추어 건설사는 자연스럽게 아파트 공급을 줄이게 됩니다. 그 예가 1998년 IMF와 2008년 외환 금융위기 때입니다. 외부의 엄청난 충격으로 부동산 가격이 폭락하자 즉각적으로 부동산 공급이 거의 중단되었습니다. 그 때문에 시장에서는 4~5년 정도 하락을 겪고 공급 공백을 통해서 부동산 경기가 다시 살아나는 결과를 낳게 되었습니다.

우리나라와 다르게 일본은 경제를 살리기 위해 정부가 과도하게 개입해 시장을 왜곡시키는 데 한몫했습니다. 그리고 예상과 다른 결과가 나오자 또 다른 개입을 해서 결과적으로 장기 불황이라는 엄청난 결과를 가져오게 된 것입니다. 요즘 가끔 TV에서 일본의 부동산 상황을 보여주곤 합니다. 약 800만 채가 빈집으로 남아 있다고 하는데, 일본의 인구가 줄어들면서 나타난 결과라는 쪽으로 포커스를 맞추고 있는 것 같습니다.

하지만 앞서 언급했던 대로, 일본의 800만 채 빈집의 결과는 부동산 폭락에 발맞추어 일본 정부의 시장 개입으로 아파트 공급을 지속해서 해왔기 때문에 나타난 것입니다. 이것이 때마침 일본의 인구도 줄고 있었기 때문에 그렇게 보여지는 것처럼 느껴질 뿐입니다. 정부의 개입이 아니었다면 건설사가 바보가 아닌 이상 팔리지도 않는 집을 왜 그렇게 많이도 지었을까요? 시장은 애덤 스미스(Adam Smith)가 말했듯이 보이지 않는 손에 의해 자정 능력을 어느 정도 가지고 있다고 볼 수 있습니다. 인구가 줄어들어 수요가 없어지면 자연히 공급은 줄어들게 되고 시장에서 수요와 공급은 일시적으로 어느 정도 어긋날 수는 있겠지만, 다시 균형을 되찾는 상황이 반드시 오게 됩니다.

그리고 다시 생각해봐야 할 것이 있습니다. 대부분의 사람이 일본 부동산과 비교할 때 쓰는 것이 바로 일본의 1990년대 버블 붕괴 때와 현재의 우리나라 부동산 시장입니다. 왜 현재의 일본 부동산 상황을 언급하시는 분들은 없을까요? 앞서 언급했듯이 이분들은 방향성이 부동산 폭락에 맞춰져 있기 때문입니다. 진심으로 일본 부동산과 우리나라 부동산이 비슷한 흐름으로 이어져가고 있다고 여겨지면 과거와 현재의 상황을 모두 비교해 그 결과를 도출해야 합니다. 그런데도 굳이 과거, 그것도 한참 전의 일본 부동산 시장의 과거와 우리나라 부동산 시장의 현재와 비교해야 하는지를 모르겠습니다.

잘 알아보면 일본의 부동산 가격은 800만 채의 빈집에도 불구하고 도시의 집값은 다시 올랐습니다. 부동산 폭락을 원하는 사람들은 일본의 현재 집값에는 관심이 없습니다. 단지 우리나라의 부동산도 폭락할 거라는 것을 어느 정도 증명해줄 과거의 일본 부동산의 현상이 필요했던 것이죠. 이들에게 현재의 일본 부동산이 어떻게 흘러가고 있는지는 전혀 중요하지 않습니다. 아니 아마도 알고 있다고 해도 모른 척하고 있을 것입니다. 그런데 그것도 모르는 일반인들은 폭락을 원하는 전문가들의 그럴싸한 논리에 현혹되어 현재 시장의 상황을 정확하게 분석할 수가 없게 되었습니다. 그리고 계속 부정적인 논리를 갖게 되어 집을 사려는 엄두도 못 내는 안타까운 상황이 이어지고 있는 것입니다.

05
미분양이 많아지면 집값이 내려갈까요?

몇 년 전까지만 해도 미분양 아파트가 증가하거나 감소하고 있다는 뉴스를 많이 접했습니다. 아파트 가격이 내려갈 것이라고 생각하는 사람들은 미분양 아파트가 증가하고 있다는 기사만 봐도 집값이 내려갈 것이라고 확신하게 됩니다. 하지만 이것은 명백한 착각입니다. 일단 미분양의 정확한 의미와 시장에 미치는 영향을 알아야 합니다.

우리나라는 세계에서 유일하게 선분양제도를 사용하고 있습니다. 아파트를 짓기도 전에 먼저 분양권을 파는 것이죠. 그와 더불어 경쟁률이 치열해지자 사전 청약이라는 제도를 만들었습니다. 청약조건은 그 순위별로 따로 기간을 정해 청약을 신청하게끔 되어 있습니다. 먼저 특별공급이 있고 그 뒤로 1순위, 2순위, 3순위까지 청약을 받습니다.

청약을 받은 뒤 추첨을 통해 당첨자를 발표하고 당첨된 사람들이 정식계약으로 이루어지는 일련의 과정을 거칩니다. 이때 청약 미달이 나거나, 청약은 100% 되었으나 정식계약일에 포기하는 세대가 발생하면 이를 미분양이라 칭합니다. 사실 이런 미분양은 어쩌면 시장에 크게 영향을 안 미친다고 볼 수 있습니다. 건설사 입장에서는 아파트를 다 짓고 입주하기까지 걸리는 시간이 최소 2년에서 길게는 3년까지 소요되기 때문에 이때까지 시나브로 팔아서 입주 전까지만 다 팔면 그만입니다. 미분양이 증가하고 줄어드는 것은 분양가와 밀접한 관련이 있고, 시장의 분위기와도 크게 영향을 받는다는 것입니다.

시장 상황이 호황인데 분양가를 주변 시세보다 상승시켜 분양하면 미분양이 발생할 수 있습니다. 건설사는 시장 상황이 좋기 때문에 조금 더 비싸게 분양해도 결국 다 팔릴 것이라고 예상하면 분양가를 좀 더 높게 잡을 수 있습니다. 이런 상황에서 분양 물건이 늘어나면 미분양이 증가할 수 있습니다. 이 상황이 집값이 내려가는 상황일까요?

면밀하게 판단하자면 입주 미분양이야말로 정말 시장에 미치는 영향이 크다고 볼 수 있습니다. 입주 미분양이라는 것은 아파트를 다 짓고 입주를 시작했는데도 불구하고 분양을 끝내지 못한 상황을 말합니다. 이 상황은 새 아파트가 빈집으로서 공급이 되는 것을 의미하고, 안 팔린 물건은 결국 건설사 입장에서는 손실을 줄이기 위해 할인분양이라는 최후의 수단을 쓸 수밖에 없게 됩니다. 분양가보다 할인해서 보다 싼 물건이 시장에 나오기 때문에 시장에 충격을 바로 주게 되고 집값 하락으로 이어질 수가 있는 것입니다.

따라서 집값이 내려갈 것인지에 대한 판단은 미분양의 증가로 볼 것이 아니라 시장 상황에 따른 미분양의 흐름을 잘 보고 또한 입주 미분양이 얼마나 되는지를 구분해서 판단하는 것이 시장을 올바르게 판단하는 지름길이 될 것입니다. 그런데 뉴스에서는 이를 거의 구분하지 않고 단순 미분양이라는 숫자적 통계치만을 다루기에 뉴스를 볼 때는 항상 그 행간의 의미를 잘 파악하는 것이 매우 중요합니다.

06 세입자는 왜 집을 못 사는 것일까요?

1. 전세 세입자는 집을 사기 어렵다

경기도 일산에 전세로 거주하고 있는 이선영(가명) 씨는 전세금이 너무 많이 올라 부담을 느끼고 있습니다. 그래서 차라리 집을 사는 것이 낫겠다는 생각을 했습니다. 마침 옆 마을에 평소에 살고 싶었던 선망의 대상인 브랜드의 좋은 아파트 단지가 있습니다. 그리고 이 아파트가 할인분양을 시작했습니다. 그동안 이 아파트는 너무도 비싼 분양가 때문에 입주 시점까지 분양을 완료하지 못해 미분양상태로 있었습니다. 그리고 미분양상태의 집은 빈집이었습니다. 그러다가 시기가 어느 정도 안정이 되자 비로소 시행사는 이 아파트에 대한 할인분양을 시작했습니다. 이선영 씨는 집을 알아보기 위해 할인분양을 시작한 아파트의 홍보관을 방문했습니다. 원래 살고 싶었던 곳이고 원분양가에서 30% 정도 할인을 하는 조건이어서 마음에 들었습니다. 로얄 동 로얄 호실이라고 상담사가 추천해서 본 집이 해도 잘 들고 조망도 좋은 편이어서 집도 마음에 들었습니다. 입주 조건은 계약금을 치르고 2달 후에 잔금을 치르면서 입주하면 된다는 것이었습니다. 마침 전세 만기가 2달 정도 남은 상태여서 이사 가기에는 최적의 상태였습니다.

당장 계약하고 싶었지만, 순간 혹시나 '전세보증금이 언제쯤 나오지?' 하는 생각이 들었습니다. 그래서 임대인에게 바로 전화를 걸어 전세 만기가 다가오는데 언제쯤 보증금을 줄 수 있냐고 물었습니다. 임대인은 동네 공인중개사 사무실에 전세 매물을 내놓았다고 하고, 금액은 시세 정도라고 했습니다. 그런데 알아보니 시세보다 약간 높은 가격이었습니다. 그리고 새로운 임차인이 맞춰지면 그 돈을 받아서 준다고 말했습니다. 그럼 임차인이 만기 때까지 안 맞춰지면 어떡하냐고 물었더니, 그때까지는 임대가 맞춰질 가능성이 아주 크다고만 합니다. 이선영 씨는 임대인에게 지금 집을 계약할까 하는데, 잔금을 만기에 맞춰 정하려고 한다고 말했습니다. 그리고 그때 보증금이 나왔으면 좋겠다고 부탁을 드렸습니다. 임대인은 자기가 지금 가지고 있는 자금이 없기에 새로운 임차인이 계약을 진행해 그 보증금을 받아서 줄 수 있다는 말만 되풀이했습니다. 결국, 이선영 씨는 보증금을 제때 받을 수 있을까 의문이 들어 계약을 포기하고 말았습니다. 꼭 들어가고는 싶은 아파트이긴 했지만, 덜컥 계약하고 나서 보증금을 제때 받지 못하면 어떡하나 하는 걱정 때문에 도저히 계약을 진행할 수가 없었던 것입니다.

사람들이 집을 사지 않고 전세를 결정하는 가장 큰 이유는 집값에 상관없이 전세보증금을 전액 손해 없이 돌려받을 수 있다는 장점 때문입니다. 실제로 우리나라 전세제도는 임차인을 위한 안전장치(확정일자, 보증보험제도 등)가 잘되어 있어서 보증금을 손해 보지 않고 전액 환수가 가능합니다. 다만, 개인 간의 거래이다 보니 정확한 날짜에 돌려받는 문제에서 문제점이 많은 것이 사실입니다. 이선영 씨 사례처럼 만기가 되어도 임차인이 원하는 날짜에 정확히 받을 수만 있다면 집을 사거나 다른 전세 계약을 하는 데 크게 문제 될 것이 없지만, 원하는 날짜에 정확히 받을 수 있다는 확신을 가질 수 없어 계획을 미뤄야 하는 경우가 종종 있을 수 있습니다.

2. 집값이 내려가면 그때 사겠다

세입자의 대부분이 집값 올라가는 것을 좋아하지는 않을 것입니다. 아니, 집값이 내려가는 것을 바라고 있을 것입니다. 이사 다니는 것이 지긋지긋해서 이제는 집을 사야겠다는 세입자도 집값이 한참 내려가고 나면 사겠다고 합니다. 그런데 정말 집값이 내려가고 나면 세입자들이 집을 살 수 있을까요?

서울·수도권에서 2006년 집값이 폭등하고 2007년에 위치도 별로 좋지 않은 땅에 지은 아파트를 지금으로 보면 말도 안 되는 비싼 가격에 분양했는데 분양이 잘된 곳도 있고, 미분양이 난 곳도 많았습니다. 그런데 2008년 외환위기 이후 집값이 크게 하락하면서 분양권 상태였던 아파트들이 2010년쯤 입주를 시작했고, 마이너스 프리미엄에 시달리던 계약자들이 대거 분양권을 포기하는 사태가 벌어졌습니다.

건설사는 이런 미분양 아파트를 대거 할인해서 재분양을 시작했는데, 필자는 이때 악성 미분양 아파트 분양팀에서 일하고 있었습니다. 보통 30% 이상을 할인해서 분양하니 지역주민들의 관심이 정말 많았습니다. 수천 명의 고객이 방문하고 상담했는데, 대충 통계를 내보니 방문자 10명에 한 명꼴로 계약이 진행되었습니다. 그런데 특이한 점이 발견되었습니다. 집으로 돈을 벌어본 사람들은 30% 정도 할인하면 싸다 생각하고 계약에 이르는 확률이 높았습니다. 그런데 2006~2007년에 집을 샀다가 손해를 보고 있는 분들과 세입자분들은 집 사는 것에 아주 부정적인 심리를 가지고 계시는 분들이 다수였습니다.

전세가가 급등해 할인분양가 근처까지 올라 있는 상태고, 주변 집값들도 안정세에 접어든 상태였습니다. 이 아파트는 새 아파트인 데다가 가격도 적정해 충분히 시세차익을 볼 수 있는 상태라 여겨지는데도 더 떨어질 것이라 생각하시는 분들이 많았습니다. 내릴 만큼 내린 가격이 그분들로서는 아직도 비싸다 여겨지는 모양이었습니다. 결국, 내 집 마련을 하지 못하고 세입자로서 오른 전세금을 더 주고 눌러앉는 분들이 대부분이었습니다.

사람들은 심리적으로 절대 손해 보기 싫어하는 마음을 가지고 있습니다. 집을 잘 못 사는 사람들의 특징이 바닥에서 사려고 노력한다는 것입니다. 그런데 바닥은 어딘지는 아무도 모릅니다. 할인가에 계약을 하시는 분들의 심리는 '이 정도면 되었다. 더 내릴 수도 있지만, 차라리 좋은 동, 호실이 있을 때 그것을 선택하는 것이 낫다'라는 생각을 가지고 있습니다. 더 내려갈 수도 있지만, 그 리스크는 충분히 감수하겠다는 심리가 있는 반면에, 한번 손해를 봤던 분들과 집을 한 번도 사본 적이 없는 분들은 더 떨어질 수도 있으니 할인을 더 하면 그때 가서 사겠다는 생각을 가지고 있습니다. 그때는 좋은 동, 호실이 없을 수도 있다는 상담사의 말에도 "그렇게 되면 내 집이 아니려니 생각하겠습니다"라고 답하십니다. 몇 년 지나 보니 결국엔 그 할인가가 바닥이었습니다. 그때 할인했던 아파트들은 결국에는 다 팔렸고, 몇 년 지난 지금에는 다 최소 몇천만 원씩은 오른 상태로 있습니다. 바닥을 확인하고자 하시는 분들은 결코 집을 살 수 없는 심리상태였던 것입니다. 특히 집을 사본 적이 없는 분들은 그 심리가 더욱더 강합니다.

충분히 이해는 됩니다. 집값이 한두 푼도 아니고 전 재산을 가지고도 자금이 부족합니다. 대출까지 얻어야 비로소 살 수 있는 것이 지금의 집입니다. 이렇게 많은 자금이 들어가는 집이기 때문에 조금이라도 손해를 본다면 반드시 후회할 것이기에 차라리 안전한 전세를 선택하는 것이 낫겠다는 심리를 가질 수밖에 없는 것입니다. 그런데 이런 분들은 집값이 내려가도 내 집 마련을 못 할 가능성이 매우 큽니다. 집은 공산품처럼 가격이 딱 정해져 있는 물건이 아니므로 시장에서 수요와 공급에 의해 결정되는 가격을 인지해야 하나, 그 판단이 개인의 입장에서는 매우 어렵습니다. 주변 사람들에게 조언이라도 얻어볼라치면 부정적인 견해만 잔뜩 늘어놓습니다. 그리고 뉴스에 나오는 기사는 부동산에 대한 부정적인 내용이 거의 주를 이루고 있습니다. 이런 상황에서 과연 경험이 전혀 없는 사람이 과감히 본인의 전 재산을 다 털어서 집을 사는 모험을 감행할 수 있을까요? 그것은 매우 어려운 것입니다. 아니, 거의 불가능에 가깝다고 볼 수도 있습니다. 그런데 이미 경험을 해봐서 집값이 올라가는 것을 지켜봤던 사람들은 그 느낌이 다를 것입니다. 이런 시기에 계약자들의 대부분이 집을 사고팔고 해봤던 분들인 것을 보면 어느 정도 확실한 것 같습니다. 그만큼 경험이 중요한 것입니다.

07
임대인이 집값을 올리는 나쁜 사람일까요?

 우리나라는 유독 부동산 투자자에 대한 인식이 매우 안 좋게 자리 잡혀 있습니다. 임대인은 곧 투기꾼이고 전세가와 매매가를 억지로 올리는 전세난과 주거난의 주범이라고 생각하고 있는 분들이 많습니다. 이 시점에서 임대인에 대한 인식을 다시 한 번 재고해볼 필요가 있습니다. 더불어 전세에 대한 인식도 전환될 필요가 있습니다.

 보통 렌탈이라는 상품은 다달이 일정한 임대료를 받는 것을 원칙으로 하고 있습니다. 전세도 일종의 렌탈 상품에 해당합니다. 합리적인 투자가 자리 잡고 있는 선진국에서 전세라는 주거 임대상품이 없는 것은 이유가 있습니다. 투자자 입장에서 큰 이익은 없는 반면에 위험은 매우 큰 상품이기 때문입니다.

전세 투자자는 오로지 매매가가 올라야 수익이 발생하는 구조입니다. 집값이 그대로이거나, 떨어지면 오히려 투자자 입장에서는 손해가 발생하죠. 거기에 발생하는 세금까지 더 하면 투자자 입장에서는 별 메리트가 없는 상품이 맞습니다.

그렇다면 임차인의 입장에서 보면 전세상품은 최상의 상품입니다. 집값이 떨어질 것에 대한 걱정이 전혀 없습니다. 그리고 목돈을 임대인에게 맡겼다가 임대 기간이 만료되면 고스란히 찾을 수 있습니다. 그리고 혹시나 임대인이 돈을 못 돌려줄까 봐 걱정되어 정부에서 확정일자라는 민법에서 물권에 해당하는 엄청난 권리를 부여해주고 있습니다. 그것도 부족해 보증보험이라는 제도까지 도입된 상황입니다. 그래서 임차인들은 조금 더 비싸더라도 월세보다는 전세를 선호하는 것이 현실입니다. 어찌 보면 임대인은 자선사업가나 가능한 투자자입니다.

그런데 이러한 관습이 오랫동안 유지되다 보니 임차인 입장에서 안전하게 집을 거의 공짜로 빌려 쓰는 것이 당연한 권리처럼 되고, 임대료를 올리려는 임대인의 시도는 임차인을 힘들게 만드는 나쁜 행동이라 인식되고 있는 현실입니다. 임대인은 투자자의 입장에서 임대료를 올릴 수 있으면 인상하려고 노력하는 것이 자연스러운 행동입니다. 그리고 매매가를 올릴 수 있으면 올리려고 노력하는 것이 극히 자연스러운 투자자의 행위입니다. 이것이 옳고 그름을 떠나서 자연스러운 경제활동이라는 인식을 먼저 사회구성원들이 해야 한다고 생각합니다.

그렇다고 과연 임대인 한 사람이 시장의 흐름을 거슬러서 무조건 임대료와 매매가를 인상하려는 시도가 통할까요? 절대 그렇지 못합니다. 어떤 분들은 임대인이 담합해 시장 가격을 조작시키고 있다고도 하는데, 현실적으로 불가능한 가정입니다. 반드시 시장의 흐름대로 임대료도 떨어지기도 하고 올라가기도 합니다. 만약 담합이 가능하다면 떨어지는 일 따위는 절대 없겠지요.

또 다른 시각으로 한번 바라보도록 하겠습니다. 시장은 항상 수요와 공급에 의해서 가격이 결정됩니다. 그런데 전세의 공급은 어떻게 이루어질까요? 전세공급은 크게 2가지로 볼 수 있습니다. 바로 공공임대와 민간임대입니다. 공공임대는 정부와 지방자치단체가 주체가 되어 아파트를 지어 임대로 공급하는 물건을 의미하고, 민간임대는 투자자들이 집을 자기 집 이외에 추가로 구매해 그 추가된 주택을 임대로 내놓는 것을 의미합니다. 그런데 전세공급 중에서 공공임대가 차지하는 비중은 극히 작습니다.

공공임대는 국민임대, 공공임대, 장기전세주택이 있는데, 이

중 순수하게 전세는 장기전세주택뿐입니다. 이것도 무주택자인 세대와 일정의 소득수준을 넘으면 안 되는 까다로운 조건을 만족해야 들어갈 수 있습니다. 국민임대와 공공임대는 월세형식이고, 공공성이 아주 커서 월세가 저렴한 만큼 임차인 조건이 매우 까다롭습니다. 장기전세주택은 쉬프트라고도 하는데 주체가 SH공사입니다. 이는 서울시 소속이므로 서울시에서만 한정적으로 공급되고 있습니다. 이런 관계로 우리나라에서 전세의 거의 모든 공급은 개인 투자자가 담당하고 있는 것이 현실입니다.

그런데 개인 투자자들이 투자하지 않게 된다면 어떤 결과가 일어날까요? 전세공급이 줄어들게 되겠죠? 그 이후에는 전세폭등이 오게 될 것입니다. 전세 세입자는 전세로 오래 살 생각을 하고 있다면 오히려 개인 투자자들을 나쁘게 볼 게 아니라 환영해야 합니다. 투자자가 늘어나서 전세공급이 늘어야만 전세가 안정될 수 있습니다. 전세대란이 일어나면 정부에서 뒤늦게 대책을 마련해 전세대출을 늘리고, 보증보험 한도도 늘려주고, 공공임대주택을 짓겠다고 발표해도 전세난이 잡히지 않는 것은 결국 공급을 정부가 조절할 수 없다는 한계에서 기인한 것이라 볼 수 있습니다.

결국, 전세 임대인은 지극히 정상적인 경제활동을 하고 있음에도 현재 우리나라에서의 인식은 거의 투기꾼에 가깝습니다.

사실 현실적으로는 투기꾼처럼 보이는 시기도 있습니다. 지금 같이 집값이 상승하고 있는 상황에서 갭 투자라는 투자 방법이 유행하고 있기 때문입니다. 한편으로 보면 집값을 이들이 올리는 것처럼 보이기도 합니다. 그러나 정확하게 따져보면 이 투자자들이 집값을 끌어올리는 행위를 하는 것이 아닌, 지금 집값이 올라가고 있으니까 그 분위기에 편승한 것이라고 보는 것이 맞을 것입니다. 만약 이들이 집값을 올리는 투기꾼이라면 왜 몇 년 전 서울·수도권의 집값이 침체기를 겪을 때 집값을 끌어올리지 않았을까요? 그때는 갭 투자라는 것이 거의 성행하지도 않았습니다. 달걀이 먼저냐 닭이 먼저냐 하는 문제일 수도 있겠지만, 순서상으로 보면 집값이 먼저 상승하니까 그 이후에 그 분위기에 편승한 투자 방법이라고 보는 것이 맞을 것입니다. 그럼 침체기 이후에 집값은 누가 올리는 것이냐의 문제가 있을 수 있겠지만, 그것은 뒤에서 전세가의 상승으로 인해 집값이 올라가는 현상을 살펴보면 이해하게 될 것입니다.

08 우리는 왜 보고 싶은 뉴스만 읽게 되나요?

현재 우리는 정보의 홍수 속에서 살고 있습니다. 그런데 개개인들은 이 많은 정보를 취합해 합리적인 판단을 할 수 없을 정도로 다양한 종류의 정보가 여과 없이 노출된 상황입니다. 그래서 나타나는 현상이 개인은 어느 방향성을 이미 정해놓고 그에 일치하는 정보에만 관심을 두게 된다는 것입니다. 그리고 그와 반대되거나 관련 없는 정보는 흘려버리거나 애써 외면하는 행동을 하게 된다고 합니다.

부동산에 대한 입장도 마찬가지입니다. 집을 사고자 하거나 관심이 있는 고객들과 상담을 진행하다 보면 나름대로 일정한 방향으로 그에 합당한 논리를 가지고 있는 것을 느낄 수 있었습니다. 떨어질 것이라고 생각하는 사람들은 인구가 줄어들고 있다, 경기가 좋지 않다, 일본의 부동산이 폭락하고 빈집이 800만 채가 넘는다더라, 가계대출이 너무 많다, 주택보급률이 100%가 넘었다, 등등의 집값이 떨어질 만한 나름의 합당한 근거를 가지고 그들만의 논리를 전개해나가고 있습니다.

그리고 오를 것이라고 생각하는 사람들은 인구가 아직은 늘어나고 있다, 경기도 호전되고 있다, 시중에 돈이 너무 많이 풀려 있다, 부동자금이 부동산으로 올 가능성이 크다, 등등 오를 만한 많은 이유를 가지고 있습니다. 또 어떤 분들은 정부정책을 비판하기도 합니다. 뉴스를 보면 부동산 경기에 대해서 부정적인 것과 긍정적인 것이 항상 공존합니다. 하지만 대부분의 사람들은 자기가 설정해놓은 방향과 일치하는 것은 자세히 읽고 공감을 하는 편입니다. 반면에 다른 쪽 방향으로 나온 뉴스는 아예 읽지를 않거나 헤드라인 정도만 보고 심지어는 그 기사에 대한 비판적 댓글을 달기도 합니다.

그리고 시장에서 벌어지는 어떤 현상을 다룬 기사를 보고 전혀 다른 해석을 내리기도 합니다. 그것은 읽는 사람이 방향성을 미리 정해놓고 있기에 나타나는 결과라고 볼 수 있습니다.

예를 들어보면 우리나라의 출산율이 극히 저조해서 앞으로는 인구가 줄어들 것이며, 곧 인구 절벽에 부딪혀서 부동산 전망이나 경제상황도 어려워질 것이라는 기사를 많이 접하고 있습니다.

그런데 적지 않게 놀란 점은 대부분의 사람이 현재 인구가 줄고 있다고 알고 있는 것이었습니다. 아파트를 구매하러 온 고객들도 그렇고, 주변 지인들과 이야기를 나누어봐도 역시 비슷한 비율로 인구가 줄고 있다고 확신하고 있었습니다. 심지어는 그로 인해 앞으로는 집값이 내려갈 것이라고 생각하고 있었습니다. 지금 주택보급률이 100%가 넘는 상황에서 인구까지 줄어들고 있으니 집값이 내려가는 것은 당연하다는 겁니다.

반드시 일본과 마찬가지로 부동산 폭락을 겪을 것이라고 확신하고 있는 분들이 상당수였습니다. 그러나 우리나라 인구수는 2016년 12월 말 기준으로 51,696,216명으로 2015년에 비해 166,878명이 증가했습니다. 앞으로 증가 폭은 줄어들 것이나 2030년까지는 꾸준히 증가해 5,200만 명을 넘을 것으로 통계청에서는 추정하고 있습니다.

그리고 이런 기사가 나온 적이 있었습니다. 2015년쯤이었습니다. 서울·수도권의 주택 거래량이 2007년 이후 최대로 늘어났는데, 집값은 그대로라는 내용이었습니다. 원래 거래량이 늘어나면 가격도 같이 상승하는 것이 원칙인데, 현재 이러한 상황이 발생하는 것은 이제 부동산의 흐름이 다르게 흘러갈 것 같다는 내용의 기사였습니다. 사실 이러한 기사도 정확한 상황을 파악하지 못하고 통계만을 인용해 이미 방향을 떨어지는 쪽으로 설정하고 있는 것으로 느껴집니다. 2006년 이후 집값이 급등하자 2007년에 서울·수도권 여기저기서 터무니없이 비싼 가격에 아파트를 대거 분양을 진행했습니다. 그러다가 2008년 외환위기를 맞이하면서 비싸게 분양했던 아파트들이 미분양이 발생하게 되고, 심지어는 입주 때까지도 분양을 완료하지 못했습니다. 이런 입주 미분양 물건을 어느 정도 할인해도 팔리지 않자 많은 현장에서 아예 3년 정도를 빈집으로 놔두었습니다. 또는 애프터리빙이라는 전세처럼 살다가 그냥 나갈 수 있는 상품을 개발해 임대로 주고 있었습니다. 그러다가 상황이 좀 나아지자 이 물건들을 대거 할인해 분양을 시작한 것입니다. 이러한 분양 물건이 서울·수도권 전역에서 엄청나게 팔렸었습니다. 그런데 이것은 이미 준공이 떨어진 아파트이기 때문에 분양의 형식을 띠지만 실제는 매매계약을 체결하는 방식으로 진행이 된 것입니다. 기사 내용에 있던 엄청난 거래량이 다 이 시기에 팔렸던 미분양 물건입니다. 즉, 가격을 정해놓고 수많은 아파트를 팔았는데, 이런 물건이 다 팔렸다고 해서 바로 집값이 올라가겠습니까?

뉴스 기사를 보고 정확한 판단을 하지 못한 채, 이미 머릿속에 방향을 설정해놓고 그렇지 않은 기사를 그렇다고 해석한다든지, 방향이 일치하는 것만 읽는다든지 하는 것은 정보의 홍수로 나타난 현상입니다. 그 결과, 일반인들은 부동산 경기의 흐름을 제대로 읽지 못하고 계속 부정적인 모습만 보게 되는 안타까운 일들이 벌어지고 있습니다.

09
다 같은 집인데 왜 가격 차이가 나는 것일까요?

아파트 공급이 많으면 집값이 내려갈까요? 일반적으로 생각하면 그렇게 될 것 같습니다. 수요는 일정한데 공급이 늘어나면 가격이 내려가게 되는 것은 일반적인 수요와 공급의 원리입니다. 그래서 사람들은 자기가 사는 지역에 아파트가 지어지는 것을 보게 되면 공급이 많아진다고 느낄 수밖에 없습니다. 그리고 집값이 내려갈 것 같은 걱정이 들 수밖에 없습니다.

그런데 부동산은 1물 1가라는 특성이 있습니다. 똑같은 부동산이 하나도 없다는 것입니다. 아파트 하나하나마다 각기 다른 가격과 성격을 가지게 되고, 다른 물건을 의미합니다. 언뜻 이해가 잘 안 될 수도 있습니다. 이것은 부동산만이 가지고 있는 고유한 특성 때문에 그렇습니다. 바로 움직이지 않기 때문입니다.

간단하게 예를 들어 아파트를 생각해보면 됩니다. 아파트는 한 단지에 있는 것은 모양도 똑같고 위치도 엇비슷해서 같은 물건이라 생각될 수 있습니다. 하지만 어떻습니까? 각 호실별로, 동별로 가격이 다르지 않습니까? 똑같은 아파트지만 앞 동의 조망이 좋은 호실은 가격이 비싸고, 해가 안 들어오고 조망이 나오지 않는 호실은 가격이 저렴합니다. 이렇게 다른 재화와는 전혀 다르게 하나의 물건이 하나의 가치를 지닌 특징을 가지고 있습니다.

또 비슷한 위치에 있는데 가격 차이가 크게 나는 아파트 단지가 있습니다. 안양 평촌에 있는 한 아파트입니다. 평촌역 부근에 도로 하나를 사이에 두고 있는 'S'아파트와 '#'아파트는 같은 85m^2를 기준으로 각각 4억 2,000만 원과 7억 원 정도로 큰 차이를 가지고 있습니다. 그 차이는 뭘까요? 여러 변수가 있겠지만, 가장 큰 가격요인은 새 집이라는 것과 아파트 브랜드에 있습니다.

제가 이런 상황을 특별하게 말씀드리는 이유는 단순히 집의 공급이 많다 해서, 주택보급률이 높다 해서 집값이 내려가는 것은 아니라는 것입니다. 만약에 집을 똑같은 집이라고 본다면 비슷한 지역에 있는 아파트가 이렇게 가격 차이가 크게 날 수는 없습니다.

그에 해당하는 가장 잘 맞는 예가 또 있습니다. 경기도 일산의 한 아파트는 대단지의 새 아파트인데 대거 미분양이 생겨서 500세대 정도의 빈집이 있었습니다. 그런데도 그 주변의 아파트 가격은 오르는 상황이 발생했고, 특히 전세가는 그 아파트에 있는 다른 호실까지 오르는 상황이 발생했습니다. 이런 상황을 보고는 깜짝 놀랐습니다. 빈집이 넘쳐나는데, 그것도 새 집임에도 전세가는 오르고 있었습니다. 왜 이런 상황이 발생할까요?

명확하게 따져보면 빈집은 통계에 잡히는 집이지만, 결코 주거의 기능을 하는 집은 아니었습니다. 개인에게 팔리기 전까지는 주거 기능을 하는 집이 아닌 것입니다. 왜냐하면 분양되기 전까지, 신탁사의 소유로서 팔리기 전까지는 아무도 그 집에 들어가서 살 수가 없는 상태이기 때문입니다. 빈집이 500세대가 넘게 있었지만, 정작 전세로 들어갈 집은 오히려 부족한 상태이기 때문입니다. 그런데 그 단지는 새로 지은 살기 좋은 단지였기 때문에 전세수요는 넘쳐났습니다. 그래서 전세가가 오르는 상황이 발생하는 것이죠.

앞의 상황은 언뜻 이해가 잘 안 갈 수도 있습니다. 그런데 이게 현실입니다. 현장의 아주 세밀한 분위기나 상황을 모르면 절대 이해할 수 없는 그런 상황들이 현실 속에서 빈번하게 벌어지고 있습니다. 그래서 집값이나 전세가는 단순히 집의 개수만 가지고 가격을 논할 수 없는 아주 특별한 특징을 가지고 있는 부동산만의 고유한 영역입니다. 이러한 특수한 상황을 무시한 채 단순히 수요·공급이나 수요에 미치는 대외변수인 인구, 금리, 경기상황 등만을 고려한 가격 논쟁은 아무 의미가 없습니다.

10
부동산은 왜 다른 재화처럼 가격이 움직이지 않나요?

부동산은 다른 재화와 다른 특성이 있습니다. 그리고 그 특성으로 비슷한 조건에서도 전혀 다른 현상을 나타내기도 합니다.

첫째, 가장 큰 특성으로 부동성(不動性)입니다.
움직이지 않는다는 특성이죠. '이게 뭐 그리 중요하냐?'라고 할 수 있지만, 이것은 매우 중요합니다. 움직이지 않는 특성 때문에 발생하는 것이 지역성과 외부환경의 영향을 받는다는 것입니다. 지역성이란 특징은 지역에 따라 아파트 가격을 다르게 나타냅니다. 강남지역의 'ㄹ'브랜드 아파트 85m^2가 15~16억 원 정도 하고 김포의 'ㄹ'브랜드 아파트 85m^2가 4억 원 정도 하는 것이 지역성에 근거한 것입니다. 다른 재화는 강남에 있다고 해서 김포지역에 있는 것보다 엄청난 차이의 가격 차를 보일 수는 없습니다. 요즘 입주 물량이 최근 10년 이내에 최고라는 기사가 있습니다. 그래서 집값이 폭락할 것이라는 전망을 하고 있습니다. 극단적인 예를 하나 들어보겠습니다.

서울에는 입주 물량이 없고 부산에 입주 물량이 100만 채가 있다고 가정하겠습니다. 서울 집값에 영향이 있을까요? 부산은 집값이 폭락을 할 수도 있습니다. 그런데 부산 집값의 폭락이 과연 서울 집값 폭락으로 이어질까요? 서울에 생활권을 가지고 있는 가족이 집값이 싸다고 부산으로 대거 이사할까요? 남편은 직장이 강남에 있고, 아들과 딸은 강남에 있는 초등학교에 다니고 있습니다. 이 가족은 강남의 높은 집값으로 아주 고생하고 있습니다. 이때 마침 부산의 집값이 폭락하고 있다는 소식을 들었습니다. 부산으로 이사를 할까요? 장담컨대 거의 영향이 없을 것입니다. 이런 것이 바로 다른 재화와는 다른 부동산만의 고유한 특성인 부동성으로 인한 지역성에 기반을 둔 것으로 보면 됩니다.

그런데 기사 내용을 보면 입주 물량 통계를 전국 단위로 보고 있습니다. 전국의 입주 물량이 40만 채를 육박한다고 서울 집값이 떨어질 거라는 전망은 부동산의 특성, 특히 지역성을 무시한 견해라고 볼 수 있습니다. 2017~2018년 서울의 입주 물량은 거의 미비합니다. 하지만 경기도에 입주 물량이 많다고요? 네, 맞습니다. 경기도에 입주 물량이 약 12만 채 정도 된다고 합니다.

이것도 예를 들어보겠습니다. 김포 신도시에 입주 물량이 3만 채가 있다고 보겠습니다. 이게 강남 집값에 영향을 줄까요? 김포와 김포 주변 서울 집값에 잠깐 영향이 있을 수 있겠지만, 강남까지는 안 갈 겁니다. 그리고 경기도는 신도시에 입주 물량이 집중되어 있습니다. 경기도 신도시의 특성이 있습니다. 바로 입주할 때 잠깐 주춤하다 입주하고 몇 년 동안 다시 폭등하는 특징을 가지고 있습니다.

지금까지 서울·수도권과 지방의 부동산 시장은 서로 다른 흐름을 보여왔습니다. 서울·수도권은 2008년 이후 쭉 내리막을 달려왔습니다. 그러다가 2012년 정도에 바닥을 찍고 점진적인 상승의 흐름을 그려왔습니다. 지방은 2008년 이후, 약간의 굴곡은 있었지만, 큰 하락 없이 꾸준히 상승하다 2015~2016년 큰 폭의 상승을 한 상태입니다. 지방의 도시별로 약간씩 차이는 있지만, 대구와 경북지역은 2016년부터 하락추세로 전환했고 광주, 부산, 세종 등의 도시는 2017년 하락추세로 전환했습니다. 인구 수 대비 주택 수로 보나, 그동안 공급되어왔던 추세로 봤을 때 입주 물량으로 분위기가 하락할 것으로 예상되는 지역은 지방으로 보입니다. 지방이 하락 전환했다 해서 서울·수도권의 아파트 가격도 하락 전환하지 않습니다. 이것이 바로 지역성이라는 특성을 가지고 있는 부동산만의 시장입니다.

둘째, 부증성이라는 특성이 있습니다. 이것은 토지만으로 국한되는 성격이긴 합니다. 토지는 더 이상 생산이 불가능한 재화입니다. 용도의 변화만이 있을 뿐입니다. 그런데 비슷한 성격으로 아파트는 공급하는 데 걸리는 시간과 비용이 다른 재화에 비해 엄청나게 많이 필요합니다. 다른 재화는 수요와 공급이 불균형을 이룰 때 바로 공급을 조절할 수가 있습니다. 그럼으로써 가격조절이 어느 정도 가능합니다.

그러나 아파트 같은 경우는 공급을 시작해서 실제 시장에 집으로서의 역할을 하는 공급량으로 작용하는 데 걸리는 시간이 3년 정도 소요됩니다. 그리고 비용이 엄청나게 필요하기 때문에 공급이 필요하다고 해서 마구 찍어낼 수 있는 물건이 아닙니다.

따라서 시장에서 수요와 공급이 불균형을 나타내어 가격의 흐름이 어느 한쪽으로 쏠리더라도 그 조절이 쉽지 않고 길게 흘러가는 양상을 보입니다.

셋째, 아파트는 부동산 중에서도 또 다른 특성이 있습니다. 바로 의식주의 하나라는 것입니다. 필수요소라는 것입니다. 의식주라는 필수요소는 경제용어로 수요와 공급에 대해서 비탄력적이라는 전제가 있습니다. 전세든 자가든 무조건 어느 하나는 선택해야 합니다. 다른 재화는 어느 정도 비싸다 싶으면 안 사면 그만입니다. 그러나 아파트는 다릅니다. 비싸다고 해서 안 살 수 있는 물건이 아닙니다. 전세난이 일어나서 전세가가 급등해도 어쩔 수 없이 선택해야 합니다. 그래서 더 급등하는 악순환이 지속하는 현상이 벌어지는 것도 그 때문입니다.

이렇게 부동산은 다른 재화와는 다른 특성이 있습니다. 그리고 그 고유한 특성 때문에 다른 재화와 다른 수요·공급법칙을 나타내기도 합니다. 그리고 아파트는 또 다른 부동산과는 다른 특징을 가지고 있습니다. 그래서 아파트에 대한 가격을 제대로 분석하기 위해서는 부동산의 특성에 기반을 두고 출발해야만 제대로 된 분석을 할 수 있습니다. 그리고 우리나라는 특이하게도 전세라는 고유한 임대상품이 존재하고 있습니다. 이로 인해서 다른 나라와의 다른 수요·공급법칙을 나타낼 수 있습니다. 이러한 특수한 상황에서의 특성을 파악하지 못하고 일반재화와 같은 분석기법을 사용한다면 분석의 오류를 범할 것입니다. 아파트만의 다른 재화와 다른 특성을 정확하게 인식하고, 그에 따른 시장의 다른 양상을 나타내는 것을 인정해야 합니다.

Chapter
02

아파트 가격?
먼저 전세에 대한
이해가 필요하다

01
우리나라에만 있는 전세

1. 전세의 유래

'전세'는 전 세계에서 유일하게 우리나라에만 있는 제도로서, 부동산 소유자에게 일정 금액을 맡기고 그 부동산을 일정 기간 무상으로 빌려 쓰는 것을 말합니다. 부동산을 돌려줄 때는 맡긴 돈의 전액을 돌려받을 수 있는 제도입니다. 앞서 말한 대로 다른 나라에서는 전세제도 자체가 없고, 다달이 임대료를 내고 집에 거주하는 월세가 보편화되어 있습니다. 광복 전까지는 서울 지역 주변에서만 성행하다 그 이후 전국적으로 이용되고 있습니다. 지금과 같은 전세제도는 조선 시대 말기인 1876년 병자수호조약 이후 부산, 원산, 제물포(인천)항이 개항되고, 지방의 인구가 도시지역으로 몰리면서 주택의 수요가 늘어나게 되면서 정착되었습니다. 1910년 조선총독부에서 만든 '조선 관습 조사

보고서'에 "전세란 가옥 임차 시 차주로부터 일정 금액을 가옥 소유주에게 기탁해 별도의 차임을 지불하지 않고 가옥 반환 시 그 금액을 반환하는 제도"로 나와 있습니다.

이러한 전세제도가 자리 잡을 수 있었던 것은 한국전쟁 이후 산업화로 인한 급격한 인구증가와 도시로의 인구 집중에 있습니다.

부동산의 특성상 공급이 원활하지 않은 가운데 수요가 급증하다 보니 부동산 폭등을 불러일으키게 되었습니다. 집을 가진 사람은 다른 경제적 수단을 통해서 벌어들이는 수입보다 부동산 보유를 통해서 벌어들이는 수익이 큰 세상이 되었고, 집주인은 금리가 높은 대출을 이용하는 것보다 이자가 없어도 되는 전세를 적극적으로 활용하게 되었습니다. 반면 세입자는 자금이 없어서 집을 살 능력이 안 되고 비교적 저렴한 금액에 월세가 따로 없는 전세를 선호하게 된 현상이 어우러졌습니다. 이렇게 해서 전세제도는 우리나라에서 가장 보편적인 주택임대차제도로서 자리 잡게 되었습니다.

그러나 현재의 전세제도처럼 임차인이 법적 보호를 받는 상태에 이르기까지는 많은 시행착오를 거쳐왔습니다. 초기의 전세는 채권으로서 임차인이 거의 보호받지 못했습니다. 심지어는 집주인이 매매하고 임차인은 보증금을 날리는 경우가 허다했습니다.

이런 문제가 지속해서 발생하자 정부에서는 임차인을 보호할 수 있는 법령을 마련했습니다. 1981년 3월 5일 주택 임대차보호법이 제정되어 주민등록을 옮겨놓은 경우와 동시에 거주요건을 갖추면 제삼자에게 대항력을 가지며, 임대차 기간을 최소 1년으로 규정해 임차인의 안정적인 주거 생활이 가능하게끔 했습니다. 그동안의 전세 투자는 임대인이 전세를 끼고 적은 자기 자금 투자로 주택을 소유하게 되고, 그 주택의 가치가 오름으로 인해 시세차익을 얻는 구조로 행해져왔지만, 2008년 외환위기 이후 집값이 크게 하락하면서 전세를 끼고 주택을 소유하는 투자 방식의 한계를 가져왔습니다. 그 이후 임대인들은 금리 하락 기조에 주택 투자 방식을 월세 위주의 투자로 전환하기 시작했고, 전세의 종말이 다가왔다는 말들이 나오기 시작했습니다.

2. 전세와 월세와의 관계

서울 목동에 거주하는 윤정미 씨는 전세로 거주하고 있습니다. 곧 2년 만기가 다가오고 있는데 걱정이 태산입니다. 전세가가 급등해 임대인으로부터 전세금을 1억 원 올려달라는 통보를 받았습니다. 임대인은 1억 원 인상이 어려우면 기존보증금에 월세 50만 원을 추가로 내도 좋다고 합니다. 윤정미 씨는 보증금 1억 원을 올려줘야 할지, 월세 50만 원을 추가로 내야 할지, 아니면 다른 지역으로 이사를 해야 할지 머리가 터질 지경입니다. 그렇다고 다른 지역으로 이사를 하고 싶지는 않습니다. 남편 직장과 아이의 학교가 집에서 가까워서 전혀 불편함이 없이 잘 살고 있고, 앞으로도 쭉 이곳에서 살고 싶은데 벌어들이는 소득에 비해 턱없이 올라버린 전세보증금 때문에 고민이 너무 많습니다.

전세가의 급등으로 인해 반전세로 전환하는 세대와 낮은 금리와 집값이 보합세에 머물러 있는 기간이 길어지면서 월세 전환 세대가 많이 늘어났습니다.

임대차의 종류에는 전세, 반월세 또는 반전세, 월세가 있습니다. 전세는 보증금이라는 전세금을 임대인에게 주고 임대인의 집을 무상으로 일정기간 거주하는 행위를 말합니다. 월세는 전세금보다 훨씬 적은 금액을 보증금으로 하고 다달이 차임에 해당하는 금액을 지불하며 집에 거주하는 행위입니다. 반전세는 엄밀하게 말하자면 월세와 같다고 보시면 됩니다. 기존에 전세로 집을 빌려 쓰다가 전세가 상승으로 인해 재계약 시 전세금을 올려줘야 하나, 임대인과 임차인이 상호협의하에 추가인상분에 대한 전세금을 월세로 전환해 지불하는 방식입니다.

월세는 보통 전세의 파생상품으로서의 성격을 가지고 있습니다. 월세 스스로 시장을 형성해 임대료가 수요·공급으로 이루어지는 것보다 전세가가 시장에서 수요와 공급으로 정해지고 월세는 정해진 전세가에서 일부 보증금을 뺀 나머지 전세금을 월세로 환산하는 방식이 통용되고 있습니다.

예를 들면 전세가 2억 원이라 하겠습니다. 월세는 보증금 3,000만 원에 월 70만 원 정도 하게 됩니다. 계산 방식은, 먼저 월세 전환율이 있습니다. 월세 전환율은 보증금을 월세로 환산하게 하는 이율을 말하는데, 보통 금리와 밀접한 연관이 있습니다.

10년 전만 해도 보통 월세 전환율은 12%였습니다. 즉 1,000만 원 보증금을 월세로 전환하면 월 10만 원이 됩니다. 최근에는 금리 인하로 인해 월세 전환율이 5~6% 정도로 형성되어 있습니다. 5%라고 가정한다면 보증금 1,000만 원은 5% 금리, 즉 1년에 50만 원이 되고 이를 12개월로 나누면 4.17만 원이 됩니다. 따라서 월세 전환율 5%면 1,000만 원이 월세 41,700원으로 전환되는 것입니다. 1억 원이면 월세가 417,000원이 되는 것입니다. 몇 년 전까지만 해도 금리 인하와 더불어 집값이 크게 오르는 것이 없다는 전망이 크게 우세하면서 월세로 전환하는 세대가 크게 늘어 앞으로는 선진국들처럼 전세가 없어질 것이라는 의견이 늘어났습니다.

여기에서 월세와 전세와의 연관성을 알아보려고 하는 것은 우리나라만 존재하는 특수한 전세라는 제도로 인해 다른 나라의 주택 시장과 달리 주택임대차 시장이 주택매매 시장에 미치는 영향이 적지 않기 때문입니다. 전세가격의 오르고 내림이 주택의 매매가격에 주는 영향에 대해서는 뒤에 자세히 나오지만, 그전에 그럼 과연 월세 시장이 전세 시장에 어떠한 영향을 주고 있는가를 알아보려고 합니다. 이렇게 상호 연관성을 어느 정도 밝혀내야만 주택가격의 흐름을 정확하게 파악할 수 있습니다. 앞에서 전세에서 월세로 전환되는 월세 전환율에 대해서 살펴봤습니다. 이렇게 전환된다는 것은 월세의 경우 전세에 어느 정도 종속적이라는 것이 될 수 있습니다. 전세의 시세에 따라서 월세가 결정된다는 의미입니다. 실제로 그런지 알아보겠습니다.

아파트 단지가 하나 있습니다. 그 지역 공인중개사 사무실을 방문해보면 월세와 전세 매물들이 나와 있는 것을 확인할 수 있습니다. 매물의 수를 보면 월세 물건은 다양한 보증금과 월세로 많은 수의 물건이 나와 있는 것을 확인할 수 있습니다. 예를 들면 전세 시세가 2억 원이라고 가정한다면, 월세 매물은 1,000/80, 2,000/70, 10,000/30 등 다양한 보증금과 다양한 월세의 물건이 있습니다. 그런데 전세 물건은 귀합니다. 몇 개 없습니다.

자, 여기서 질문입니다. 과연 월세 공급이 많으면 전세는 어떻게 될까요? 같은 임대 물건입니다. 전세가가 떨어질까요?
그런데 시장에서 월세는 전세가격에 거의 영향을 주지 않습니다. 전세가가 급등했던 2014~2015년 같은 경우 시장에 월세 매물은 상당한 수의 매물이 나와 있었습니다. 그런데 전세 매물은 거의 없었죠. 그래서 저금리로 인해 상당수의 전세 임대인이 월세로 전환했다고 언론에서도 많이 언급했습니다. 만약 월세 공급이 전세가에 영향을 준다면 전세가가 그렇게 급등하지는 않았을 것입니다. 월세는 전세에 영향을 주는 것이 아닌, 전세에 종속적인 관계로 전세가가 올라감에 따라 월세는 공급이 아무리 많아도 자연스럽게 월세가 올라가는 현상을 보였습니다. 단지 월세는 전세보다 세입자에게 상당한 부담이기 때문에 전세가 상승에는 못 미치게 됩니다. 다만 전세에서 월세로 전환되는 월세 전환률이 떨어지게 되는 것입니다.

그럼 왜 월세는 전세에 종속적일까요? 그것은 전세대출에 대한 이자와의 차이 때문입니다. 전세가 급등했다고 하더라도 결국에는 전세를 얻고 전세대출을 받아서 이자를 내면 그 이자가 현재 시세의 월세보다는 저렴하기 때문입니다. 그리고 그 전세는 매매가에 근접하더라도 확정일자와 나아가서는 보증보험제도를 통해 보증금을 안전하게 돌려받을 수 있기 때문입니다. 아마도 월세 전환율이 시중 대출금리와 비슷해지는 상황이 오기 전까지 월세는 전세에 종속적인 관계를 유지할 것이 확실합니다.

3. 전세는 없어지는 것이 좋을까?

몇 년 전까지는 아파트 가격이 더 이상 오르지 않을 것이라는 전망과 저금리 기조가 지속될 것이라는 전망으로 전세에서 월세 전환이 속속 이루어졌습니다. 전문가들은 이런 기조로 계속 진행이 되면 전세가 없어질 것이라고 했습니다. 그 예로 선진국들은 전세라는 상품이 아예 없다는 것을 들고 있습니다.

우리나라도 결국에는 선진국의 경제형태를 답습하는 만큼 결국에는 전세가 없어지고 월세가 임차제도로 자리 잡을 것이라는 전망이 우세했습니다. 그런데 전세가 없어질 것이라는 전망이 맞나 틀리나를 떠나서 과연 없어지는 것이 좋을지에 대해서 생각해봤으면 좋겠습니다. 포털사이트에서 이 상황과 관련된 뉴스 기사를 보고 구독자들이 써놓은 댓글을 보면 전세가 없어지고 월세가 올 것이라는 글들이 많이 달려 있습니다. 그런데 그 글들의 뉘앙스를 보면 전세는 없어져야 할 상품이고, 월세가 와야 한다는 느낌이 대부분인 것 같습니다.

그런데 이분들은 대부분 무주택자인 것 같습니다. 전세를 끼고 투자를 하는 임대인을 투기꾼으로 간주하고 적대적인 내용의 글이 대부분이었습니다. 그런 글을 쓰는 사람들이 임대인일 가능성은 별로 없어 보입니다. 그런데 그런 글들을 읽어보면 정말 사람들이 세상을 제대로 보고 있는지, 현명한 판단을 하고 있는지 의심스러울 때가 많습니다. 전세는 정말 없어져야 할 상품이 맞을까요? 전세는 과연 누구에게 유리한 상품일까요? 아마도 현재 벌어지고 있는 전세난 때문에 전세라는 상품에 어쩌면 진절머리가 날 수도 있겠다는 생각이 들긴 합니다. 그런데 한번 생각해봅시다. 임차인 입장에서 월세가 나을까요? 아니면 전세가 나을까요?

선진국에는 전세가 없는 이유가 있습니다. 합리적인 투자가 자리 잡은 선진국에서는 전세가 없는 것이 당연한 현상입니다. 투자자 입장에서는 전혀 도움이 안 되는 투자 방법이기 때문입니다. 세상에 내 물건을 보증금만 받고 무료로 빌려주는 경우는 어디에도 없습니다. 보증금이라는 것은 다달이 받아야 하는 월세를 혹시나 연체할 경우에 대비해 마련한 최소한의 조치이고, 주 수입원은 다달이 받는 월세에 있습니다. 그리고 그 월세는 시중의 이자보다는 훨씬 높게 형성되어 있습니다.

그런데 전세 같은 경우는 보증금만 클 뿐 다달이 받는 수입이 없어서 투자자 입장에서는 월세에 비해 좋을 것이 하나도 없는 셈이 됩니다. 전세보증금으로 은행에 예금해 이자를 받지 않냐고 반문하실 수도 있습니다. 하지만 시중의 예금금리는 1%대입니다. 1억 원을 예금해놓으면 1년 이자가 100만 원대라는 것입니다. 그것을 월 이자로 나누면 10만 원대밖에 안 됩니다. 그런데 월세를 받으면 1억 원에 해당하는 월세로 다달이 50만 원 정도 받을 수 있습니다. 여러분이 그렇게 하라면 하시겠습니까? 반대로 임차인 입장에서는 이보다 좋을 순 없습니다. 월세로 내야 하는 금액은 통상적으로 이자에 비해 2~3배 이상 비쌉니다. 그래서 세입자들은 먼저 전세를 찾게 되는 것입니다. 나중에 임대 기간이 끝나게 되면 안전하게 모든 금액을 찾을 수 있으면서 다달이 내야 하는 금액이 없다는 것은 물건을 빌려 쓰는 입장에서는 매우 유리한 상품임에 틀림이 없습니다.

그런데 이런 상품이 없어지면 좋겠다는 것은 정말 어리석은 생각입니다. 전세가 없어져야 하는 상품이라고 생각하는 주체가 임차인이라면 시장과 현실을 모르는 어리석은 사람입니다. 자신에게 매우 유리한 상품이 없어지길 바라다니요? 전세가 없어지고 월세만 남게 되면 어떻게 될까요? 전세대출로 나가던 이자 대신 훨씬 더 많은 이자를 내야 하는 상황이 벌어져 소득수준은 많이 늘어나지 않는 현실에서 생활비의 부담이 더욱 커지게 됩니다. 이로 인해 소비수준은 더욱 낮아지게 되고, 삶의 질은 더욱더 떨어질 것이 뻔한 상황입니다. 임차인 입장에서는 우리나라에만 존재하는 전세라는 상품이 영원하도록 힘을 모아 기도해야 하는 현실이라는 것을 알아야 합니다.

4. 전세는 과연 없어질까?

부동산 전문가나 경제 전문가들 중 일부는 전세가 곧 없어질 거라고 주장하고 있습니다. 이분들이 주장하는 근거는 이제 아파트 가격이 오를 가능성이 없어 전세로 투자하는 투자자가 점점 줄어들고 있다는 것, 또 저금리로 인해 전세금으로 나오는 이자보다 월세를 놓는 것이 훨씬 더 수익이 크다는 것입니다.

이들은 첫째로 아파트 가격이 안 오른다는 것, 둘째는 전세 투자자가 집을 사서 전세를 놓고 전세금을 받아 그 자금을 운영한다는 전제를 깔고 있습니다.
그런데 이 전제가 과연 맞을까요?

첫째, 아파트 가격이 안 오른다는 전제에 대해 살펴보겠습니다.
사실 아파트 가격은 우리나라 아파트 가격 최고를 찍었던 2007년에 비하면 지금은 많이 떨어져 있어서 아파트 가격이 떨어지는 것처럼 보일 수 있습니다. 그러나 2008년 외환 위기 이후 급락을 거듭하던 아파트 가격은 2012년 정도를 기점으로 바닥을 찍고 2016년까지 꾸준한 상승을 그려왔습니다. 자, 투자자 입장에서 보겠습니다.

서울·수도권의 경우 2008년부터 2012년까지 집값이 크게 하락했습니다. 2007년에 전세를 끼고 집을 산 분들은 손해를 보고 있어서 다시는 갭 투자를 안 한다고 생각할 수도 있습니다. 그런데 2012년에 전세를 끼고 집에 투자한 분은 현재 엄청난 수익을 기록했습니다.

예를 들면 인천시 부평구에 위치한 'ㅅ'아파트 $85m^2$의 경우 2012년 매매가가 3억 2,000만 원 정도가 평균가였습니다. 전세가는 2억 2,000만 원정도였습니다. 매매가 대비 전세가 비율이 약 69% 정도입니다. 그런데 이 아파트가 2013년에 2억 7,000만 원으로 크게 오릅니다. 매매가는 거의 변동이 없습니다. 그리고 2년 만기가 되는 2014년에는 2억 8,000~9,000만 원이 됩니다. 이때 투자자는 전세를 다시 맞추면서 6,000~7,000만 원 정도를 회수합니다. 그리고 2016년에는 매매가 4억 3,000만 원, 전세 3억 5,000만 원이 되었습니다. 이때 투자자는 다시 전세를 맞추면서 6,000만 원 정도를 또 회수하죠. 2012년 처음 투자금액이 1억 원이었는데 4년 만에 1억 2,000만 원을 회수해 2,000만 원의 돈이 남게 되고, 매매가와 전세가의 차액 8,000만 원 정도는 이미 또 수익을 올리고 있는 상황입니다. 그렇게 해서 총수익 1억 원입니다. 1억 원을 투자해서 4년 만에 1억 원을 벌었습니다. 어마어마한 수익률이죠? 더군다나 2007년의 아파트 매매가와 전세가 비율은 서울이 거의 45%였고, 경기도는 50~60%였습니다. 이때 전세 투자자는 매매가의 거의 반을 투자해야 했습니다.

하지만 2012~2013년에는 서울 수도권의 전세가 비율이 70% 이상, 심지어 심한 곳은 90%를 넘는 곳도 많았습니다. 이때 전세 투자를 한 사람은 투자금이 매매가의 30% 이하, 또는 10% 정도만 있으면 투자가 충분히 가능했습니다. 10%만 투자한 사람은 매매가의 10%만 올라도 투자 수익률 100%가 되는 경이적인 투자 수익을 올리는 성과를 가지게 됩니다. 실제로 이 시기에 자금의 여유가 있는 분들이나 지방의 투자 클럽회원들이 서울, 수도권의 저렴한 아파트를 전세를 끼고 구입하는 소위 말하는 갭 투자를 많이 했습니다.

이처럼 아파트 가격은 언제 사느냐에 따라 오를 수도 있고 떨어질 수도 있습니다. 즉, 항상 등락을 거듭하고, 가격이 정해져 있지 않고, 수요와 공급에 의해 가격이 변하는 물건이라는 점에서 이제 아파트는 가격이 오르지 않는다는 것은 완전히 틀린 전제입니다.

둘째, 전세 투자자는 집을 먼저 구입한 후에 전세를 놓고 전세금을 받아 돈을 운영한다는 전제에 대해 살펴보겠습니다.

앞에서도 언급했듯이 전세 투자자는 대부분 집을 살 때 매매가에서 전세금을 뺀 나머지 금액만 가지고 집에 투자합니다. 그래서 이분들은 자금을 운영하는 목적이 아니고, 오로지 집값이 오르는 것을 목적으로 하는 투자자인 것입니다. 따라서 시중금리나 대출 비중이 그리 중요한 문제가 아닐 수도 있습니다. 그리고 가장 중요한 전세가 월세로 전환되는 문제입니다. 실제로 많은 부동산, 경제 전문가들은 전세가 월세로 전환되는 선진국형 투자 형태를 따라가게 되어 결국에는 전세가 소멸할 것으로 보고 있습니다. 그런데 이 부분도 실제로는 금융당국의 LTV와 DTI 규제와 완화, 그리고 금리와 밀접한 관련이 있습니다. 실제로 최근 금리 인하와 LTV 완화로 인해 전세에서 월세 전환이 급속하게 이루어졌습니다.

투자자는 매달 수입이 발생하는 Income Gain과 원금의 가격상승으로 인한 Capital Gain을 노리고 부동산에 투자합니다. 즉 매달 수입이 발생하는 월세 수입과 집값 상승으로 인한 자본이득을 노리는 방식이죠. 월세 투자는 Income Gain과 Capital Gain 둘다 추구하는 투자 방식이고, 전세 투자는 오로지 Capital Gain, 즉 집값 상승만을 추구하는 방식입니다. 언뜻 보면 월세 투자가 2가지 수익이 동시에 발생되기 때문에 유리한 투자 방식인 것처럼 보이지만, 명확하게 따져보면 투자 금액 대비 순수익 비율이 중요합니다.

2010년 이전에 전세 투자자가 많았던 것은 일단 대출 비중이 매매가의 60% 이하에 금리도 높았기 때문입니다. 지금도 그렇지만 세입자는 월세를 선호하지 않는 것도 한몫했습니다. 월세

수입은 많지 않지만, 투자 금액이 컸고 또한 대출이 있는 집을 세입자들이 선호하지 않았습니다. 대출을 끼지 않은 월세 투자는 수익률이 극히 저조하기에 투자자들이 회피했습니다.

그러다가 주택담보대출이 매매가 대비 70%로 완화되고, 금리가 급격하게 하락하면서 월세 투자가 메리트가 있는 상황이 되었습니다. 그리고 집값이 크게 떨어지면서 전세 투자의 메리트가 거의 없게 되었습니다. 투자자 입장에서는 대출을 받고 월세를 조금 저렴하게 내놓아도 시중금리보다 훨씬 높은 월세 전환율 덕에 제법 쏠쏠한 Income Gain이 발생하기 시작합니다. 대출 비중도 높아져서 투자 금액도 전보다 훨씬 줄어든 것도 한몫합니다. 이때 집값이 내려가면서 집을 사는 것에 관심이 없는 사람들이 늘어나게 되어 임차인이 급증하게 되고 임대매물이 부족한 상황이 되자 임차인들은 어쩔 수 없이 선호하지 않는 월세도 들어가야만 하는 상황이 발생했습니다.

하지만 다시 이러한 추세를 뒤집는 상황이 발생합니다. 바로 전세가의 급등으로 매매가 대비 전세가가 90%를 넘는 집들이 나타나기 시작한 거죠. 임차인들은 여전히 전세를 선호합니다. 전세가가 아무리 비싸도 전세대출제도가 생기면서 임차인은 전세로 들어가서 이자를 내는 것이 월세보다는 훨씬 저렴하기 때문이죠. 투자자 입장에서는 일단 투자 금액이 엄청나게 줄어들게 됩니다. 보통 3억 원짜리 아파트를 살 때 대출 70%를 받고 월세 보증금 약 3,000만 원 정도를 받으면 6,000만 원 정도를 투자해야 합니다. 그런데 전세가가 2억 7,000만 원이면 3,000만 원만 투자하면 됩니다. 2년 뒤에 3,000만 원 정도가 올랐다고 가정해보겠습니다.

월세 투자자
- 순투자금: 6,000만 원(매매 3억 원-대출금 2억 1,000만 원-보증금 3,000만 원)
- 월세: 100만 원(월세 전환률 5% 적용)
- 이자: 52만 원(금리 3% 적용)
- 순월세: 48만 원
- 2년 치 순월세: 48만 원×24개월=11,520,000원
- 집값 상승분: 3,000만 원
- 총수익: 41,520,000
- 투자 수익률: 41,520,000÷60,000,000×100=69.2%입니다.

전세 투자자
- 투자금: 3,000만 원(매매 3억 원-전세보증금 2억 7,000만 원)
- 집값 상승분: 3,000만 원
- 투자 수익률: 100%

전세 투자자의 수익률이 훨씬 높습니다.

이러한 상황에 근거해 2015~2016년 소위 갭 투자자가 엄청나게 늘어났습니다. 결과로 월세보다 전세 투자자가 다시 늘기

시작했다는 것입니다. 투자자는 상황에 맞게 적절한 투자 방법을 선택할 수 있으므로 시기적으로 월세가 유리한 시기가 있고, 전세가 유리한 시기가 있습니다. 단순하게 금리가 내리고 대출 비중이 늘었다 해서 월세로 전환할 것이라고 생각하는 것은 큰 오류에 빠질 수 있습니다. 그리고 또 한 가지는, 지금은 LTV가 70% 정도이기 때문에 월세 전환이 많이 늘었지만, 다시 LTV가 60%로 낮아진다면 월세 투자자의 투자금은 더욱 늘어나서 전세 투자가 훨씬 더 유리해질 수 있습니다. 이렇게 3가지 정도의 근거를 들어 전세가 앞으로 없어진다는 결론은 맞지 않을 가능성이 매우 큽니다.

02 전세대란의 이유와 대책

1. 전세대란의 원인

(가) 공급 부족

① 저금리와 LTV 완화로 인한 전세에서 월세로의 전환

 2010년 이전에는 임대차 시장에서 전세 및 월세의 비율이 70%대 30% 정도로, 월등하게 전세가 많았습니다. 2011년부터 월세의 비중이 점차 늘기 시작해서 2016년에는 전세가 55%, 월세가 45%를 차지했습니다. 이렇게 된 원인으로는 첫째, 1금융권 대출금리가 2010년 5~6%대였다가 2015년 2%대 초반까지 급격하게 하락했습니다. 두 번째 원인으로, LTV 요건이 매매가의 50~60%였던 것이 2014년 이후 70%까지 확대되었습니다. 이 2가지 요인이 작용하면서 임대인 입장에서는 전세에서 월세로 전환하더라도 투자 금액이 더 늘지 않고 오히려 순투자 금액

이 줄어드는 효과를 발휘했습니다. 그와 더불어 금리가 낮아짐으로 인해 이자를 뺀 나머지 월세가 증가하는 효과를 나타내어 임대인에게 일거양득의 이익이 발생하는 결과를 가져왔습니다.

그런데 임차인 입장에서는 월세가 많아짐으로써 월세가 낮아지긴 했지만, 전세보증금의 이자보다는 월세의 부담이 크므로 여전히 전세를 선호합니다. 그래서 임대차 시장에서 월세는 임대차 공급의 주요 요인으로 작용하는 것이 아니라, 전세에서 파생된 상품으로서의 역할에 그치는 현상을 보입니다. 즉 월세임대 물건이 아무리 많아서 팔리지 않은 채 남아 있어도 전세가를 떨어뜨리는 효과를 전혀 보지 못한다는 점입니다.

그 결과로 전세 물건은 눈을 씻고 찾아봐도 찾을 수 없는 귀한 상품이 되어버렸고, 여전히 전세를 찾아 헤매는 수요는 옛날과 마찬가지로 많은 수가 존재하기 때문에 수요와 공급이 크게 어긋나게 되어 전세가 급등으로 이어지는 결과를 낳게 됩니다.

② 집값 하락 시기에 투자자의 감소

전세의 공급은 우리나라의 경우 민간, 즉 개인 투자자가 감당하고 있습니다. 전세공급은 개인 투자자가 자기 집 이외의 집을 추가로 구매해 그 집을 전세로 내놓았을 때 비로소 이루어집니다. 그런데 전세 투자는 오로지 집값이 올라야만 수익이 발생하는 투자 방법입니다. 그래서 집값이 하락하는 시기에는 투자자들이 투자를 주저하게 되어 있습니다. 투자자들이 투자를 안 하게 되면 전세공급이 감소하는 효과가 발생합니다. 그리고 이 시기에는 투자자들이 집에 대한 투자를 진행해도 전세로 공급하는 것이 아닌 월세로 공급을 하는 상황이 늘어나게 되어 전세공급은 더더욱 줄어들게 되어 있습니다.

(나) 전세수요의 증가

집값이 오르지 않거나 떨어질 것이라는 전망이 우세하게 되면 시장에서 수요자는 집을 구매하는 것을 주저하게 됩니다.

국토교통부에서 실시하는 주거실태조사를 통해 주거점유형태별 가구 수를 조사해보겠습니다.

년도	전체	전세	자가	보증금 있는 월세	보증금 없는 월세	사글세	무상
2006	15,887,128	8,828,100	3,556,760	2,394,557	333,206	284,092	490,413
2008	16,439,967	9,269,677	3,672,317	2,433,892	316,694	251,613	495,774
2010	17,339,558	9,406,893	3,755,576	3,148,344	341,584	226,070	461,091
2012	17,733,831	9,532,439	3,864,820	3,298,551	481,194	54,821	502,007
2014	17,999,283	9,655,369	3,527,447	3,929,689	243,108	131,861	511,809

자료출처 : 한국은행

자가 비율이 22%에서 19%로 감소하는 것을 볼 수 있습니다. 그에 반해 월세 비중은 24%로 증가했습니다. 집값이 내려가면서 자가 비중이 급격하게 줄어들고 월세로 전환되는 상황을 볼 수가 있습니다.

2008년 이후 집값이 크게 떨어지고 2011~2012년에는 집값이 하향 안정화를 거칠 때 사람들의 심리는 '이제 집으로 돈 버는 시기는 끝났다'로 가고 있었습니다. 그래서 자가였던 사람들도 대거 집을 팔고 전세나 월세로 돌리고 특히 투자를 주저하는 시기가 되었습니다. 그런데 이 현상이 지속되자 오히려 전세 쪽 수요가 임대공급에 비해 많이 증가해 전세가가 급등하는 결과를 가져오게 됩니다.

(다) 정부정책의 부작용

이렇게 전세가가 급등을 시작하자 연일 여론에서는 정부를 질타하는 기사를 쏟아내게 되고, 국민의 표를 먹고사는 정부 입장에서는 이 현상을 무시할 수만은 없는 상황에 직면하게 됩니다. 정부는 장기적으로 전세가를 잡기 위한 정책으로 공급을 늘리는 정책을 씁니다. 그리고 단기적으로 전세가가 급등해서 자금력이 떨어지는 서민을 위해 저리(低利)로 돈을 빌려주는 금융정책을 동시에 쓰게 됩니다. 공급을 늘리는 정책으로는 민간기업을 임대사업에 끌어들입니다. 공공임대주택으로는 자금과 시간적인 측면에서 LH공사가 감당하기에는 무리가 있다고 판단한 것입니다. 이 사업이 뉴스테이입니다. 민간기업이 임대주택을 지어 공급하기 위해 정부에서 공동 투자를 해 공동 시행을 담당하고 자금대출도 원활하게 지원합니다. 그리고 기업에 수익을 보장하기 위해 8년 임대 후에 분양 전환 여부에 자율성을 주는 혜택을 주게 됩니다.

그러나 집을 지어 공급을 늘리는 방법은 시간과 자금이 많이 들기 때문에 공급되는 동안 급등하는 전세가를 어찌할 수 없는 부분이 작용합니다. 그리고 뉴스테이는 전세임대가 아닙니다. 결국에는 월세임대 공급이기 때문에 전세공급에는 영향을 주지 못합니다. 그래서 정부는 단기적인 효과를 보기 위해 금융지원과 보증제도를 적극 활용하게 됩니다.

금융지원정책으로는 임대인의 동의 없이는 전세대출이 원활하게 이루어지지 않았던 것을 임대인의 동의 없이 정부보증으로 전세대출이 이루어질 수 있게 하는 지원책이 도입됩니다. 대출금액도 보증금의 80%까지 한도를 늘려주고 금리 또한 시중보다 낮은 금리로 많은 혜택을 부여했습니다. 그리고 전세가의 급등으로 깡통전세의 위험이 커지자 HUG와 서울보증보험을 통해서 전세보증제도를 마련해 보증보험에 가입하면 보증액 전액을 보증회사를 통해서 돌려받을 수 있는 정책을 도입합니다.

그런데 문제는 공급을 해결하지 못한 채 금융지원을 적극적으로 도입해 오히려 전세가를 더 올리는 역효과를 가져오게 됩니다. 시중에 공급이 없어 전세 물건이 귀한데, 세입자에게 돈을 지원해주니 세입자는 경쟁적으로 전세금을 더 주고라도 전세로 들어가고자 하는 상황이 발생하게 되는 것입니다. 어떤 분들은 '전세금이 비싸지면 싼 곳을 찾아 이사를 가면 되지 않느냐?'라고 말하기도 합니다. 그런데 그것도 사실 한계가 있습니다. 직장을 다니는 남편과 학교에 다니는 자녀를 어디까지 멀어지게 할 수 있겠습니까? 그리고 서울만 오른 것이 아니라 서울·경기도 전역이 한꺼번에 오르다 보니 싼 집을 찾아 멀리 떠나는 것도 한계가 있습니다. 실제로 싼 집을 찾아 조금씩 경기도 지역으로 서울시민들이 밀려나기는 했지만, 그 덕분에 경기도도 전세가가 같이 급등하게 되었습니다.

(라) 임대인과 임차인의 심리 차이

약간은 극단적인 예를 들어보겠습니다. 임대주택이 100채가 있습니다. 100% 임대는 맞춰져 있는 상황입니다. 점점 임대 만기가 돌아오게 됩니다. 이때 추가적인 수요와 공급은 없다고 가정하고 내부에서 이사는 갈 수 있다고 보겠습니다. 가정을 좀 더 현실적으로 하기 위해 초등학교를 넣어보겠습니다.

초등학교 2개가 있는데 하나는 학군이 좋은 학교, 하나는 그저 그런 학교가 있습니다. 50개 주택은 좋은 학교에 갈 수 있는 지역이고, 나머지 50개는 그저 그런 학교를 보낼 수 있는 지역에 속해 있다고 하겠습니다. 그럼 이 지역의 전세가는 오를까요, 떨어질까요? 아니면 수요 공급이 일치하니까 그대로 유지할까요? 현실적으로 보면 오를 가능성이 매우 큽니다.

그 이유를 살펴보겠습니다. 만기가 다가오는 집이 있는데 아이가 초등학교를 입학하는 임차인이 있습니다. 이 임차인이 사는 주택은 그저 그런 학교에 배정되는 지역에 있습니다. 그래서 임차인은 이사를 가야겠다고 결정하고 임대인에게 만기가 되면 이사 간다고 미리 통보합니다. 임대인은 통보를 받고 중개업소에 전세 매물을 내놓습니다. 그런데 금액이 이상합니다. 전세금이 2억 원이라고 가정하겠습니다. 임대인은 부동산에 시세를 알아본 후 2억 2,000만 원에 내놓습니다. 나중에 고객이 와서 보고 마음에 들어 하면 조금 깎아줄 요량으로 조금 올려서 내놓습니다. 임차인은 다른 지역으로 전세 물건을 미리 구하러 알아봅니다. 나와 있는 물건도 역시 2억 2,000만 원 정도입니다.

그런데 누가 급할까요? 임차인이 훨씬 급한 심리상태를 가지고 있습니다. 임대인은 기존 임차인이라는 보루가 있습니다. 그리고 임대인은 투자자입니다. 조금이라도 이익을 얻기 위해서는 임대료를 가능하면 조금이라도 인상해야 합니다. 임차인은 이사를 꼭 가야 합니다. 좋은 학교를 배정받기 위해서는 지금 사는 지역이 아닌 다른 지역으로 가야 합니다. 우리나라 부모들은 많은 것을 포기하고 자녀의 교육에 투자하는 분들이 매우 많습니다. 그래서 비슷한 지역이라도 학군에 따라 전세가와 집값에 차이를 보이는 것입니다.

올라간다는 설명을 하기 위해서 약간은 억지스러운 상황을 만들어봤습니다. 하지만 이것이 우리나라 현실입니다. 가장 먼저 집값, 전셋값이 움직이는 것이 강남입니다. 잘사는 분들이 모여 사는 이유도 있겠지만, 가장 큰 이유는 학군입니다. 최근 교육에 관한 기사를 보더라도 소위 말하는 일류대, 즉 SKY를 보내는 비중이 강남에 거주하는 학생이 압도적입니다. 그래서 자녀를 좋은 대학을 보내기 위해서는 초등학교 때부터 강남의 유명학교를 보내려고 하는 것입니다. 그렇기에 빚을 내서라도 그 지역으로 들어가려고 하는 분들이 아주 많습니다. 공급은 한정적인데 수요가 일시적으로 폭등하면 당연히 가격이 올라갑니다. 집값, 전셋값은 항상 강남에서 먼저 움직인다는 사실을 인지해야 합니다. 학군이 좋은 지역에 있는 임대인들은 이러한 현실을 매우 잘 알고 있기 때문에 전세 물량이 많지 않은 상황이면 무조건 전세가를 올리게 되어 있습니다. 이 지역으로 이사를 오고자 하는 임차인은 아쉬운 입장이기에 이를 억지로라도 수용해야만 하는 안타까운 현실입니다.

저는 전세가에 가장 크게 영향을 주는 요인은 교통보다 학군이라고 생각합니다. 교통은 사실 선택할 수 있는 여지가 많습니다. 일단 범위가 넓습니다. 역세권을 사람들이 선호합니다. 그럼 역세권의 범위가 어디일까요? 좁게 보아도 그 역을 기준으로 동그랗게 원을 그리면 역세권의 범위가 됩니다. 그 원 안에 있는 아파트는 모두가 역세권입니다. 그러나 학군은 특히 지역 배정이 되는 초등학교, 중학교는 선택의 여지가 없습니다. 그 학교를 가기 위해서는 그 학교에 배정받는 아파트에만 가야 합니다. 임차인은 정말 절실합니다. 전세금 몇 푼 더 주는 것이 문제가 아닙니다. 내 자식이 잘되어 좋은 대학을 간다면 더 바랄 것이 없겠지요. 항상 급한 쪽이 결정을 빨리 해야 합니다. 임대인과 임차인의 심리상태를 분석해보면 임대인보다는 임차인이 동등한 상황에서 급한 것이 사실입니다. 그렇기에 급한 임차인이 좀 더 높은 가격에 거래를 어쩔 수 없이 해야만 하는 심리상태인 것입니다. 따라서 수요·공급이 균형을 맞추고 있더라도 전세가는 올라갈 확률이 매우 높습니다.

(마) 전세에도 가수요가 있다는 사실을 아십니까?

전세는 실수요자만 있는 것이 일반적입니다. 가수요나 투기 수요는 들어간 자금에 비해서 들어올 수익이 많은 경우 발생하는 것인데, 전세 같은 경우에는 들어간 자금과 나오는 자금이 같기 때문에 투자라는 것이 없습니다. 그래서 가수요도 없는 것이 원칙입니다.

그런데 전세에도 가수요가 있습니다. 바로 전세가가 막 올라가는 시기에 발생합니다. 전세 세입자가 집을 구하러 다니는 시기는 보통 이사를 가고자 하는 시기에서 3~4개월 전입니다. 너무 일찍 알아보러 다녀도 막상 계약하고자 할 때는 먼저 봤던 집이 없을 가능성이 크기 때문입니다. 그렇다고 마음에 드는 집을 6~8개월 전에 미리 계약해놓는다는 것도 임대인이나 임차인 모두 서로 부담스럽기 때문에 그럴 가능성도 별로 없습니다.

그런데 전세가가 상승하는 시기에는 전세물건이 매우 귀하기 때문에 집을 구하러 다니는 임차인 같은 경우에는 혹시 집을 못 구하면 어떻게 하나 하는 걱정이 앞서게 됩니다. 그래서 나타나는 현상이 평소 집을 보러 다니는 시기보다 빨리 집을 보러 다니게 됩니다. 그런데 집을 보러는 다니는데 막상 계약에 임하기에는 부담스러운 상태가 됩니다. 이것이 가수요가 되는 상황을 만들게 됩니다. 임대인 입장에서 살펴보도록 하겠습니다. 임대인에게는 집을 보러 다니는 사람들이 늘어나는 상황이 되는 것입니다. 진짜 수요는 아닌데 미리 집을 보러 다니는 임차인들 때문에 수요가 늘어났다고 생각하게 되는 것이죠. 임대인은 수요가 늘어났다고 생각하기 때문에 전세금을 더 올릴 수 있는 상황이 됩니다. 공급은 많지 않은데 가수요까지 붙어 전세대란은 더더욱 심해질 수밖에 없는 상황으로 치닫게 됩니다. 투자 상품이 아닌 실수요 상품인 전세에 가수요가 생긴다는 사실이 매우 아이러니합니다. 이것은 주택이 일반재화가 아닌 필수품이라는 것과 움직이지 못하는 것에서 발생된 지역성이라는 특성 때문에 생긴 아주 특이한 현상이라고 볼 수 있습니다.

2. 전세대란을 막을 수 있는 방법

전세가를 안정시킬 방법은 사실 공급을 늘려서 수요와 공급의 균형을 적절하게 맞추는 방법밖에는 없습니다. 아니 사실상 공급이 수요보다는 조금 더 많아야 하는 게 원칙입니다. 집은 필수품입니다. 비싸다고 해서 안 살 수 있는 물건이 아닙니다. 다른 물건은 대체품이라는 것도 있습니다. 그러나 주택은 대체품도 마땅치가 않습니다. 수요와 공급이 어긋나 있는데 다른 지원책을 쓰면 오히려 상황을 악화시키는 결과만 가져옵니다. 정부의 전세대책이 그렇습니다. 요즘 논의되고 있는 전월세 상한제를 쓰면 어떻게 될까요? 법이 규정되면 처벌이 무서워 조금은 진정되는 효과를 가져올 수는 있습니다. 그런데 오히려 투자자를 위축시켜 투자자가 주택을 추가 구입하지 않고 팔기 시작한다면 수요와 공급이 더욱 어긋나 결국에는 음성적인 거래가 일어나게 될 것이고, 음성적인 거래는 임차인의 지위 불안의 상태를 만들어 사회는 더욱더 혼란스러운 상황을 만들게 될 것입니다.

먼저 수요를 줄이는 방법입니다. 수요를 줄인다는 것은 무주택자를 유주택자로 만드는 것이라 보면 됩니다. 임차인에게 집을 사게 하는 것이죠. 그런데 이것은 억지로 되는 것은 아닙니다.

박근혜 정부가 출범하면서 전세난이 심화되자 정부는 집값 부양으로 무주택자에게 집을 사라고 유도했습니다. 그러나 집값은 올랐음에도 무주택자의 비율은 그대로였습니다. 무주택자들은 집을 사지 않았다는 것입니다. 여러 가지 이유가 있지만, 그 중 가장 큰 이유는 대부분 집값이 하락한다고 생각했다는 데 있습니다. 집값이 하락할 것이기 때문에 안전한 전세를 택하는 것이 얼마 안 되는 자산을 지킬 수 있는 길이라 생각한 것입니다. 각종 언론과 전문가들이 앞으로 집값이 내려갈 것이라는 부정적인 전망을 계속해서 내놓기 때문에 주택에 대한 전문지식이 부족한 무주택자들 같은 경우에는 분위기를 따라갈 수밖에 없습니다. 그리고 추가로 내놓은 전세난민을 위한 정책이 수요를 오히려 늘려놓은 정책이 되어버렸습니다. 바로 전세자금대출과 깡통전세를 우려한 보증보험이 바로 그것이죠. 전세를 위한 정부정책이 강화되니 집값 하락론자들은 더욱 전세에 매달리게 되고 더군다나 자금지원에 보증보험까지 들어준다니 더 전세를 찾게 되는 것이죠.

전세수요는 외부에서 줄일 방법을 찾기 어렵습니다. 결국에는 공급을 늘리는 길밖에 없습니다. 그것도 1:1의 수요와 공급이 되어서는 안 됩니다. 약 20% 정도 공급이 많아야 안정이 될 수 있습니다. 앞서 언급한 임대인과 임차인의 심리 차이 때문입니다. 100% 상황이면 이사 가는 집들이 서로 꼬리를 물고 이사를 해야 합니다. 아마도 이사를 해본 분들은 많이 경험했을 겁니다. 자신이 살고 있던 집에 새로 들어오는 임차인의 보증금을 받아서 새로 들어갈 집의 임대인에게 보증금을 지불해야 하고, 또 자신의 집에 새로 들어오는 임차인도 기존에 살던 집에 새로 들어오는 사람의 돈을 받아서 지불해야 하는 상황 말입니다. 이 중 어느 한 곳에서 시간적으로 돈 지불이 어긋나게 되면 나머지 집들이 이사하던 것을 멈추고 대기해야 하는 상황이 발생하게 됩니다. 여기에 빈집이 몇 개 있으면 수월한 이사가 될 수 있을 것입니다. 그래서 집값 안정을 위해서는 수요보다 공급이 약 20% 정도 많아야 한다고 부동산의 저명한 학자분이 말씀하신 것으로 알고 있습니다. 여기에 전적으로 동감하고 있습니다.

그런데 전세공급은 어떻게 이루어질까요? 전에 말씀드렸다시피 공공임대주택이 있고 개인 투자 주택이 있습니다. 우리나라의 전세공급은 거의 80% 이상이 개인이 담당하고 있습니다. 공급이 늘어나기 위해서는 임대사업자가 늘어나야 합니다. 결국에는 임대사업자를 집값을 마구 올리는 나쁜 투기꾼으로 볼 게 아니고 오히려 지속적인 혜택을 부여해 더 많은 임대사업자를 양산해야 할 상황입니다. 그래야 전세가 안정될 수 있습니다.

지금처럼 거의 모든 사람이 아파트 투자자를 투기꾼으로 매도하는 상황이라면, 그리고 집값을 올리는 나쁜 투기꾼으로 봐서 아파트 가격 상승기 때마다 정책적으로 투자자에게 페널티를 부여하게 한다면 전세 시장은 계속해서 전세난을 겪을 수밖에 없을 것입니다. 아니면 정부가 공공 전세를 마구마구 만들어야 하는 상황입니다. 임차인으로 안정적인 삶을 유지하기 위해서는 투자자가 자신을 통해서 돈 버는 것을 충분히 기쁜 마음은 아니더라도 용인하는 상황이 만들어져야 합니다. 그게 싫다면 지금 우리나라 현실처럼 지속해서 전세대란을 맞이하고 금액에 밀려서 이사를 다니는 악순환이 지속될 것입니다.

전세임대인을 늘려야 합니다. 그런데 정말 전세대란을 막기 위해서는 그냥 임대사업자를 늘려서는 안 되고, 반드시 전세임대사업자가 늘어야 합니다. 앞에서 전세와 월세와의 관계에서 알아봤듯이 월세 시장은 전세 시장에서 공급의 역할을 담당하지 못하고 종속적인 관계에 있기 때문입니다. 월세 공급은 아무리 많아도 전세가를 떨어뜨리는 역할을 하지 못한다는 말입니다. 그렇기에 단순히 임대사업자가 늘었다고 해서 전세대란을 막을 수 있는 공급이 늘지는 않는다는 의미입니다. 임대사업자는 대부분 월세 투자자입니다. 그리고 실질적으로 우리나라의 현재 정부정책으로는 임대사업자가 늘어날 수가 없습니다. 일단 임대사업자에 대한 인식이 너무 안 좋습니다. 거의 투기꾼으로 보고 있어 이들에 대해 지원한다는 것은 있을 수가 없습니다. 오히려 규제만이 늘어나는 상황입니다. 사실 주택임대사업자라는 제도를 만들어서 약간의 혜택을 부여하고 이제는 다주택자들에게 이 제도 안으로 들어오라고 하고 있는데, 다주택자들은 거의 무반응입니다. 왜 그럴까요?

주택임대사업자 내용을 잘 살펴보면 혜택은 쥐꼬리만큼이고 의무와 규제는 많습니다. 즉, 사업자를 내면 손해를 보게 되는 상황입니다. 이런 상황에서 누가 적극적으로 주택임대사업자의 제도 안으로 편입되려고 하겠습니까? 일단 정부의 전세난에 대한 원인 분석부터가 잘못되었습니다. 전세공급을 늘릴 수 있는 제도를 만들고 지원해야 함에도 오히려 이들을 탄압하고 있으니 결국에는 전세난을 해결할 수가 없게 되는 것입니다. 전세공급을 늘리기 위해서는 결국 전세임대인이 늘어나야 합니다. 정부는 갭 투자자는 줄이고 임대사업자는 늘리고 싶어 합니다. 그런데 문제는 임대사업자도 전세사업자와 월세 사업자로 구분해 전세사업자에 대한 수를 늘릴 방안을 연구해야 하는데 그러한 모습은 전혀 보이지 않고 있습니다. 현재 상황에 대한 원인 분석이 제대로 안 되고 있습니다. 그리고 지금의 임대사업자에 대한 혜택과 의무규정으로 봤을 때 임대사업자가 늘어날 가능성은 그리 크지 않은 상황입니다. 왜 그럴까요?

일단 **임대사업자의 혜택에 대해서 알아보겠습니다.**

임대주택은 임대 기간에 따라 4년 이상은 일반임대로, 8년 이상은 준공공임대로 구분됩니다. 준공공임대로 등록되면 혜택이 더 많아지겠죠? 그래서 준공공임대로 등록하고 10년 이상을 임대하면 양도소득세가 면제됩니다. 주택임대사업자는 지자체에서 주택임대사업자 등록을 받은 뒤 거주지 관할 세무서에 사업자등록 신청을 하면 사업자로 등록이 되며 향후 소득세와 양도소득세, 종합부동산세 합산 배제, 그리고 보유 가구 수에 미포함 등의 혜택을 부여받게 됩니다.

$60m^2$ 이하의 주택을 신규로 분양받아 임대주택으로 등록하면 취득세가 면제됩니다. 재산세의 경우 2채 이상 임대주택으로 신고할 경우 혜택이 주어지는데, 4년 이상의 일반임대의 경우 $60m^2$ 이하는 50%, $60~85m^2$는 25% 감면됩니다. 그런데 8년 이상의 준공공임대의 경우에는 $40m^2$ 이하의 경우에는 재산세가 면제되고 $40~60m^2$ 이하의 경우에는 75%, $60~85m^2$ 이하의 경우에는 50%가 감면됩니다.

한편 주택임대사업자의 양도소득세는 4년 이상의 일반임대의 경우 비과세 혜택은 없어졌습니다. 다만 보유 기간에 따라서 최대 40%의 장기보유특별공제가 적용됩니다. 8년 이상의 준공공임대의 경우에는 8년 이상 임대한 경우 50%, 10년 이상의 경우

70% 장기보유특별공제를 받습니다. 그리고 임대기간 중 발생한 양도소득세는 100% 감면받게 됩니다. 그런데도 임대사업자는 그리 늘고 있지 않습니다. 왜 그런지 알아보겠습니다.

첫 번째로는 의무기간입니다. 일반임대의 경우 4년, 준공공임대의 경우 8년 이상을 임대해야 합니다. 그런데 투자자의 경우 그 기간 임대를 하기 위해 보유를 하다가 집값이 내려갈 것 같으면 매도를 해야 함에도 임대의무 기간에 묶여 매도할 수 없다는 것이 부담으로 다가오기 때문입니다.

두 번째로는 소득세의 증가입니다. 지금까지 다주택자들은 소득이 세무당국에 노출이 거의 되지 않았습니다. 그런데 주택임대사업자를 낼 경우 세무당국에 임대소득을 신고해야만 해서 소득이 노출됩니다. 그리고 지금까지는 임대소득이 2,000만 원 이하인 경우에는 소득세를 한시적으로 면제시켜주고는 있지만, 2019년부터는 과세하는 것으로 결정되었습니다. 이것은 원래 2017년부터 과세되는 것으로 되어 있었는데, 전세난이 심해지자 2년을 더 유예하는 것으로 결정되었습니다. 이러한 과정으로 보면 2019년 이후에도 과세하는 것이 확정적인 것만은 아닐 수도 있습니다. 그러나 일단 지금의 결정된 사항으로는 과세가 원칙이기 때문에 등록하지 않는 요인이 될 수 있습니다.

세 번째로는 건강보험료 인상 문제입니다. 이것에는 2가지의 문제가 있습니다. 하나는 피부양자인 경우 지위가 박탈됩니다. 자동으로 지역의료보험으로 전환되어 의료보험료가 산정됩니다. 아시다시피 지역의료보험은 직장보험에 비해 훨씬 많이 나오기 때문에 피부양자였던 사람이 사업자를 내는 경우 매우 부담스러운 상황이 됩니다.

그리고, 직장의료보험의 경우 근로소득과 임대소득을 합산해 연 7,200만 원을 기준으로 부과기준이 달라집니다. 7,200만 원 이하의 경우 그대로 직장의료보험만 내면 됩니다. 7,200만 원을 초과하는 경우에는 근로소득이면 직장의료보험을, 임대소득이면 지역의료보험을 적용받게 되어 있습니다. 이 경우 아직 정확한 보험료 산정기준이 적용되지 않아 혼란이 있기는 하지만, 역시 큰 부담으로 다가오는 것은 사실입니다.

네 번째로는 임대료를 마음대로 올릴 수 없게 되어 있습니다. 준공공임대의 경우 연 5% 이하의 임대료 인상만이 가능합니다. 사실 현실에서 임대료 올라가는 정도가 급등 수준이기 때문에 앉아서 손해 본다는 느낌을 지울 수가 없는 조항이 될 수 있습니다.

주택임대사업자를 낼 경우의 혜택과 단점을 알아봤습니다. 어쩌면 약간의 소득세와 양도세 혜택을 얻는 것보다 안 내던 소득세와 의료보험을 내면서 의무기간까지 지켜야 하는 단점이 더

크게 느껴지는 것이 현실적인 문제인 것 같습니다. 이런저런 이
유로 인해 주택임대사업자는 크게 늘고 있지 않은 것이 현실입
니다. 무엇보다 임대사업자에서 월세와 전세 부분의 구분 없이
통틀어 임대사업자로 규정되는 부분이 전세공급을 더욱더 어렵
게 만드는 상황이라고 보입니다.

03
매매가를 역전하는 전세가

 2013년 한 신문에 '매매가가 1억 9,000만 원인데 전세금이 2억 원?'이라는 타이틀의 기사가 보도된 적이 있습니다. 보도 내용으로 보면 서울·수도권에서 집값은 내려가는데, 전세금은 급등해 매매가 대비 전세가 비율이 80%를 넘는 지역이 속출하고, 심지어는 90%가 넘는 지역도 대거 나타났다는 것입니다. 이를 강조하기 위해 어느 지역의 한 아파트의 경우 매매가가 1억 9,000만 원인 데 반해 전세가 2억 원에 거래되어 매매가를 전세가가 역전했다는 내용을 타이틀로 달게 된 것입니다. 그럼 정말로 매매가를 전세가가 넘어설 수 있을까요?

 실제로 이런 경우가 나타날 가능성은 거의 없습니다. 이는 통계의 함정일 가능성과 실거래가 신고된 것의 시간 차이 때문에 발생했을 가능성이 큽니다. 예를 들면, 아파트 가격은 로얄

동 로얄 호실의 가격과 아닌 호실의 가격 차이가 제법 나는 경우를 많이 볼 수 있습니다. 평균가가 2억 원이라고 할 때 로얄동 로얄 호실은 2억 2,000~3,000만 원 정도 하고, 인기가 없는 층 같은 경우 1억 8,000~9,000만 원 정도 하는 것이 일반적입니다. 전세가가 90%를 넘는 경우 로얄 호실의 전세가는 2억 원이 넘을 수 있습니다. 그리고 비인기 호실의 경우 매매가가 1억 8,000~9,000만 원 정도에 거래될 수 있습니다. 이 상황을 통계로만 보면 역전된 것처럼 보이나, 내용을 자세히 들여다보면 역전된 것은 아니라는 것을 아실 수 있을 것입니다.

또 다른 예를 들어보면, 시간적 차이입니다. 집값이 내려갈 것으로 예상하는 경우 매수자가 없어서 매매거래가 드물게 나타납니다. 실제로 1월에 거래되고 5월이 될 때까지 추가 거래가 일어나지 않았는데, 전세가는 그동안에도 계속 거래가 되며 급등했을 경우 1월의 매매가와 5월의 전세가를 비교해보면 전세가가 높을 수 있습니다. 이 경우 부동산에 매매호가를 알아보면 전세보다 1,000~2,000만 원 정도 비싸게 나와 있는 것을 확인할 수 있었습니다. 만약 5월에 매매거래가 일어난 게 있다면 전세가보다 조금은 높은 가격에 이루어졌을 것입니다. 이것은 눈에 보이는 통계만 가지고 그 지역의 상황을 정확하게 알지 못하고 비교할 때 나타나는 함정입니다.

그리고 집값이 크게 떨어질 경우에는 2년 전에 전세가가 현재의 매매가보다 높을 수도 있습니다. 이것은 집값이 내려가고 전세가도 떨어지는 상황에서 발생하는 역전세라는 상황으로 시간적 차이 때문에 보이는 현상입니다. 이것도 전세가 매매를 역전했다고 보기는 어렵습니다. 같은 시간대에 거래된 매매가와 전세가는 반드시 매매가가 조금이라도 높을 수밖에 없습니다. 그것에 대한 이유는 전세는 매매의 파생상품이기 때문입니다. 매매를 기반으로 한 임대상품이기 때문에 임대가가 매매가를 넘을 수는 없는 원리입니다. 만약 임대가가 매매가를 넘는 상황이 벌어져 임대인이 그 물건을 포기하게 되면 임차인은 어떻게 될까요? 그런 상황을 예상하고도 과연 임차인이 그 가격에 전세를 들어갈 수 있을까요? 불가능하겠죠?

04
집값을 올리는 전세

다들 매매가가 올라감으로 인해 전세가가 올라간다고 알고 계십니다. 그래서 아파트 투자자를 나쁜 투기꾼으로 보는 현상이 있는 것입니다. 그런데 새로운 사실을 알려드리겠습니다. 매매가를 올리는 주범은 바로 전세임차인인 당신입니다. 너무 과격하게 말씀드렸나요? 이렇게 말씀을 드리는 것은 정말 누구도 몰랐던 아주 중요한 사항이기 때문입니다.

전세가가 급등하니까 사람들이 전세가보다 높은 가격에 매매거래를 하는 경우도 있지만 거래 하나 없이도 매매가가 올라갈 수 있습니다. 집값에 대한 부정적인 시각이 큰 사람들이 훨씬 많을 때 나타나는 현상입니다. 저도 처음에는 집값에 대한 전세가가 90%를 넘는 시점에서 전세가 급등이 멈출 줄 알았습니다. 당연히 전세가는 매매가를 넘을 수 없기 때문이었습니다. 그리고 매매가도 더 이상 오를 것 같지가 않았습니다. 시장에는 팔고자 하는 매물은 많이 나와 있는데 매수자는 거의 없던 상황이었기 때문입니다. 그런데 어느 순간 보니 전세가가 기존 매매가를 넘어서 있고 여전히 매매호가는 전세가 위에 있는 것을 보고 적잖게 당황한 적이 있었습니다. 그럼 매매가가 올라서 전세가가 올랐던 것일까요? 의문이 들어 실거래가도 찾아보고 공인중개사 사무실에 전화도 해봤습니다. 그런데 거래된 흔적은 보이지 않았습니다. 거래는 거의 안 이루어졌는데 도대체 어떻게 매매가가 훌쩍 올라 있을까? 그 많던 매물들은 도대체 어떻게 되었을까? 미스터리였습니다. 이 상황이 너무도 궁금해 여러 아파트를 보며 연구하고 거래형태 및 공인중개사 사무실에 나와 있는 호가 등을 검토하면서 전세임대차인 여러분이 매매가를 올리고 있다는 사실을 발견했습니다.

이해를 돕기 위해 조금은 단순화시켜서 설명드리겠습니다.

어떤 아파트가 있습니다. 현재 매매가는 2억 원이라고 하겠습니다. 공인중개사 사무실에 매물들이 2억 원에 수십 개가 나와 있습니다. 전세가는 1억 8,000만 원입니다. 전세 매물은 매우 귀해서 딱 1개밖에 없는 상황입니다. 전세가 1억 8,000만 원으로 오늘 거래가 됩니다. 그리고 며칠 후 이상한 일이 일어납니다. 바로 매매 매물들에 조금씩 변화가 생기는데, 2억 원에 나와 있던 매물 중 일부가 사라지고 얼마 안 있어 2억 500만 원짜리 매물과 2억 1,000만 원짜리 매물이 나옵니다. 그리고 얼마 후에 전세 매물이 1억 9,000만 원으로 나옵니다. 이것도 한 달 정도 지나자 전세가 거래가 됩니다. 그러자 매물 호가가 다시 변했습니다. 2억 원짜리 매물이 거래 하나도 없이 완전히 사라졌습니다. 호가 매물은 2억 500만 원짜리, 2억 1,000만 원짜리 그리고 새로 2억 2,000만 원짜리 매물이 나왔습니다. 그리고 또다시 시간이 좀 흘러 1억 9,500만 원짜리 전세 매물이 나왔고 나오자마자 또 거래됩니다. 세입자 입장에서는 매매 호가를 보고 약간은 두려움이 있지만, 공인중개사의 안심을 시키는 위안과 보증보험이라는 대비책을 마련해두고 전세 거래를 하게 됩니다. 그러자 다시 매매 호가가 변해 2억 500만 원짜리도 사라집니다. 2억 1,000만 원짜리 1~2개와 2억 2,000만 원짜리 매물, 그리고 새롭게 2억 3,000만 원짜리 매물이 다시 나옵니다. 이때 매매거래가 어렵사리 하나 됩니다. 2억 1,000만 원에 거래가 되네요.

그리고 전세 매물이 하나 나옵니다. 2억 원짜리네요. 그러자 다시 2억 1,000만 원짜리 하나 남은 매물이 사라집니다. 2억 3,000만 원에 다시 조정해서 내놓습니다. 얼마 후에 전세 2억 원이 거래됩니다. 이런 식으로 1년 정도 지나니 매매는 거의 없는데 전세는 2억 4,000만 원이 되었고 매매호가는 2억 6,000만 원 정도가 되었습니다. 이 상황을 한번 살펴보겠습니다. 매매가 전세를 올렸나요? 아닙니다. 전세 거래를 보고 매매호가만 계속

변합니다. 그런데 그 호가를 보고 다시 전세가도 높은 가격에 거래가 됩니다. 결국, 이 상황이 몇 번 반복되니 매매가와 전세가가 훌쩍 올라갑니다. 이 상황은 명백히 전세가로 인해 매매가가 올라가는 상황입니다.

　이 상황이 서울·수도권에서 2012~2014년 정도에 거의 모든 아파트에서 일어났던 것입니다. 비율은 아파트별로 차이가 있습니다. 강남 같은 경우는 매매가 대비 70% 선에서 전세거래가 이루어질 경우 호가를 올려주는 상황이 발생했고, 인기가 덜한 지역 같은 경우는 90% 정도에서 이러한 상황이 발생했습니다. 이 상황으로 판단해보면 어느 정도 집값이 내려가면 전세가 치고 올라와 다시 집값을 올려준다는 법칙이 성립하게 됩니다. 집값에 부정적인 분들은 이러한 상황을 잘 인지해 적당한 상황에서 집을 사는 쪽으로 포지션을 취하는 것도 나쁘지 않은 것 같습니다.

　현명한 투자자는 이러한 상황을 잘 인지해서 갭 투자로 활용을 잘 하시면 됩니다. 갭 투자에 대한 구체적인 이야기는 뒤에서 언급하도록 하겠습니다.

05
역전세로 나타나는 현상

"물량 쏟아진 강동 고덕지구… 우려했던 역전세난 현실화."

2017년 2월 부동산 관련 뉴스 기사입니다. 고덕지구에 기존 오래된 아파트를 재건축한 고덕 'ㄹ', 'ㅎ' 3,658가구가 입주를 시작하자 쏟아진 물량에 전세가도 하락하고 세입자 찾기도 갈수록 어려워지고 있다는 내용입니다.

2017~2018년은 입주 물량이 급증해 역전세난이 일어날 거라는 전망이 우세한 가운데 지역별로 역전세난이 시작되었다는 기사들이 속속 나오고 있는 상황입니다. 사람들이 걱정하는 역전세난은 도대체 무엇인지, 그리고 어느 때 나오는지 또 진짜 현실화될 것인지 등을 짚어보겠습니다.

먼저 역전세난의 사전용어를 찾아보겠습니다. 역전세난이란 전세물량이 늘어났으나, 그 수요가 줄어서 전세계약이 잘 이루어지지 않아 어려움을 겪는 현상이라고 나와 있습니다. 전세난은 수요에 비해 전세공급이 딸려서 전세가가 올라가고 세입자가 전세 물건을 찾기가 어려워지는 현상을 말하지만, 역전세난은 그 반대상황이 벌어지는 것을 말합니다. 전세공급이 일시적으로 많이 한꺼번에 몰림으로써 전세가가 떨어지는 현상이라고 볼 수 있습니다.

　부동산 전문가들은 2017년에는 입주 물량이 36만 8,008가구, 그리고 2018년에는 36만 8,449가구가 입주를 할 전망으로 2016년 27만 9,446가구보다 거의 10만 가구씩 늘어나는, 역대 최고의 입주 물량이 대기 중이어서 역전세난이 올 것이라고 경고하고 있습니다.

　역전세난이 발생하면 집주인이 세입자를 구하지 못해서 기존 세입자의 보증금을 제때 돌려주지 못하는 상황이 발생할 가능성이 매우 커집니다. 그에 따라 임대인과 세입자의 분쟁이 발생해 서로 어려운 상황으로 발전할 수 있습니다. 또한, 역전세난이 지속되면 전세가 하락뿐만 아니라 매매가 하락으로 이어져 주택 시장 침체로 확대될 수도 있습니다.

　이것은 세입자 입장에서는 좋은 현상이 아니냐고 할 수도 있습니다. 신규로 집을 얻는 세입자 입장에서는 매우 바람직한 상황일 수 있습니다. 하지만 기존에 세를 살던 세입자 입장에서는 이사를 가야 하고 잔금 날이 정해져 있는데, 이 경우 대부분 보증금을 받아서 잔금을 치러야 합니다. 이때 임대인이 새로운 세입자를 제때 맞추지 못해 보증금을 돌려주는 날을 지키지 못하는 경우, 그 피해는 기존 임차인이 고스란히 받을 수밖에 없습니다. 그래도 세입자 입장에서는 결국 역전세난이 일어나서 전세가가 떨어지고 매매가도 하락하는 상황이 지속되는 것은 당장은 어려운 상황이 벌어지더라도 장기적으로는 환영할 만한 현상인 것은 맞습니다. 경기가 지속적으로 좋지 않아 소득은 제자리이고 전세금이 급등해 생활이 점점 궁핍해지는 상황에서 전세금이 낮아지는 것은 매우 바람직한 현상입니다. 하지만 이런 상황이 바람대로 오는 것은 아니라는 것이 안타까운 현실입니다.

먼저 역전세난이 언제 어떻게 나타나는지 알아보겠습니다. 역전세난이 오기 위해서는 대규모 입주 물량이 한꺼번에 쏟아지기 시작해야 합니다. 그래서 대부분 역전세난과 비슷한 상황이 벌어지는 곳은 신도시 주변입니다. 신도시는 택지개발을 해서 거의 비슷한 시기에 분양을 진행하고 아파트를 지어 2~3년 후 비슷한 시기에 몇만 가구가 한꺼번에 입주를 시작하기 때문에 일시적으로 전세공급이 늘어나기 때문에 전세가가 폭락하는 경우가 발생합니다. 그리고 신도시의 영향으로 주변 지역 또한 전세가가 폭락하는 경우가 발생할 수 있습니다. 그 지역에 살던 주민들이 좀 더 깨끗하고 새 아파트인데도 불구하고 전세가는 훨씬 저렴한 신도시로 대거 빠져나갈 수 있습니다. 이것은 생활권이 어느 정도 비슷하기에 가능한 상황입니다. 아무리 싼 물건이 많이 있어도 생활권을 벗어나면 그쪽으로 이사 가기 힘든 것이 어쩔 수 없는 현실입니다. 그래서 신도시 주변도 일시적으로 전세가가 떨어지는 상황을 맞이하게 됩니다.

그런데 이런 상황이 일시적이냐 지속적이냐에 따라서 상황은 정반대로 나타나게 되는데, 여기에서 우리는 크게 오류를 겪기도 합니다. 대부분은 일시적인 현상으로 끝나서 다시 제자리를 찾아가거나 오히려 더 급등하는 상황이 발생하는데, 일시적인 역전세 상황을 보고 부동산 시장 전망을 떨어지는 쪽으로 판단해 집을 사는 것을 뒤로 미루거나 포기해 상황을 더욱 악화시키는 쪽으로 결정하곤 합니다. 여러분들은 이 책을 읽은 후, 역전세 상황이 일시적인지 지속적인지를 잘 판단해 집을 살 것인지 말 것인지를 스스로 판단할 수 있어야 합니다.

역전세난이 지속되기 위해서는 몇 가지 전제 상황이 필요합니다. 앞에서도 말했듯이, 우리나라 부동산 시장은 서울·수도권과 지방으로 크게 둘로 나뉘어 있습니다. 그리고 각자 시장은 다른 시장에 많은 영향을 주지 않습니다. 예를 들었듯이, 부산에 100만 채가 입주한다 해서 서울 전세가가 떨어지지 않습니다. 그 이유는 생활권입니다. 전세 세입자는 실수요자입니다. 전세는 싸다고 해서 투자로 할 수 있는 상품이 아닙니다. 서울이 직장인데 부산에 집을 두고 어떻게 출퇴근을 할까요? 그렇기에 부동산 시장은 지역적 한계가 명확히 존재합니다. 내가 사는 지역에 입주 물량이 많아야 합니다.

그리고 몇 년 동안 비슷한 규모의 입주 물량이 연달아 있어야 합니다. 앞서 언급했듯이 신도시가 대부분 일시적인 영향으로 끝나는 것은 입주가 끝나면 그 뒤에 입주하는 것이 없으므로 다음 전세 만기까지 기다리지를 못하고 다시 폭등하기 때문입니다. 그러니까 최소한 3년 정도 비슷한 물량이 한 지역에 쏟아져 나와야 합니다. 한번 싸게 맞춘 전세가 다음 만기 때 올라가려고 하는데 다른 물량이 대기 중이면 임대인이 쉽게 올리지를 못하겠죠? 그래서 마음이 급해진 임대인이 전세금을 던지듯이 싸게 내놓아야 전세가가 하락하게 됩니다.

중요한 것은 입주 물량에 관한 판단입니다. 상담해보면 개인 입장에서 보면 엄청나게 많다고 생각되는 물량이 그 지역 전체적으로 보면 아무것도 아닌 것이 될 수 있기 때문입니다. 이 판단이 매우 어렵습니다. 그리고 가장 중요한 전제가 있습니다. 물은 항상 위에서 아래로 흐르듯이 부동산 시장도 반드시 위에서 아래로 영향을 줍니다. 강남에서 움직이기 시작하면 서울 전역,

그리고 경기도까지 그 영향이 미치게 됩니다. 그러나 경기도 어느 한 지역의 움직임이 서울 전체까지 영향을 주지는 않습니다. 그게 원칙입니다. 단순히 통계상으로 입주 물량이 많다 해서 역전세난이 벌어지지는 않습니다. 언뜻 잘 이해가 되지 않을 수도 있습니다. 그런데 이것이 현실입니다.

천천히 살펴보겠습니다.

강남, 특히 대치동이 인기 좋은 가장 큰 이유는 학군과 학원가입니다. 전통적으로 새 학기가 시작되는 기간에 대치동 같은 경우는 전세 물건을 찾기 위해 난리가 납니다. 어떤 집은 방 하나씩 임대를 놓기도 합니다. 이렇게 대부분 학군이 인기 좋은 지역은 전통적으로 전세난이 아주 심합니다. 이 영향이 주변 송파, 서초로 움직이고 목동까지 퍼지게 됩니다.

그러는 도중에 동탄에서 대규모의 입주가 시작되었다고 가정해보겠습니다. 동탄이 입주를 한꺼번에 시작하면 먼저 동탄지역의 전세가가 폭락할 것이고, 주변 지역인 화성과 수원 오산지역의 전세가가 떨어질 수 있습니다. 그런데 과연 이 현상이 강남까지 올까요? 강남은 현재 대치동에 있는 초등학교, 중학교를 들어가기 위해서 강남으로 이사하려고 하는 전세 세입자들이 움직이고 있는데 수원, 동탄, 화성이 전세가가 싸다고 해서 움직일까요? 아닙니다. 별개의 시장으로 움직일 것입니다. 떨어진다면 수원, 화성만 떨어질 가능성이 매우 높습니다. 그런데 반대상황을 만들어보겠습니다. 만약 강남에 대규모의 입주 물량이 발생합니다. 그럼 어떻게 되겠습니까? 그 영향은 바로 송파, 서초, 강동까지 영향을 줍니다. 그리고 비슷한 학군인 목동에도 영향을 주겠죠? 그렇게 되면 서울 전역으로 퍼지게 됩니다. 물론 물량 중 강남만 입주 물량이 많고 다른 지역은 전혀 없다면 그 영향이 그리 크게 가지는 않을 수도 있습니다. 그래서 대규모의 입주 물량이 필요합니다.

이것을 바탕으로 2017~2018년 부동산 시장을 예측해보면 어느 정도 윤곽이 보입니다. 일단 입주 물량을 지역별로 나누어 보겠습니다.

2017년 3~5월 입주 물량인데요. 전국 66,442세대이고 서울·수도권이 17,638세대, 지방이 48,804세대입니다. 특히 서울은 7,200세대밖에 되지 않습니다. 더 확대를 시켜봐도 서울·수도권 물량과 지방의 물량 중 압도적으로 지방이 많습니다. 그런데 항상 뉴스나 부동산 전문가들이 쓰는 통계는 전국 단위입니다. 여기에서 첫 번째 오류에 빠지게 됩니다. 지방은 실제로 올해 2017년부터 전세가와 매매가가 떨어지는 역전세 상황이 벌어지기 시작했고 아직 상황이 좀 나은 부산, 강원 지역도 곧 비슷한 상황이 올 거라 보입니다.

그러나 서울·수도권 상황은 좀 다릅니다. 지방은 2008년 이

후 부동산 매매가가 꾸준히 상승하다 2015~2016년 급등을 통해서 아파트 분양이 집중되었던 상황입니다. 그러나 서울·수도권은 2008~2012년까지 극심한 침체기를 겪으면서 아파트 공급이 거의 없다시피 했고, 2013년부터 전세가 상승으로 매매가가 조금씩 상승하자 아파트 공급이 활기를 띠기 시작했습니다. 특히 서울지역은 일단 빈 땅이 없는 상태에서 추가 공급은 재개발·재건축으로 이루어져야 하는 상황인데, 부동산 경기가 위축

되어 재개발·재건축은 거의 올 스톱 상태였습니다. 2015~2016년 아파트 매매가가 급등해 재개발·재건축이 강남권 위주로 시행되기 시작했고, 아직도 입주 물량 폭탄을 논하기에는 터무니없이 부족한 것이 현실입니다.

따라서 서울·수도권은 신도시가 입주할 때 주변 도시까지는 어느 정도 역전세 현상을 나타낼 수는 있겠지만, 일시적인 현상에 그칠 가능성이 매우 큰 상황입니다.

Chapter
03

주택가격에 영향을 크게 미치는 요인

01
선분양으로 심해지는
주택가격 왜곡과 대안인 후분양

1. 선분양제도란

선분양제도는 주택이 완공되기 전에 이를 입주자에게 분양하고 입주자가 납부한 계약금, 중도금을 통해 주택가격의 약 80% 정도를 완공 이전에 납부하도록 해 아파트 건설비용에 충당하도록 하는 제도를 말합니다.

선분양제도가 도입된 것은 1970~1980년대 인구가 급증하고 집은 턱없이 부족한 상황 속에서 주택의 대량 공급이 필요했던 시기입니다. 그 당시 건설사들이 대량의 집을 자기자본으로 지어 팔기에는 어려움이 많았습니다. 그래서 정부에서는 선분양이란 묘책을 만들어낸 것입니다. 건설사 입장에서는 자기 자금이 없이도 먼저 분양받은 입주자들의 계약금과 중도금을 통해서 건설자금을 조달할 수 있기에 최선의 선택이었습니다. 그리고 소비자 입장에서도 아파트라는 새로운 형태의 주택을 싼값에 살 수 있는 것과 먼저 분양을 받음으로써 한꺼번에 집값을 치러야 하는 부담을 2~3년에 걸쳐 나눠 낼 수 있어 부담을 줄인다는 효과가 있어 더불어 좋은 상황이 되었던 것입니다.

이 제도는 그 당시로서는 정부, 기업, 소비자 모두가 만족하는 묘책 중의 묘책이었다고 할 수 있겠습니다. 이러한 선분양제도는 그동안 많은 시행착오를 거치면서 많은 보완책이 적용되어 현재까지 이어져오고 있습니다. 선분양제도는 현재 우리나라에만 있는 독특한 제도라고 하는데, 선분양제도가 자리 잡기까지 많은 우여곡절을 겪었으며, 또한 많은 문제점도 노출된 것도 사실입니다. 그럼 선분양의 좋은 점과 문제점을 짚어보도록 하겠습니다.

2. 선분양의 좋은 점

첫째, 주택업자의 자금조달이 용이합니다.
선분양제도는 말 그대로 아파트를 짓기 전에 분양을 먼저하는 제도입니다. 보통 택지를 보유하고 있는 시행사가 시공사를 선정하고 분양을 시작합니다. 이 경우 시공사가 땅을 보유하고 하는 경우도 있고, 땅 소유자가 다른 시행사가 따로 존재하기도 합니다. 그런 다음 분양을 먼저 하게 되는데, 청약이라는 과정을 거쳐 계약에 이르게 됩니다. 이때 계약을 한 소비자는 계약금이라는 것을 현금으로 납부하게 됩니다. 보통 전체 가격의 10% 정도를 계약금으로 납부합니다.

그리고 중도금이 있습니다. 중도금이라는 것은 계약하고 입주 때 잔금을 치르는 것이 원칙인데, 그 과정이 긴 경우 중간에 조금씩 소비자가 입금을 하는 것을 말합니다. 중도금은 매우 중요한 역할을 합니다. 계약이라는 것은 나중에 이행할 수도 있고 파기할 수도 있습니다. 예를 들어, 소비자가 집이 마음에 들어 계약금을 10% 지급하고 계약을 체결했습니다. 그러다가 어느 정도 시간이 흘러 다급한 사정으로 인해 계약을 이행하지 못할 경우 소비자는 계약을 파기할 수 있습니다. 물론 계약금을 포기하는 것으로 위약금을 대신하긴 합니다. 그런데 아파트는 많은 비용이 들어가는 상품입니다. 아파트를 계약하고 건설사가 아파트를 짓습니다. 그리고 1년 정도 지나서 계약자가 계약금을 포기하고 계약을 파기하겠다고 하는 경우 건설사의 입장에서는 계약금이 공돈이 생겼다고 할 수도 있겠지만, 이미 어느 정도 건설이 진행된 아파트에 들어간 경비나 시간 등에 따른 손해가 발생할 수도 있습니다. 중도금이 지급된 계약은 계약을 파기하기가 어렵습니다. 서로 간에 끝까지 계약사항을 이행할 의무와 권한을 지게 되는 역할을 합니다.

그리고 더욱 중요한 역할은 건설사에 대한 자금 조달입니다. 중간중간에 아파트를 짓는 데 필요한 건축비를 충당하는 역할을 하게 됩니다. 그런데 보통 중도금은 소비자의 부담을 덜어주기 위해 대출이라는 제도를 사용하게 됩니다. 건설사는 대출을 통해 은행에서 들어온 자금을 활용해서 유익하고, 소비자는 대출을 통해 자기 자금이 들어가지 않아 자금 부담을 덜 수 있기에 대부분이 중도금은 대출을 활용합니다. 그리고 시장의 상황에 따라 그 이자를 소비자가 내기도 하고 건설사가 내기도 합니다. 시장이 좋을 때는 소비자가 부담하고, 시장 상황이 안 좋을 때는 건설사가 부담하게 됩니다. 그래서 건설사가 이자를 부담할 때 보통 분양 홍보 문구에 '중도금 무이자'가 들어가게 됩니다. 소비자 입장에서는 계약금만 내고 잔금 때까지 아무런 추가 부담이 없이 시간을 벌 수 있기 때문에 분양계약에 좀 더 적극적인 자세를 나타낼 수 있을 것입니다. 이렇게 전체 가격에서 70~80% 정도를 건설사 자금이 아닌 소비자 자금과 은행 자금으로 충당할 수가 있습니다. 그렇기 때문에 건설사 입장에서는 자기 자금을 한 푼도 안들이고 아파트를 지을 수 있는 상황이 되는 것입니다. 그래서 선분양제도는 건설사에게 매우 유리한 제도라 말씀드릴 수 있습니다.

둘째, 소비자 입장에서 목돈 마련의 부담이 적습니다. 앞에서도 잠깐 언급을 하긴 했습니다만, 소비자는 먼저 계약금으로 10%를 지급하고 중간에 중도금을 대출로 활용하기 때문에 아파트를 짓는 기간에는 실제로 자기 자금이 10%밖에는 지출되지 않습니다. 실제로 기존 집을 구매하기 위해서는 계약금을 10% 지급하고 바로 몇 달 뒤에 잔금으로 90%를 마련해 지불해야 하기 때문에 소비자 입장에서는 매우 부담스러운 것이 사실입니다. 그러나 분양을 받으면 10%만 지급하고 아파트를 짓는 기간 2~3년 정도 시간을 벌기 때문에 나머지 잔금을 그 기간에 마련할 기회를 가질 수도 있습니다. 그렇기에 당장 10% 낼 돈만 있어도 아파트를 분양받기도 하는 소비자도 있게 됩니다.

셋째, 아파트가 잘 팔립니다. 앞서 언급한 대로 소비자 입장에서 자금 부담이 적기 때문에 사고 싶은 아파트를 분양할 경우 자금 여력이 충분하지 않은 소비자도 분양에 적극적일 수 있습니다. 이는 실수요자뿐만 아니라 가수요자까지 발생해 수요가 늘어나는 효과를 발휘해 아파트 분양을 쉽게 만들고 있습니다. 실제로 우리나라 같은 경우는 시장이 좋을 때 아파트를 사고자 하는 소비자가 급등해 엄청난 경쟁이 일어나는 경우를 자주 보게 됩니다. 그렇게 해서 생긴 제도가 청약제도입니다. 청약에는 우선순위를 부여하는 자격제도가 있고, 일정 기간에 자격이 되는 사람들만 청약할 수 있습니다. 시장 상황이 좋을 때는 청약 우선순위에서 분양이 끝나버리는 경우도 종종 발생하게 됩니다.

3. 선분양의 문제점

최근 언론에서 선분양 때문에 나타나는 문제점들을 크게 언급하면서 후분양을 시행해야 한다고 목소리를 높이고 있습니다. 사실 선분양제도의 문제점은 예전부터 지속해서 언급되어왔습니다. 지금부터 그 문제점들에 대해서 짚어보도록 하겠습니다.

첫째, 부실시공 우려가 있습니다.

선분양제도에서의 아파트 분양은 아파트를 짓기 전에 모델하우스라는 모형을 보고 선구매가 이루어집니다. 이 경우 소비자는 건설사가 꾸며놓은 모델하우스의 형태나 재료를 보고 판단하며, 결국에는 건설사를 믿고 구매하게 됩니다. 그러한 이유로 유독 우리나라에서는 1군 브랜드업체의 가격이 비쌈에도 불구하고 선호됩니다. 아무래도 '큰 업체가 약속을 잘 지키고 안정적으로 잘 짓겠지' 하는 신뢰를 바탕으로 하고 있다고 볼 수 있겠습니다. 하지만 현실은 조금 다릅니다. 아파트가 입주할 때마다 1군업체, 2군업체 할 것 없이 하자 문제로 분쟁이 끊이지 않고 있습니다. 입주해보면 마감 정도가 부실한 것은 양반에 속한다고 볼 수 있습니다. 어떤 집은 위층에서 물이 새어 천장에서

물이 쏟아지는 일도 있습니다. 안으로 들어가 있어야 할 배관들이 볼썽사납게 외부로 튀어나와 있는 일도 있습니다. 그 외 기타 등등 여러 가지 문제들이 입주할 때 나타나는 것이 다반사입니다. 이게 모두 선분양 때문에 일어나는 일이라고 볼 수 있겠습니다. 아파트를 다 짓고 나서 분양한다면 건설사는 하자처리를 모두 끝내놓고 분양을 시행하겠죠? 그렇지 않다면 소비자가 선택을 안 할 수도 있으니까요. 그런데 문제는 하자처리에도 있습니다. 건설사 입장에서는 이미 잔금까지 다 받은 상황에서 하자처리에 다소 느긋한 대응을 하는 것이 소비자 입장에서는 분통 터질 노릇이죠. 그나마 눈에 보이기라도 하면 다행입니다. 눈에 잘 드러나지 않는 벽 두께라든지, 콘크리트 내부의 철근 양이라든지, 천정에 있는 배관 이음새 부분이라든지, 얼마 동안 살아보지 않으면 결코 알아보기 어려운 문제도 부지기수입니다.

둘째, 과대광고 문제입니다.
분양 당시 입주 때는 '지하철이 개통되어 교통이 아주 많이 좋아질 겁니다'라는 광고를 크게 부각시켜 분양했는데 입주할 때가 되니 지자체의 자금문제로 인해 지하철 공사가 몇 년 더 연기된 상황이 있었습니다. 입주자들은 건설사의 광고를 믿고 서울에서 출퇴근 가능한 시간대를 보고 분양받았는데, 지하철 공사가 연기되는 바람에 입주해서 출퇴근 지옥을 경험해야 하는 상황이 되었습니다. 만약 아파트를 다 짓고 분양을 하는 상황이었다면 이 아파트를 분양받지 않았을 것입니다. 그리고 어떤 아파트는 지자체가 아파트 옆에 아주 큰 공원을 만드는 계획을 하고 있다고 광고해 성공적인 분양을 했습니다.

그러나 이 아파트도 막상 입주를 시작했을 때 아예 공원 만드는 계획 자체가 취소된 상황이 벌어졌습니다. 아파트 분양 당시 공원 조망을 기대하며 공원 조망이 나오는 동과 호실은 엄청나게 큰 인기를 누렸습니다. 하지만 잡초만 무성하게 폐허처럼 되어버린 땅을 바라보게 된 집들은 허탈함이 이루 말할 수가 없었습니다. 이처럼 분양 당시 미래의 청사진을 바탕으로 비싼 가격에 분양하고는 건설사의 책임이 아니라고 책임회피를 하는 상황이 벌어지는 것도 선분양 때문에 벌어지는 것이라 볼 수 있겠습니다.

셋째, 분양권 프리미엄 등 투기 문제가 있습니다.
이 문제는 선분양제도라기보다는 청약제도와 계약금 10%만 지급한 상태에서 분양권을 전매할 수 있는 제도 때문에 발생하는 문제라고 볼 수 있습니다. 먼저 청약제도 때문에 발생하는 문제입니다. 부동산 시장 상황이 좋아지고 있는 시기에는 사람들이 아파트 분양에 관심이 커집니다. 이때 아파트 분양대행사는 대대적인 광고를 보냅니다. 대중매체를 이용한 광고와 온라인 인터넷 매체를 이용한 광고, 그리고 오프라인에서 불법 현수막, 전단, 홍보 도우미 등을 모두 동원해 광고를 진행합니다.

건설사 입장에서는 청약률이 매우 중요한 역할을 합니다. 청약경쟁률이 어느 정도 나오느냐에 따라서 분양의 성공 여부가 점쳐지기 때문입니다. 예를 들어 청약경쟁률이 1:1이나 2:1 정도 되면 실제 청약에서는 100%가 넘었지만, 실제 청약 당첨자가 분양 계약으로 이어질 때 조망이나 해가 잘 드는 자리를 제외한 조금 떨어지는 자리에 당첨된 사람들은 포기할 가능성이 커집니다. 그렇게 되면 미분양이 발생하게 되고 그때부터는 미분양 물건을 팔기 위해 추가 홍보비가 많이 발생하게 되므로 건설사 입장에서는 손해가 됩니다. 그런데 청약 경쟁률이 100:1 이상 되면 청약 당첨자는 안 좋은 자리에 당첨되더라도 분양계약을 포기할 가능성이 거의 없게 됩니다. 왜냐하면, 대기자가 많다고 생각되면 프리미엄이 많이 붙을 거라는 예상을 하게 되고 그렇게 되면 안 좋은 자리라도 프리미엄이 생길 것이라는 기대가 있기 때문입니다.

그래서 건설사는 청약일에 맞추어 광고에 열을 올리는 것입니다. 그리고 청약 당일에는 이 광고를 보고 몰려든 청약 대기자들을 줄 세웁니다. 실제 모델하우스에 들어가 보면 생각보다 한산합니다. 구경을 제대로 하게끔 하고자 한다는 명분으로 밖에서는 줄을 길게 세우고 안으로는 조금씩 들여보냅니다. 이것은 사람들의 심리적 효과를 노리는 방법인데요. 밖에 줄이 길게 서 있게 되면 대기자들은 경쟁률이 엄청 심할 것이라는 생각을 하게 됩니다. 그렇게 되면 조바심이 나서 물건을 제대로 파악할 생각보다 경쟁자들보다 먼저 청약을 넣어 좋은 자리를 받아야 겠다는 생각이 앞서게 됩니다.

그리고 일부 금액(보통 100만 원)을 입금하고 청약을 받게 되는데 계약을 진행하지 않으면 돈을 돌려받을 수 있습니다. 그러므로 일단 대기자들은 거의 무조건 청약을 하게 되어 있습니다. 오랫동안 기다린 시간이 아까워서라도 결국에는 청약을 넣고 갑니다. 그다음에는 다른 작업이 기다리고 있습니다. 바로 떴다방이죠. 떴다방은 건설사가 부르기도 하고 스스로 찾아오기도 합니다. 청약 대기자가 많을수록 떴다방은 더 많아지게 됩니다. 이들은 사람의 심리를 잘 이용합니다. 청약 대기자가 많을수록 청약에서 당첨될 확률이 떨어지게 됩니다. 청약을 넣었는데 떨어지게 되면 안타까운 심정이 발생하죠. 이런 심리를 노리는 게 떴다방입니다. 좋은 자리를 바로 500만 원 정도만 있으면 받을 수 있다고 현혹합니다. 그리고 떴다방은 당첨자들을 찾아가 바로 300~500만 원 정도를 받아줄 수 있다고 매도하라고 유혹합니다. 이러한 과정이 우리나라에서는 이미 고착화되어 있습니다.

이렇게 되면 조망이 좋은 자리는 계약도 하기 전에 500~1,000

만 원 정도의 프리미엄이 형성됩니다. 이런 것을 경험해본 사람들은 아파트 청약이 있으면 거의 무조건 하게 되어 있습니다.

그다음 전매할 수 있는 제도인데요.

전매라는 것은 주택을 분양받은 사람이 그 지위를 다른 사람에게 넘겨주어 입주자를 변경하는 것을 말합니다. 청약통장가입자에게 우선 공급한 분양아파트의 입주권을 '분양권' 또는 '당첨권'이라고 하는데, 이것을 아파트에 입주하기 전에 실제 물건이 아닌 권리형태로 제삼자에게 되파는 것을 말합니다. 즉 분양권 전매는 '입주자로 선정된 지위'의 명의 변경에 해당합니다.

분양권 전매는 보통 투기를 일으키는 주범으로 인식해 보통 엄격하게 제한하기도 하지만, 부동산 시장 상황에 따라 정부에서는 탄력적으로 운용하기도 합니다. 즉 시장 상황이 과열이라 판단되면 전매를 제한하는 것을 강화하고 시장 상황이 침체기라 판단되면 시장 활성화를 위해 전매 제한을 한시적으로 풀어주는 정책을 시행하기도 합니다. 그런데 시장에서는 이러한 정부의 오락가락 정책을 이용해 불법적인 전매가 이루어지고 있는 것도 현실입니다. 워낙 빈번하게 행해지고 있어 정부에서는 적발하는 데 한계를 드러내고 있습니다.

그런데 이러한 전매가 왜 투기를 불러일으킬까요? 그 원인을 짚어보자면, 떴다방은 사람들의 심리를 이용해 최소한의 프리미엄을 형성하게 만듭니다. 이렇게 형성된 프리미엄은 또 다른 결과를 만들어냅니다. 먼저 계약자는 프리미엄이 좀 더 올라갈 것을 기대하고 분양권을 움켜쥐고 있거나 가격을 올려서 내놓게 됩니다. 그리고 대기자 입장에서는 프리미엄이 형성되었기 때문에 좀 더 올라가기 전에 좋은 자리를 구매하고 싶은 욕구가 커지게 됩니다. 이 사이에서 떴다방은 사람들의 심리를 부추기는 역할을 합니다.

분양권은 전체 가격의 10%밖에 안 되는 권리에 불과한 상품으로서 자금적 여유가 없는 사람도 부담 없이 사고팔 수 있는 물건이 됩니다. 그리고 적은 금액을 투자해서 벌어들일 수 있는 금액이 크기 때문에 다들 분양권에 혹할 수밖에 없습니다. 이러한 이유로 수요가 많이 늘어납니다. 공급은 한정적인데 수요가 크게 늘 경우 가격이 오르는 것은 당연한 결과입니다.

넷째, 입주대란으로 집값과 전세가 폭락의 원인이 됩니다.
선분양의 가장 큰 문제점은, 공급은 되고 있는데 그게 집이 아니라는 것에 있습니다. 분명 집으로 분양은 하는 것인데 2~3년 뒤에 집으로 변할 수 있는 입주권에 불과한 것입니다. 이게 착시 현상을 불러오거나 시장에 교란작용을 하고 있습니다. 부동산 시장이 좋은 시기에는 분양이 매우 잘됩니다. 분양 시장이 열리는 족족 거의 청약단계에서 끝나버리게 되죠. 이런 시기가 되면 건설사 입장에서는 분양을 땅이 허락하는 한 마구 분양을 하게 되어 있습니다. 왜냐하면, 비싼 가격에 잘 팔리니까요. 건설사 입장에서는 이보다 좋을 순 없게 됩니다. 그런데 이렇게 늘어난 주택 공급은 오히려 집값을 올리는 역할을 합니다. 실제 집은 아니니까 시장에서의 공급은 아니고, 분양권이 비싼 가격에 잘 팔리니까 기존 집값을 덩달아 끌어올리는 견인차 역할을 수행하게 됩니다. 그럴수록 건설사는 더더욱 분양에 열을 올리게 됩니다. 이렇게 몇 년 동안 분양이 이어지고 나서 이 분양권들이 한꺼번에 입주를 시작하게 되면 그야말로 입주 대란이 일어나게 됩니다.

이때 발생하는 것이 앞서 언급했던 역전세난입니다. 이 시기에 분양된 분양권은 대부분이 실소유자가 아닌 프리미엄만을 노린 투기자들이 사게 됩니다. 그런데 비싼 가격에 분양된 분양권은 프리미엄이 조금씩만 형성되다가 입주가 다가올수록 공포가 엄습합니다. 이때 한꺼번에 입주하는 입주 물량은 투기자들이 잔금을 치러야 하기 때문에 소위 말하는 난리가 나게 되는 것입니다. 투기자들의 특징은 거의 잔금준비가 넉넉하게 되어 있지 않다는 것입니다. 이들은 분양권 프리미엄을 노리고 계약금만 준비된 상태에서 분양계약을 했을 가능성이 매우 큽니다. 그런 다음 프리미엄이 형성되면 곧바로 되팔 계획을 세웁니다. 그러나 프리미엄이 비싼 가격에 분양된 것이기 때문에 생각보다 많게 형성될 수가 없습니다. 투기자들은 이제나저제나 프리미엄이 형성될 것을 기대하며 시간이 흘러가게 됩니다.

그러다가 어쩔 수 없이 맞이하는 것이 입주라는 공포입니다. 잔금준비가 제대로 되지 않은 투기자들은 이때부터 전세를 맞추고 대출을 해야 겨우 잔금을 치를 수 있게 됩니다. 하지만 한꺼번에 쏟아지는 전세물량을 수요가 감당하지 못해서 전세가는 폭락하게 됩니다. 이렇게 폭락한 전세를 겨우 맞추더라도 잔금을 감당할 수 없을 것 같으니 대출을 겸해야 합니다. 이와 더불어 폭락의 공포에 휩싸인 투기자들은 시장에 분양권을 대거 던지게 됩니다. 이때는 소위 말하는 마이너스 프리미엄도 발생하는 것이죠. 분위기를 감지한 수요자는 관망세로 변하게 됩니다. 더 떨어질 가능성이 크니 사고자 하는 사람이 쉽게 덤비지 않습니다. 이러한 악순환이 지속되어 아파트 가격 폭락과 전세가 폭락을 동시에 맞이할 수가 있습니다. 이러한 상황이 각 지역에서 일어나게 되고 향후 몇 년 동안 이어지면 부동산 침체기를 맞이하게 되는 것입니다. 이러한 현상의 원인이 바로 공급하되 실제 공급을 뒤로 미루는, 즉 시장에서 착시 현상을 불러일으키는 선분양의 가장 큰 문제점입니다.

4. 후분양의 좋은 점

앞서 알아본 선분양의 장단점을 볼 때 선분양으로 인한 문제점이 매우 크게 나타나고 있습니다. 그래서 선분양을 이제는 후분양으로 바꿔야 한다고 부동산 전문가들은 말하고 있습니다. 그럼 과연 후분양이 선분양의 대안이 될 수 있을지 후분양의 장단점에 대해서 알아보겠습니다. 먼저 후분양의 좋은 점입니다.

첫째, 소비자의 선택 폭이 넓어집니다.

후분양이라는 것은 건설사가 아파트를 거의 다 지은 후에 분양하는 것을 말합니다. 선분양 때는 청약이라는 제도하에서 추첨으로 집을 선택하기 때문에 청약 미분양상태가 아니고서는 소비자에게 선택의 권한이 거의 없었습니다. 하지만 집을 거의 짓고 난 후에 소비자는 지어진 집을 보고 마음에 드는 방향과 타입을 선택할 수 있는 기회를 부여받게 됩니다. 소비자에게는 선택의 기회가 부여되어 마음에 드는 집을 선택할 수 있기에 매우 유리한 상황이 됩니다.

둘째, 소비자에게 금융비용의 전가가 없습니다.

선분양제도하에서는 집을 짓기 전에 먼저 계약금을 내고 중도금 대출을 통해 지불하는 방식이기에 중도금대출에 대한 이자를 소비자에게 전가하는 일이 많았는데, 후분양제도하에서는 건설사가 먼저 자금을 투입해 집을 지어야 해서 중도금 대출에 대한 이자 등의 금융비용을 소비자가 아닌 건설사가 책임을 지는 형태가 되어 소비자에게 유리한 제도가 될 수 있습니다.

셋째, 부실시공 등으로 인한 분쟁의 소지가 줄어듭니다.

선분양에서는 모델하우스만 보고 계약하기 때문에 건설사를 믿고 있었는데, 막상 입주할 당시 하자 문제로 분쟁이 매우 잦았던 것이 현실입니다. 하지만 후분양제도하에서는 집을 다 지어놓고 분양하기 때문에 건설사 입장에서는 물건을 팔기 위해서 하자를 최소화하도록 노력하게 되고, 소비자는 하자 여부를 직접 보고 판단해 구매에 이르기 때문에 건설사와 분쟁의 소지가 줄어들게 됩니다.

5. 후분양의 문제점

사실 후분양제도는 지금에 와서 논의되고 있는 것이 아니고 이미 참여정부 시절 선분양제도의 문제점을 인지하고 후분양제도를 시행했습니다. 그러나 업계의 반발이 너무 거세어 결국에는 포기하고 말았습니다. 사실 후분양의 경우 소비자에게는 다소 유리한 측면이 많지만, 건설사 입장에서는 매우 부담스러운 것이 사실입니다. 그럼 후분양의 문제점에 대해서 살펴보겠습니다.

첫째, 소비자의 목돈 마련에 부담이 될 수 있습니다.

다 지은 집을 사기 위해서는 짧은 기간에 집을 구매할 수 있는 자금을 마련해야 합니다. 선분양제도에서는 2~3년이라는 준비 기간이 주어지기 때문에 자금의 부담이 그리 크지 않을 수 있는데, 후분양의 경우 다 지어진 집을 구매하면 계약에서 잔금까지 짧게는 한 달, 길게는 3~4개월 정도가 주어집니다. 이 경우, 불과 몇 달 안에 60~70% 대출을 받는다 쳐도 30~40%에 해당하는 자금을 마련해야 해서 부담이 될 수 있습니다.

또한, 기존 집을 3~4개월 안에 처분해야 한다는 것도 부담이 될 수 있습니다. 새로운 집이 마음에 들어 계약하고 싶어도 기존 집을 단기간에 처분해야 한다는 부담 때문에 계약을 포기하는 소비자가 생각보다 많습니다. 단기간에 급하게 기존 집을 처분할 경우 손해를 보고 팔 수 있다는 걱정이 새 집을 사는 즐거움보다 앞서는 것입니다.

둘째, 건설자금 이자를 분양가에 반영할 경우 금융비용을 소비자에게 전가할 위험이 있습니다.

앞서 장점에서 금융비용의 소비자 전가가 없다는 점을 살펴봤는데, 건설사가 먼저 자금을 융통해 집을 짓게 되는 경우 건설사는 분양가에 금융비용을 추가할 수도 있게 됩니다. 이 경우 오히려 소비자가 금융비용을 떠안게 되는 상황이 발생하게 됩니다.

시장 상황에 따라서 금융비용을 건설사가 떠안을 수도 있고 소비자에게 전가할 수도 있는 상황이지만, 원가가 정확하게 공개되지 않은 아파트 가격의 특성상 건설사는 금융비용을 알게 모르게 소비자에게 전가할 가능성이 매우 커집니다.

셋째, 건설회사의 자금 부족으로 인한 공급감소가 우려됩니다. 사실 후분양제도에서 가장 크게 우려되는 점입니다. 모든 생태계는 현재 처한 상황에 맞게 진화되고 적응되어 있습니다. 우리나라 건설사의 경우도 마찬가지입니다. 우리나라 건설사들은 선분양제도에 맞게 최적화되어 있다고 보면 됩니다. 특히 자금여력은 돈이 먼저 들어와서 집을 짓는 형태에 맞게 되어 있다고 볼 수 있습니다. 과연 자기 자금을 먼저 투입해 아파트를 다 짓고 나서 분양할 수 있는 건설사가 얼마나 될까요?

그리고 선분양제도하에서는 한 건설사가 서로 다른 지역의 아파트를 대규모로 공급할 수 있습니다. 동시에 여러 군데에서 분양이 가능합니다. 그런데 후분양제도에서 자기 자금을 투입할 수 있는 건설사가 있다 하더라도 동시에 여러 지역에서 아파트를 지을 수 있을까요? 전문가들은 은행에서 정부의 보증을 받고 먼저 자금을 대출해주면 된다고 합니다. 그런데 현재 당장 수익이 나지도 않는 아파트를 짓는 데 자금을 대출해줄 여력이 있는 은행이 과연 얼마나 될까요? 그리고 있다 해도 동시에 여러 지역에서 아파트를 짓는 현장에 대출을 지원해줄 여력이 있는 은행은 얼마나 될까요? 만약에 아파트를 다 짓고 나서 안 팔리면 어떻게 될까요? 아파트를 잘 지으면 된다고 말씀하시는 분들은 현장 상황을 경험해보지 않으신 분들입니다.

아파트를 다 짓고 나서 아파트가 안 팔리는 상황은 충분히 벌어질 수 있습니다. 저는 분양 현장에서 아파트가 저렴한 가격에 좋은 브랜드의 좋은 자재에 잘 지어진 것이 안 팔리는 상황을 너무도 많이 경험했습니다. 가격을 싸게 하면 되지 않겠냐는 말은 건설사에게 자선사업가가 되라는 것과 똑같은 말입니다. 그리고 가격이 싸다 해서 잘 팔리는 것도 아닙니다. 왜냐하면, 새 아파트는 항상 주변의 헌 아파트에 비해서는 비쌀 수밖에 없기 때문입니다. 소비자 입장에서 봤을 때는 여전히 비싸게 느껴질 수밖에 없습니다. 여러모로 봤을 때 아파트를 먼저 지을 수 있는 건설사는 많지 않습니다. 그래서 앞으로 공급 부족에 시달릴 가능성이 매우 커집니다.

6. 후분양을 실시했을 경우 나타날 수 있는 상황과 우리의 대응 방법

현재 정치계에서는 후분양을 실시하고자 하는 적극적인 움직임이 나타나고 있습니다. 정치계에서 후분양에 대한 법안을 제정하게 되면 후분양제도가 실시될 수 있습니다. 아니 가능성도 크게 보입니다. 그럼 후분양제도가 실시되면 어떠한 상황이 벌어질지 예상해보겠습니다.

후분양제도의 가장 큰 문제점으로 공급이 줄어들 것입니다. 아무리 법안으로 후분양제도를 제정하고 각종 금융지원을 만들더라도 건설사 입장에서는 선분양제도보다 위험부담이 훨씬 큰 것이 사실입니다. 건설사에 강제로 집을 짓게 할 수는 없습니다. 건설사는 이익이 발생할 가능성이 있다고 판단해야 아파트를 짓겠죠. 발생할 이익보다 리스크가 더 크다면 이것을 감당할 만한 건설사는 거의 없습니다. 앞으로 생길 이익보다 위험이 크다고 판단되면 포기하는 것이 낫겠죠? 후분양제도가 실시되면 아파트 공급은 어떻게 하더라도 현재 선분양제도하에서보다 훨씬 줄어들 것은 자명한 일입니다. 아파트 공급이 줄어들면 어떻게 되겠습니까? 폭등이 올 가능성이 매우 큽니다. 이미 사회 구성원 모두가 공급이 줄어들 것이 확실하다고 생각하고 적극적인 매수에 나설 것이기 때문입니다. 전문가들은 현재 주택보급률 100%가 넘었기 때문에 공급이 줄더라도 크게 문제가 없을 것이라고 보고 있는 것 같습니다.

그러나 앞서 말씀드렸듯이 주택보급률 100%라는 통계의 함정이 있습니다. 집은 계속 부족한 상태입니다. 사람들은 새 집에서 살고 싶어 하고 질적으로 좋은 집, 위치가 좋은 집에서 살고 싶어 합니다. 집이라고 다 집이 아닙니다. 그 결과 항상 새 집과 헌 집의 가격 차이가 발생하게 됩니다. 앞으로 새 집의 공급이 없다고 한번 생각해보십시오. 기존의 새 집에 대한 수요가 폭증할 것입니다. 앞으로 공급이 더 줄어들 것이라는 전망이 사람의 심리를 더욱더 새것에 집중하게 만들 것입니다. 그렇게 되면 새 집부터 폭등이 이루어질 것입니다.

명심하시기 바랍니다. 후분양제도가 실시되면 반드시 폭등이 일어나게 됩니다. 우리는 지금 아파트를 미리 구매해둬야 할 것입니다.

02
전세 때문에 매매가가 오르기도 하고 내리기도 한다

1. 바로미터 역할

오래전부터 전세제도가 관습처럼 자리 잡은 우리나라 부동산 시장은 집을 사고자 하는 사람은 전세가를 기준으로 매매가를 가늠해 구매하곤 했습니다. 최근처럼 전세난이 심화되어 매매가에 근접하게 전세가가 올라온 상황을 제외하고는 지역마다 일정 정도 매매가와 전세가 비율이 거의 고정되어 있어 매매를 원하는 사람들로부터 바로미터 역할을 해온 것입니다.

예를 들면 강남 같은 경우는 매매가 대비 전세가 수준이 40~50% 정도였습니다. 매매가 10억 원이면 전세가 4~5억 원 정도가 적당한 비율이 거의 고정화되어 있었습니다. 그리고 강북 같은 경우는 55~60% 정도 수준이었습니다. 매매를 원하는 사람들은 적당한 매매가를 잘 모르겠다 싶은 경우 최근 거래된 전세가를 보고 거꾸로 매매가를 환산해 적당한지를 보고 매매에 임했습니다.

2. 매매가 지지 역할

서울·수도권의 경우 2008년 외환 위기를 맞이하면서 집값이 폭락하기 시작해 2010년까지 극심한 침체기를 겪었습니다. 그런데 2011년 정도부터 매매가는 어느 정도 안정기를 찾아가지만, 전세가가 올라오는 상황을 맞이하게 됩니다. 사람들은 집값이 더 내려갈 것이라 예상했지만 밑에서 전세가가 치고 올라오면서 매매가를 받쳐주는 역할을 하게 됩니다.

집값 폭락을 맞이할 때는 역전세난이 동반했기 때문에 전세가도 같이 폭락했는데, 어느 정도 시기가 지나자 매매가는 가만히 있는데 전세가가 저 밑에서 슬금슬금 올라오기 시작하더니 어느새 예전의 매매가와 전세가 비율을 훌쩍 넘어서서 70%를 웃도는 전세가가 형성되기 시작했습니다.

이때부터는 매매가 바로 밑의 전세가이기 때문에 전세가 때문에 매매가가 더 이상 떨어지지 않는 현상이 발생하게 됩니다.

이 시기가 되면 집값이 이미 폭락해 사람들의 매수심리는 거의 사라진 상황이 되기 때문에 아파트 공급은 없다시피 됩니다. 공급이 거의 없으니 올라오는 전세가를 막을 수 있는 게 없습니다. 그래서 전세가는 계속 올라가게 되고 이 전세가는 매매가를 떠받쳐주는 역할을 하게 되는 것입니다.

그 시기가 2011~2012년 정도에 해당하는 시기입니다. 그리고 매매가가 올라가는 시기에도 매매가를 받쳐주는 역할을 합니다. 매매가가 상승하다 보면 반드시 정부정책으로 인한 규제가 발생하게 됩니다. 그 시기의 분위기에 따라서 그 규제 정도는 약할 수도 있고 강력할 수도 있습니다. 생각보다 강력한 규제가 나왔을 때 시장에서는 당황할 수도 있습니다. 이 상황이 되면 매매가는 주춤하거나 떨어질 수도 있습니다. 그런데 이때 전세가 바로 밑에서 지지선 역할을 합니다. 매매가가 잠시 떨어지게 되면 사람들의 매수세가 사라지게 되고 다시 매매를 고민했던 사람들도 다시 전세를 찾게 됩니다. 일시적으로 다시 전세수요가 늘게 됩니다. 그럼 다시 전세가가 상승하겠죠. 그로 인해서 다시 매매가가 상승의 분위기로 전환될 수 있는 것입니다.

3. 매매가를 올려주는 역할

2013년부터 전세난이 심화되어 전세가가 폭등하게 됩니다. 매매심리는 아직도 회복되지 않은 상황이기 때문에 매매거래는 거의 없고 더 이상 투자자들이 집을 사서 전세를 놓지 않기 때문에 전세공급은 거의 전무한 상황에서 금리 인하까지 작용해 기존의 전세마저 월세로 전환되는 일들이 발생합니다. 전세공급은 오히려 줄어들고 있었습니다. 그런데 임차인들은 월세보다는 전세를 훨씬 더 선호하기 때문에 마지막까지 전세 물건을 찾으러 여기저기 떠도는 형국이 됩니다. 이런 상황에서는 전세가가 매매가의 90%에 육박하게 되고 이런 상황이 지속되면 결국에는 전세가가 매매 호가를 상승시켜 매매가를 올려주는 역할을 하게 됩니다.

2013~2014년에 해당하는 상황이 바로 이 상황입니다. 이때도 매매심리는 거의 바닥 수준이었습니다. 실제 매매거래는 거의 없고 전세가는 계속 상승하게 됩니다. 사람들은 매매가가 가만히 있는데 전세가가 계속 상승하고 폭등하는 상황을 이해하지 못했습니다. 매매가를 고정시켜놓았기 때문에 매매가는 더 이상 올라갈 일이 없다고 생각했습니다. 전세가는 매매가를 넘을 수 없는 속성상 그 현상을 도저히 이해하지 못하는 것입니다. 사람들은 전세가가 매매거래 하나 없이도 매매가를 밀어 올

릴 수 있다는 상황을 인지하지 못한 것입니다.

매매가를 고정시켜놓고 생각해봅시다. 예를 들어, 매매가가 3억 원이고 전세가가 2억 7,000만 원입니다. 매매가가 더 이상 오를 일이 없다면 전세가는 아무리 올라봤자 2억 9,000만 원에서 정말 있을 수 없는 일이지만 3억 원까지 최대로 볼 수는 있습니다. 그런데 어느 순간 보니 전세가가 3억 원을 넘어서 3억 3,000~4,000만 원을 가더란 말입니다. 그래서 이런 현상을 이해하지 못하는 분들이 전세가가 매매가를 역전했다는 말씀을 하시곤 하는 것입니다. 절대 특별한 이상 거래가 아니고서는 전세가가 매매가를 넘을 수는 없습니다. 결국, 매매가가 올라갔다는 것입니다.

매매가가 3억 원이고 전세가가 2억 7,000만 원이면 시장에 나와 있는 매매 호가는 여러 개가 거의 3억 원 정도이고 1~2개가 3억 1,000만 원 정도 있을 것입니다. 이 상황에서 전세 거래가 2억 8,000만 원에 이루어지게 되면 시장에서 3억 원짜리 호가가 1~2개 정도만 남고 거의 사라집니다. 그리고 3억 1,000만 원짜리 호가가 1~2개에서 3~4개 이상으로 늘어나게 됩니다. 그리고 3억 2,000만 원짜리 매물도 나오게 되죠. 그런 다음 어느 정도 시간이 흘러 2억 9,000만 원에 전세 거래가 이루어지게 되면 3억 원짜리 매물은 없어집니다. 3억 1,000만 원짜리 매물도 1~2개만 남게 되고 3억 2,000만 원짜리 매물이 늘어납니다. 그리고 3억 3,000만 원짜리 매물도 나오죠. 그리고 드디어 3억 원에 전세 거래가 이루어지면 다시 3억 2,000만 원짜리 매물도 사라지고 3억 3,000만 원짜리 매물이 다수, 3억 4,000만 원짜리 매물도 등장하게 됩니다. 이러한 과정을 수없이 겪게 되면 전세와 매매가는 계속 상승하게 됩니다. 이 상황은 매매거래 하나 없이도 전세거래만 가지고 일어날 수 있는 상황입니다. 현장에서 실제로 이런 상황으로 매매가가 상승하게 됩니다.

4. 매매가를 떨어뜨리는 역할

아파트 경기사이클에서 폭등기에 이르게 되면 아파트 매매가는 상상을 초월할 정도로 상승하게 됩니다. 이때 전세가는 매매가의 오름폭을 따라가지 못하게 되죠. 그러면서 나타나는 현상이 매매가 대비 전세가율이 낮아지게 됩니다. 매매가와 전세가의 갭이 제법 크게 형성됩니다. 보통 상승 안정기에는 평균 70~80% 수준이었던 전세가율이 50~60%대로 떨어지게 됩니다. 폭등기에는 가격도 많이 상승하게 되지만 높은 가격에 분양을 엄청 많이 하게 됩니다. 건설사 입장에서는 높은 가격에 분양해도 잘 팔리기 때문에 이 시기에 분양을 집중하게 됩니다.

그런데 이렇게 높은 가격에 공급이 일시적으로 몰리게 되면 이들이 입주를 맞이할 때 투자자들이 한꺼번에 임차인을 맞이해야 하므로 전세는 폭락하게 됩니다. 전세가 폭락을 하게 되면 투자자들의 자금 계획이 흐트러지게 됩니다. 전세가율 70~80%를 염두에 두고 자금 계획을 세워놨는데, 전세가가 매매가의 50%에도 미치지 못하면 자기 자금의 투입량이 많아지게 됩니다. 추가투입자금이 없는 투자자들은 눈물을 머금고 마이너스 프리미엄에 분양권을 던져야 하는 상황이 발생하기도 합니다. 이런 투자자들이 많아지면 비로소 아파트 가격 폭락을 맞이하게 되는 것이죠.

하지만 중요한 것은 아파트 경기사이클별로 입주가 많더라도 다른 상황이 벌어지게 됩니다. 상승 안정기에는 아무리 많은 수의 아파트가 입주하더라도 일시적인 역전세 상황만 벌어질 뿐, 매매가가 떨어지지는 않습니다. 하지만 폭등기가 어느 정도 지난 후의 대규모 입주는 바로 폭락으로 이어질 가능성이 매우 큽니다. 상승 안정기에는 이미 분양권에 높은 프리미엄이 붙어 있어서 입주를 맞이할 때는 분양가보다 훨씬 높은 가격에 거래가 되기 때문에 일시적인 역전세난이 일어나더라도 투자자들은 충분히 버틸 여력이 있습니다.

그리고 주변 아파트들은 전세가율이 70~80% 이상 되기 때문에 역전세난도 일시적일 수밖에 없습니다. 그런데 폭등기가 지난 후 대규모 입주는 상황이 다릅니다. 이미 높은 가격에 분양이 되었고 거의 끝물이기 때문에 프리미엄도 형성이 쉽지 않습니다. 입주를 맞이할 때 원분양가 그대로인 상황에서의 역전세난은 투자자들에게 바로 공포를 안겨줍니다. 그리고 주변 아파트의 전세가율이 50% 정도로 갭 차이가 크기 때문에 역전세난이 일시적인 현상으로 끝나지 않고 오래가게 됩니다. 지지선 역할을 해주어야 할 전세가가 오히려 매매가를 떨어뜨리는 역할을 하게 됩니다. 이때부터 폭락기가 시작되는 것입니다.

03
사람들의 심리를 알면 가격 변화를 알 수 있다

　부동산 가격을 결정하는 데 가장 중요한 것이 결국 수요와 공급인데, 수요 요인 중 가장 중요한 것이 시장 참여자들의 심리입니다. 수요에 영향을 주는 요인으로 경제 전문가들은 인구, 금리, 경기상황 등을 주로 꼽고 있지만, 이들이 수요에 영향을 미치는 것은 극히 일부입니다. 결국 사람들의 심리가 가장 크게 작용하는 것을 현장에서는 바로 느낄 수가 있었습니다.

1. 사람들은 절대 손해 보려고 하지 않는다

　사람들은 집값이 비싸서 안 산다고 말합니다. 그리고 싸지면 살 거라고 말합니다. 그런데 얼마나 싸져야 집을 살까요? 정말 싸지면 사람들이 집을 마구마구 살까요? 그렇지가 않다는 것이 제가 현장에서 정말 많이 경험하고 분석하고 느낀 것입니다.

2008년 이후 집값이 폭락하고 2007년쯤에 비싸게 분양한 아파트가 대거 미분양이 나게 됩니다. 2010년 입주를 맞이하는데, 빈집이 속출했습니다. 건설사들은 위기감을 느끼고 할인분양도 하고 그것도 안 되자 애프터리빙이라는 신종 상품도 만들어냈습니다. 전세처럼 살다가 2년 후에 분양을 받을지 말지를 결정하는 상품이죠. 2012년에 건설사들은 미분양된 아파트를 대거 할인해 거의 원분양가에서 30% 이상을 할인하고 팔기 시작했습니다. 이때 사람들은 관심을 갖기 시작합니다. 가격에 메리트를 느끼는 것이죠. 그러나 관심을 갖는 사람 중 90% 이상이 집을 사지 못했습니다. 더 떨어지길 바라고, 더 떨어질 거라 전망하는 것이었습니다. 결국 이 가격이 지나고 보니 바닥이었습니다. 이때 저는 현장에서 상담을 진행하고 있었습니다.

집이 싸고 잘 지어지면 잘 팔릴 거라 했습니다. 저도 그렇게 생각했습니다. 그러나 현실은 달랐습니다. 언론에서는 연일 부동산에 관한 부정적인 뉴스를 쏟아냈습니다. 사람들은 나름 확고한 논리를 가지고 더 떨어질 것이라 전망했습니다. 그리고 지금 가격이면 충분히 저렴하긴 하지만 더 떨어지고 나서 할인을 더 하면 구입하겠다는 사람이 90% 정도 되었습니다. 10명이 와서 상담하면 1명 정도가 집을 샀습니다. '그럼 이분들은 여기에서 더 떨어지면 과연 살 수 있을까?'라는 질문을 스스로 던져봤습니다.

부동산은 가격이 정해져 있지 않습니다. 부동산 가격을 감정해서 결정한다는 감정평가사들도 정확한 가격을 잘 모릅니다. 그래서 거래사례를 보고 가격을 감정하는 것이 일반적입니다. 그런데 가격이 더 할인되면 실제로 주변 가격도 그 정도입니다. 오히려 새 아파트이기 때문에 주변 아파트보다는 약간 비싼 가격이 될 수 있습니다. 그래서 항상 새 아파트는 비싸다는 느낌을 받게 됩니다. 바로 이 점 때문에 90%에 해당하는 사람들은 결국 집값이 내려가도 못 사게 됩니다. 헌 아파트를 사고자 할 때도 마찬가지입니다. 가격이 쌀 때는 항상 공인중개사 사무실에 가보면 매물이 넘쳐납니다. 공인중개사도 올라갈 것으로 확신을 갖지 못하고 있습니다. 더 떨어질 것만 같은 분위기입니다.

그렇게 되면 사는 사람 입장에서는 급할 것이 없어지게 됩니다. 충분히 욕심을 부릴 만합니다. '좀 더 내려가면 사야지' 하는 마음을 먹을 수 있습니다. 일반 사람들은 부동산에 대해서 충분한 지식이 없고 주변 가격이나 언론에서 내보내는 뉴스를 통해서 분위기를 느끼게 됩니다. 그러나 그 시기에는 매수 신호를 주는 것은 어디에도 없습니다. 단지 부정적인 상황만이 있을 뿐입니다. 사람들은 바닥을 보고 싶어 합니다. 주식 격언이 있지 않습니까? "무릎에서 사서 어깨에서 팔아라." 참 좋은 말인데 사람들은 바닥에서 사고 싶어 합니다. 그런데 또 주식 격언에 있더라고요. "바닥은 아무도 모른다." 그래서 무릎에 사라는 것인가 봅니다. 이 말은 약간의 리스크는 감수해야 한다는 말입니다. 무릎에 사게 되면 더 떨어지는 것을 겪어야 합니다. 그게 리스크입니다. 그런데 사람들은 이 약간의 리스크도 겪는 것을 아주 두려워합니다. 그도 그럴 것이 집이라는 것은 단위가 매우 큽니다. 대부분의 사람은 전 재산을 투입해도 집 한 채 사기 어려울 것입니다. 그래서 대출까지 얻어야 합니다. 이렇게 산 집이 더 떨어지게 된다면 생각만 해도 끔찍합니다. 이런 상황을 못 견디는 것이죠. 그래서 집을 못 사는 사람은 거의 영원히 집을 못 사게 되는가 봅니다.

또 다른 상황이 있습니다. 바로 폭등기에 나타나는 묻지 마 투자자입니다. 이분들의 심리도 대부분 손해 보기 싫어하기 때문에 묻지 마 투자자가 된다고 볼 수 있습니다. 주변에서 모두 돈을 벌고 있는데 나만 가만히 있는 상황이 벌어지면 손해를 본다고 생각하게 됩니다. 아파트가 떨어질 것이라고 생각했던 분들은 점진적인 상승이 이루어질 때는 투자를 못합니다. 그런데 주변에 점점 아파트 투자로 돈 벌었다는 사람들이 많아지게 됩니다. 이런 상황이 지속되면 더 이상 참지 못하고 이분도 결국 아파트 투자에 동참하게 됩니다.

그런데 이분들이 왜 묻지 마 투자자인가요?

보통 투자자들은 자기가 투자하는 물건에 대해서 어느 정도 조사하고 지식을 가지고 투자를 하게 됩니다. 그게 정석이죠. 그런데 부동산에 대해 부정적이었던 사람이 투자 물건에 대해 조사했을까요? 그럴 가능성이 거의 없습니다. 이분들은 투자자들을 투기자로 매도하고 미워했습니다. 그 때문에 본인도 투자자처럼 물건에 대해서 조사하고 지식을 가지려 하는 것은 이율배반이 될 수 있기 때문입니다. 그런데 이분들이 결국 투자를 하게 됩니다. 물건에 대한 정보가 거의 없기 때문에 주변 지인들의 말만 듣고 투자에 임하게 되는 것이죠. 장기적인 투자 계획도 없습니다. 바로 분양권의 프리미엄만을 노리는 행위를 하게 되는 것이죠. 그래서 묻지 마 투자자가 되는 것입니다. 이분들은 결국 손해 보기 싫어하는 심리 때문에 그런 행동을 하게 되는 것입니다.

2. 사람들은 비쌀 때 더 잘 사더라

어떻게 보면 웃긴 말입니다. 말도 안 되죠? 사람들이 바보입니까? 쌀 때는 안 사고 비쌀 때 더 잘 산다니요? 그런데 사실입니다. 이것이 사람의 기본 심리라고 보면 됩니다. 아파트 분양권이 호조인 시기가 있었습니다. 분양만 끝나면 프리미엄이 붙습니다. 이어 나중에 분양하는 것은 오히려 전에 분양한 것보다 위치가 떨어지는데도 더 비싸게 분양합니다. 그럼 이 분양권은 어떻게 될까요? '위치도 안 좋은데 더 비싸니까 잘 안팔리겠지' 하고 생각할 것입니다. 아닙니다. 아주 잘 팔립니다. 먼저 분양한 것은 프리미엄이 붙어 있겠죠? 나중에 분양하는 것은 이 프리미엄을 반영한 가격으로 분양을 시작하기 때문에 비싼 것입니다. 그런데 먼저 분양한 것이 또 나중에 분양하는 것의 영향을 받습니다. '위치가 더 안 좋은 것인데 내 것이랑 가격이 거의 같네?' 그러면서 프리미엄이 더 올라가게 됩니다. 그리고 나중에 분양하는 것은 또 잘 팔리겠죠?

이런 상황이 지속되면 아파트에 관심이 없던 분들이 관심을 갖게 됩니다. 주변에서 너도나도 분양권을 샀는데 프리미엄이 몇천이 붙었네. 심지어는 몇억이 붙었네 합니다. 처음에는 다들 미쳤지 속으로 욕하시다가 얼마 지나면 나도 더 늦기 전에 아파트를 사야 하는 거 아닌가 하는 생각이 들게 됩니다. 이때 일어나는 것이 바로 묻지 마 투자입니다. 아파트에 관심이 없던 분이어서 무엇이 좋고 나쁜지를 모릅니다. 그냥 아파트 분양하는 데 가서 무조건 분양받습니다. 청약에서 끝나버리면 주변 떴다방이 권하는 프리미엄이 붙은 분양권을 불법으로 구매하기도 합니다.

저는 현장에서 이러한 상황을 너무도 많이 경험했습니다. 이제는 조금 위험한 가격이라고 생각되는 상황에도 물건을 꼼꼼히 보지도 않고 사시는 분들을 수없이 봤습니다. 사실 이 시기에는 물건을 고를 틈이 없습니다. 조금만 고민하면 물건이 없어지기 때문이죠. 그냥 사는 것입니다.

사람 심리가 이렇게 무섭습니다. 이때는 금리며, 인구가 줄고 있다는 것이며, 경기가 안 좋다는 것이며 아무 소용이 없습니다. 무조건 빨리 사야 합니다. 이 상황은 사람들이 절대 손해 보려 하지 않기 때문에 일어나는 상황입니다. 이 상황에서 가만히 있는 사람은 어떻게 될까요? 금전적인 손해는 없지만, 상대적 박탈감에 시달리게 됩니다. 결국 마음속으로 손해를 보고 있다는 생각이 드는 것이죠. 주변에서 너도나도 분양권으로 돈을 벌고 있는데 나만 못 벌고 있는 이 상황은 결국 손해를 보고 있는 것과 같게 되는 것입니다. 배가 아파지는 것이죠. 그래서 뒤늦게 관심이 없던 분들이 뛰어들게 됩니다. 주식 격언에 이런 말이 있습니다. "일반 주부, 어린아이까지 주식에 뛰어들면 그게 바로 상투다!" 너도나도 주식으로 돈을 벌고 있으니 주식을 모르는 사람들까지 주식 투자에 나서게 됩니다. 그럼 반드시 얼마 안 있어 폭락이 이루어지죠. 부동산도 마찬가지입니다. 아파트에 관심이 없던 분들이 묻지 마 투자에 나서는 경우 그게 바로 상투입니다.

3. 사람들은 분위기를 좇는다

어떤 심리학자가 사람들을 모아놓고 한 가지 실험을 했습니다. 이 사람들을 한 건물에 모아놓고 불이 난 상황을 연출합니다. 물론 실험에 참여한 사람들은 상황을 모르고 있습니다. 그리고 이들 중에는 바람잡이 역할을 할 몇 명의 사람들이 속해 있습니다. 갑자기 불이 난 상황을 만들자 그 안에 있던 사람들은 우왕좌왕 나갈 곳을 찾기 시작했습니다. 이때 바람잡이 역할을 하던 사람들이 엉뚱한 막다른 방향으로 도망을 칩니다. 그러자 모든 사람이 그들을 쫓아 따라가기 시작합니다.

이 실험은 위기에 처하거나 판단이 어려운 상황에 처했을 때 사람들의 행동패턴을 보여주고 있습니다. 사람들은 위기에 처하거나 판단이 어려운 상황에 직면했을 때, 자기의 직관보다는 대중이 움직이는 방향으로 함께 움직인다는 것이었습니다.

이 상황이 부동산 시장에서도 거의 똑같이 적용됩니다. 부동산은 일반인으로서는 가격의 적정한 정도를 파악하기 매우 어렵습니다. 그리고 방향을 정하는 것도 매우 어렵습니다. 오를 것이냐, 떨어질 것이냐, 스스로 판단할 수 있는 분들은 거의 없을 것입니다. 이때 나타나는 행동이 여론에 의지하는 것입니다. 즉 시장의 분위기에 따라 움직인다는 것이죠. 시장이 침체기일 때는 사는 쪽보다는 파는 쪽으로 방향을 잡고, 시장이 활황일 때는 매수 쪽으로 방향을 잡는 것이 일반적입니다. 그래서 나타나는 현상이 폭락과 폭등입니다.

부동산 상담을 진행할 때 약간의 리스크를 감수해보시라고 권해도 분위기를 따라 결정하시는 분들이 대부분이었습니다. 아파트 시장이 침체기일 때 가격이 저렴하고 새 아파트니까 사두시면 반드시 좋은 상황이 있을 것이라고 권유해드려도 거의 대부분의 사람들은 매수를 못합니다. 그리고 이제 좀 위험한 상황이다 싶은 시기에는 주의하시라고 조언을 드리면 거의 무시당합니다. 현장에 가보면 다들 그런 분위기입니다. 가기 전에는 조심해야겠다고 마음을 먹고 가더라도 분위기에 휩쓸리게 되면 위험이고 뭐고 아무것도 안 보이게 됩니다. 여기저기서 물건에 프리미엄 붙는 것만 보입니다. 이때는 아무리 위험하다 소리쳐도 소용이 없게 되는 것입니다.

4. 폭락과 폭등을 만드는 것은 결국 사람 심리다

사실 모든 시장에서 점진적인 상승과 하락은 많은 수요와 공급의 요인들을 대입해 분석이 충분히 가능합니다. 그런데 폭등과 폭락은 사실 사람들의 심리를 제외하면 분석이 거의 불가능합니다. 그런데 실제로 부동산 시장에서는 안정적인 상승과 하락만 있는 것이 아니라 폭락과 폭등이 있습니다. 2006년 폭등과 2008년 폭락이 있었죠. 그리고 그전에 1998년 폭락이 있었습니다. 지금까지 계속해서 폭등과 폭락이 있었습니다. 어떤 분들은 비이성적인 상황이라고 매도하지만, 이런 상황이 반복되는 것은 분명 시장의 주기적인 흐름이고 정상적인 사이클에 해당한다고 볼 수 있습니다.

그럼 그런 현상을 분석하기 위해서는 정확한 원인을 알아야 하는데, 다른 요인으로는 설명이 어렵습니다. 사실 1998년 폭락과 2008년 폭락에는 IMF와 국제금융위기라는 커다란 요인이 있기는 했습니다. 그럼 만약에 IMF와 국제금융위기가 없었더라면 폭락이 없었을까요? 저는 그런 외부요인이 없었더라도 반드시 폭락이 존재했을 것이라고 확신하고 있습니다. 반드시 폭등이 있으면 그 이후에는 폭락이 찾아오게 되어 있습니다.

그런데 왜 점진적인 상승과 하락이 아닌 폭등과 폭락일까요? 거의 모든 사람이 집값이 오른다고 생각하고 행동에 임할 때는 폭등이 찾아오고, 모든 사람이 떨어질 것으로 생각할 때는 폭락이 찾아오는 것입니다. 모든 사람이 오른다고 생각하면, 기존의 아파트를 소유하고 있는 소유자들은 팔 생각이 없어집니다. 거의 모든 아파트의 매물이 싹 사라지게 되는 것이죠. 그런데 공급을 자유롭게 할 수 있는 재화 상황이 달라질 수도 있습니다. 기존 사람들이 안 팔려고 해도 주 공급자가 공급을 늘리면 되니까요.

그런데 아파트는 공급을 쉽게 늘릴 수가 없는 물건입니다. 그 시기에는 분양을 많이 한다고요? 맞습니다. 분양을 많이 합니다. 건설사 입장에서는 이 시기만큼 아파트를 팔기 좋은 시기가 없으니까요. 아주 비싼 가격에 많이 분양해도 다 팔리니까 이처럼 좋은 시기가 없는 것이죠. 그런데 분양은 말 그대로 분양이지 집이 아닙니다. 공급이되 공급이 아닌 상황인 거죠. 분양권은 말 그대로 2~3년 후에 집이 지어졌을 때 입주할 수 있는 권리지, 지금 당장 집은 아닙니다. 부동산의 특성을 제대로 파악하지 못하는 전문가분들이 이 부분에서 오류를 겪기도 하죠.

그리고 이 시기에 수요는 1인 1 수요가 아닌 상황이 됩니다. 한 사람이 분양권 한 개만 사러 다니겠습니까? 아마도 여기저기 현장이란 현장은 다 다닐 것입니다. 이 시기의 수요는 1인 10 수요도 될 수 있고 과장되게 말씀드린다면 1인 100 수요가 될 수도 있습니다. 아무리 분양을 많이 해도 분양 공급에 비해서 수요가 월등히 많은 상황이 됩니다. 가격이 안 오르고 배기겠습니까? 그리고 엄청난 수의 분양권이 비로소 입주를 맞이하는 2~3년 후에는 반드시 폭락이 기다리고 있습니다. 이때는 실제적인 집으로의 공급이 이루어지는 시기니까요. 이때의 사람들 심리는 바로 공포입니다. 공포와 욕심은 전염되기가 쉽습니다. 그리고 이 심리는 다른 어떤 것으로도 제어하기가 어렵습니다. 폭등기에 정부가 아무리 강한 규제책을 내놓아도 효과가 별로 없는 것이 바로 이것 때문입니다. 그리고 폭락기에 아무리 좋은 부양책을 내놓아도 집값이 오르지 않는 이유도 바로 이것입니다.

이것을 모르면 아파트의 가격분석을 제대로 할 수가 없습니다. 주변 상황은 그리 좋지 않은데도 불구하고 폭등이 일어나는 상황을 어떻게 설명해야 할까요? 대부분의 전문가는 이를 두고 비이성적인 상황이라고 치부합니다. 정부가 비이성적인 상황을 초래했다고 욕합니다. 현장에서의 사람들의 심리상태를 모르기 때문에 그런 오류를 겪을 수밖에 없는 것입니다.

폭락할 때도 마찬가지입니다. 모두 다 떨어진다고 생각하고 있기 때문에 굳이 지금 아파트를 살 이유가 없죠. 시간이 더 지나면 훨씬 더 싸게 살 수가 있기 때문이죠. 이때는 살 사람은 아무도 없고 팔 사람만 넘쳐나는 상황이 벌어집니다. 이때 팔 사람은 극도의 공포감에 휩싸여 있습니다. 특히 자금이 급한 사람은 더욱더 그렇게 되죠. 그래서 빨리 팔기 위해서 주변 시세보다 훨씬 더 싸게 내놓아야 합니다. 그런 결과로 폭락이 이어지게 됩니다. 이때 경기가 좋다고 해서 사겠습니까? 아니면 금리가 싸다고 해서 사겠습니까? 지금까지 분석했던 아파트의 가격에 영향을 미친다고 여겼던 모든 요인이 좋다고 해도 폭락은 이어질 것입니다. 그래서 아파트 가격을 분석할 때 가장 중요한 것은 현장에서의 사람들의 심리, 즉 매수하려고 하는 사람들의 적극성 여부와 팔려고 하는 사람들의 적극성 여부에 대한 분석이 필수적으로 선행되어야 합니다.

04
정부정책은 가격에 큰 영향을 끼친다

 부동산 시장의 움직임을 정부정책으로 바꿀 수 있다고 생각하시는 분들이 많습니다. 특히 폭락론자들의 주장이 그렇습니다. 이분들은 앞서 언급했던 인구가 줄고 있다, 금리가 오를 거다, 경기가 안 좋다, 주택보급률이 100%를 넘었다, 등등의 이유를 들어 아파트값이 계속 떨어질 거라고 주장하고 있습니다.

 그런데 지금 시장이 반대방향으로 흐르자 정부정책을 탓하고 나섰습니다. 정부의 잘못된 정책으로 인해 이상 과열현상이 발생했다는 것입니다. 그걸 지지하는 사람들도 같이 동조합니다. 정부정책을 비판만 하는 것이죠. 정부정책이 부동산 가격에 가장 크게 영향을 줄 수 있는 요소로 작용하는 것은 맞습니다. 하지만 문제는 예측이 가능한 영향이 아니라는 것에 아주 큰 문제점이 있습니다. 어떨 때는 정책의 방향대로 영향이 미치기도 하고, 어떤 경우에는 반대방향으로 영향을 미치기도 하고, 어떤 경우에는 전혀 영향을 주지 못하기도 합니다.

1. 정부정책이 부동산 가격에 미치는 영향

사실 앞에서 언급한 가격에 영향을 미치는 요인인 선분양제도, 전세제도, 사람들의 심리보다 더 강력한 것은 사실 정부정책입니다. 그 이유는 선분양제도, 전세제도, 사람들의 심리 등은 모두 정부정책으로 바꿀 수 있는 것들이기 때문입니다. 지금 선분양제도의 문제점을 논의하고 그에 대한 후분양제도를 시행하자는 여론이 크게 일고 있는 상황입니다. 그리고 이것을 정부에서 주도적으로 해주길 바라고 있는 것입니다.

정부에서 정책적으로 선분양이냐 후분양이냐를 결정하고 시행하게 된다면 그것이 부정적이든 긍정적이든 가격에 크게 영향을 줄 것은 명확합니다. 그리고 전세제도 또한 정책을 통해서 분위기를 바꿀 수 있습니다. 그로 인해 전세가 매매가에 영향을 미치는 연결고리를 통해서 결국에는 가격에 영향을 줄 수 있게 됩니다.

사람들의 심리 또한 크게 좌우할 수도 있습니다. 사람들이 정부 정책에 거는 기대와 우려가 매우 큽니다. 그것은 미치는 영향이 크다는 것을 방증하기도 하는 것입니다. 금리나 대출규제, 또는 세금 등을 통해서 사람들의 심리를 바꿔놓을 수도 있는 것이 정부정책입니다.

그리고 무엇보다 가장 큰 영향은 수요와 공급에 직접적인 영향을 줄 수도 있으며, 직접 시장에 참여해 수요자가 되기도 하고 공급자가 될 수도 있습니다. 수요에 영향을 주는 정책으로는 대표적인 것이 세금이죠. 먼저 거래세에 해당하는 취득세와 양도세를 조절하게 되면 수요에 크게 영향을 주게 됩니다. 시장이 침체되어 있는 경우에는 수요를 진작시키기 위해 취득세를 면제시켜주고 양도세를 면제시켜주는 정책을 시행하게 됩니다. 그렇게 되면 부동산을 거래하는 사람으로서는 나가야 할 자금이 세이브되는 상황이 벌어지기 때문에 시장 참여에 적극적으로 될 수가 있는 것입니다. 그리고 시장이 과열된 경우에는 취득세를 인하했던 것을 증액시키거나 양도세를 중과하는 방식으로 정책을 사용하게 됩니다. 그렇게 되면 시장의 참여자들은 투자해야 할 자금이 늘어나거나 투자해서 벌어들인 소득을 대부분 세금으로 내야 하는 상황이 되기 때문에 투자에 부정적인 상황이 되어버립니다. 따라서 수요는 줄게 됩니다.

그다음으로는 대출금액을 줄였다 늘렸다 하고, 금리를 늘렸다 줄였다 하는 방법으로 수요에 영향을 가할 수가 있습니다. 대출

금액을 늘려주면 자기 투자금이 줄어들기 때문에 투자에 적극적으로 될 수가 있으며 또한 금리를 내리면 이자 부담이 줄어들기 때문에 대출을 적극적으로 활용하게 되고 그에 따라 투자금이 줄어드는 효과가 있어 수요가 늘어나는 결과를 가져옵니다.

반대로 대출을 줄이면 투자금이 늘어나게 되어 자금 부담을 가져오고 투자자는 투자를 꺼리게 됩니다. 그리고 금리를 올리게 되면 이자 부담이 늘어나게 되어 대출을 이용하는 것을 줄이거나 꺼리게 되고 결국에는 투자금이 늘게 되어 수요가 줄어드는 효과를 볼 수가 있습니다.

또한, 정부는 시장에서 직접적인 수요자와 공급자의 역할을 할 수가 있습니다. 그 주된 역할을 LH공사가 수행합니다. LH공사는 안 팔리는 집을 직접 매입해 임차를 놓는 수요자의 역할과 아파트를 지어 분양하는 공급자 역할을 수행하고 있습니다. 이를 통해 어느 정도 수요와 공급을 직접적으로 조절하는 기능을 수행하게 됩니다.

이처럼 정부정책은 시장에서 수요와 공급을 조절하는 기능을 하게 되는데, 때로는 강력한 정책을 통해 흐름 자체를 바꾸려 시도하기도 합니다. 그렇게 함으로써 정부정책은 부동산 가격에 가장 크게 영향을 줄 수 있는 요인이 됩니다. 그런데 왜 항상 정부정책은 시장이 바라는 방향대로 정책을 수행하지 못하고 과열, 침체된 시장을 바꾸지 못하는 것일까요?

그것은 정부정책의 한계성 때문입니다. 정부정책의 한계에 대해서 살펴보겠습니다.

2. 정부정책의 한계

(가) 정부는 어느 한쪽만을 위한 정책을 쓰기가 어렵다

시장 참여자들은 상반된 견해를 가지고 있습니다. 부동산 시장에서는 집값이 오르기를 바라는 자가소유자와 임대인이 있습니다. 그리고 집값이 내려가길 바라는 무주택자와 임차인이 있습니다. 정부는 이런 시장 참여자들의 표를 먹고살아야 한다는 한계성이 있습니다. 물론 정부는 일정 방향의 가치관을 가지고 출발합니다. 주로 시장 참여자의 어느 한쪽의 입장을 대변하는 방향으로 정책을 추진하는 가치관을 가지고는 있습니다.

그러나 정부는 어느 한쪽만을 완벽하게 대변하기는 어려운 성격을 가지고 있기에 적절한 균형을 원하게 됩니다. 부동산 시장이 침체기일 때는 어쩔 수 없이 부양정책을 써야 하고, 부동산 시장이 과열일 때는 규제정책을 써야 합니다. 적당히 균형이 이루어져야 정부로서는 뭔가를 했다는 여론을 얻을 수 있습니다. 그런데 이러한 어정쩡한 균형정책으로는 에너지가 크게 응집된 부동산 시장을 움직이기가 어렵습니다.

예를 들면 시장이 침체기일 때는 시장 참여자들은 집값이 내려갈 것으로 생각하고 집을 구매하는 것을 포기하거나 뒤로 미루게 됩니다. 이럴 때 썼던 정부정책은 구매 욕구를 자극하는 세금혜택이나 자금지원역할을 하는 대출지원정책을 쓰게 됩니다. 세금혜택은 주로 양도세 면제와 취득세 면제가 많이 쓰였습니다. 그런데 잘 생각해보세요. 양도세라는 것은 양도차익이 있을 때만 발생하는 세금입니다. 집값이 내려가는 데 양도차익이 발생할 일도 없을뿐더러, 발생하더라도 극히 적은 금액일 것이기 때문에 이것으로 수요자의 구매 욕구를 자극하기는 매우 어렵습니다.

취득세도 그렇습니다. 부동산을 매수할 경우 발생하는 세금인데 보통 아파트의 경우 4.6~1.1%까지 발생하게 됩니다. 보통 서민들이 사는 아파트에 발생하는 취득세는 1.1~1.2% 미만인 경우가 대부분인데, 떨어질 것 같은 아파트 가격에 비하면 혜택의 역할이 극히 미비합니다. 몇천만 원을 잃을 수도 있는데 겨우 몇백만 원 혜택을 보자고 집을 사겠습니까? 돈을 빌려주는 것도 그렇습니다. 돈을 많이 빌려줄 테니 집을 사라는 것인데, 집값이 내려갈 것 같을 때 돈까지 빌려서 이자까지 내면서 집을 살 사람이 과연 얼마나 될까요?

시장이 과열일 때를 보겠습니다. 시장이 과열일 때는 주로 규제정책을 쓰게 되는데, 역시나 세금을 중과하거나 매수자금 역할을 하는 대출을 줄여 수요의 구매 욕구를 저하시키고자 합니다. 세금을 중과하는 경우는 주로 양도세를 늘리는 정책을 쓰는 것이 많았는데, 수요자 입장에서 보면 양도세가 발생한다는 것은 일단 수익이 생겼다는 것입니다. 그중에 일부를 세금으로 내게 되는데요. 수익이 100% 발생할 것이 확실하다면 세금이 문제겠습니까? 세금을 더 내더라도 가만히 있는 것보다는 집을 사서 수익을 보고 세금도 내는 쪽을 선택할 것입니다. 대출을 규제하더라도 눈앞의 수익이 큰데, 어떻게든 자금을 마련해 집을 사고자 할 것입니다. 그리고 투자자는 전세를 끼고 투자하는 갭 투자법이 있습니다. 이 경우에는 대출이 전혀 필요하지 않습니다.

이렇게 시장의 흐름이 어느 한 방향으로 정해졌을 때는 아주 강력한 정책을 쓰지 않으면 그 방향성이 정해진 흐름을 바꾸는 것이 거의 불가능합니다. 그렇다고 정부는 강력한 정책은 쓰기가 어렵습니다. 강력한 정책은 시장이 흐르고 있는 방향성을 바꿀 수는 있겠지만 그 반대방향으로 턴해 또 다른 부작용이 발생할 것이기 때문입니다. 정부는 집값이 급등하는 것도 부담스럽지만, 집값이 폭락하는 것도 심히 부담스러운 상황이 됩니다. 그렇기에 정부는 어느 정도 진정을 시킬 수 있는 정도의 정책만을 쓸 수밖에 없는 한계성을 지니고 있습니다.

(나) 정부는 장기적인 정책을 쓰기가 어렵다

지금까지 정부는 5년 단기의 임기를 가지고 있습니다. 이 기간 안에 뭔가 성과가 있는 결과를 내놓아야 합니다. 그렇지 않으면 그 정부는 아무것도 하지 않았다는 거대한 여론의 폭풍을 맞이할 수 있습니다. 그러나 부동산 정책이 효과를 보기 위해서는 아주 장기적인 안목이 필요합니다. 일단 집을 짓는 기간만 적어도 2~3년이 소요됩니다. 그리고 아파트를 지을 땅이 많지 않습니다. 땅이 있다 해도 아파트를 지을 수 있게 미리 택지작업을 진행해야 합니다. 그리고 천문학적인 자금이 소요됩니다. 이 모든 제약을 딛고 단기간에 효과를 보기란 거의 불가능합니다.

그런데 정부는 5년 안에 뭔가 가시적인 성과를 봐야 합니다. 이것이 정부의 딜레마입니다. 사실 집값이 올라갈 때는 집을 많이 지어주면 됩니다. 집값이 내려갈 때는 공급을 중단하고 수요를 진작시키는 정책을 수행하면 됩니다. 주택은 많은 기간과 자금이 소요되기 때문에 정부는 효과가 빠른 정책을 수행할 수밖에 없습니다. 그런데 이런 빠른 효과를 내려고 하는 정책은 반드시 부작용을 불러일으킵니다.

예를 들면, 전세난이 심할 때 나오는 정책입니다. 전세난을 해결하기 위해서는 전세수요를 줄이고 전세공급을 늘리는 것이 해결 방법의 원칙입니다. 원칙은 있지만, 시간이 오래 걸리고 자금이 크게 소요된다는 것이 문제입니다. 그래서 전세난에 따른 서민을 위한 정책을 내놓습니다. 바로 전세자금을 지원하는 것이죠. 전세자금대출을 저금리로 받을 수 있게 해줍니다. 그리고 보증보험제도가 있습니다. 집값보다 터무니없이 급등해버린 전세 때문에 깡통전세의 위험을 느끼는 임차인을 위해서 보증금을 안전하게 정부에서 보장을 해주는 보험입니다.

그런데 이 정책은 전세난을 해결하는 것이 아니라 더욱 전세난을 가중하는 결과를 가져오게 됩니다. 공급이 많지 않고 수요가 많아서 일어나는 전세난이 그 원인인데, 공급은 늘지 않은 상태에서 수요를 지원해 수요를 진작시키는 정책은 결국 전세난을 가중시키는 결과를 가져왔습니다. 그리고 또 다른 부작용은 가계대출이 점점 늘어나는 결과를 가져왔습니다.

정부도 수요를 조절하고 공급을 늘리는 정책을 쓰면 된다는 것을 분명히 알고 있을 것입니다. 그런데 언론과 여론은 이를 기다려줄 여유를 가지고 있지 않기 때문에 정부는 어쩔 수 없이 수요를 지원하는 정책을 쓸 수밖에 없는 것입니다. 그리고 우리는 할 만큼 했다고 말하는 것이 최선입니다.

3. 정부정책의 신뢰성

정부정책이 효과를 내기 위해서는 구성원들이 그 정책을 수용하고 그 정책에 맞게 행동에 임해야 비로소 효과를 발휘할 수 있습니다. 그런데 구성원들이 그 정책을 믿지 못하고 정책이 바라는 대로 행동하지 않는다면 어떤 결과가 나올까요? 우리나라 현실을 살펴보면 정부정책은 그리 효과가 없어 보이는 느낌입니다. 바로 구성원들이 정부정책을 신뢰하지 않는다는 것입니다.

예를 들면 아파트 분양권 전매제한이 있습니다. 일정 기간 전매를 못하는 것이죠. 그런데 현실은 어떻습니까? 이게 잘 지켜지고 있을까요? 여러 현장의 분양권 거래 상황을 보면 전매제한 기간임에도 불구하고 이미 프리미엄이 형성되어 암암리에 거래되고 있는 것이 공공연한 사실입니다. 그리고 그것을 거래할 때 실거래가 신고를 제대로 해야 함에도 다운계약서를 쓰는 것이 비일비재합니다. 심지어는 장관님들도 다운계약서를 쓴 결과가 있습니다. 이미 청문회에서 밝혀진 것만 엄청 많습니다.

요즘은 이런 문제는 문제로 취급하지도 않는 분위기입니다. 이렇듯 사회구성원 대부분이 정부의 규제를 지키고 있지 않은 것이 일반화되어 있기에 규제가 형식적인 것으로 끝나는 경우가 대부분입니다. 규제를 내놓았으면 강력한 단속이 뒤따라야 할 텐데 우리나라는 제대로 된 단속들이 없었던 것이 지금까지의 현실입니다.

그리고 정부의 정책은 장기적인 안목에서 장기적인 비전을 가지고 실행되어야 함에도 우리나라는 부동산 정책이 정권임기 내에서도 수차례 바뀌곤 했습니다. 이제는 사회구성원들이 정부정책은 나중에 다시 바뀔 것을 이미 알고 있어 어떠한 규제가 실행되더라도 조금만 버티면 된다는 인식이 팽배해 있습니다. 이러한 상황에서 정부정책이 얼마나 효과를 나타낼까요?

정부가 정책에 대한 사회 구성원들의 신뢰를 얻기 위해서는 무엇보다 그 정책을 수행하고자 하는 강력한 의지를 표명해야 하며, 그와 더불어 강력한 행정력을 수반해야 할 것입니다.

그리고 그전에 정책을 입안할 때는 사회구성원들이 수긍할 수 있도록 충분한 여론 조성작업이 선행되어야 하며 무엇보다 그에 기반을 둔 장기적인 안목에서의 정책이 수반되어야 할 것입니다.

05
부동산의 가격은 결국 부동산 시장에서 형성된다

세상의 모든 재화는 결국 시장에서 수요와 공급이 균형을 이루어 가격이 결정됩니다. 부동산도 다를 바 없습니다. 시장에 부동산이 공급되고 이를 사려는 사람들이 수요를 이루어 균형이 이루어질 때 비로소 가격이 결정됩니다. 그런데 부동산은 다른 재화와는 다른 시장의 공급이 이루어집니다. 이 특수한 성격 때문에 대부분의 사람들이 부동산의 공급을 제대로 인지하지 못하고 공급이 많다, 적다, 또는 적당하다, 한 시장의 현상을 보는데 다른 시각이 존재하게 되는 것입니다. 이러한 현상은 오로지 부동산만의 특수한 성격, 특히 주택이라는 특수한 형태의 부동산이기 때문에 나타나는 것입니다.

지금부터 주택이라는 특수한 형태의 부동산 시장의 특성에 대해서 알아보겠습니다.

예를 들어 만 세대의 아파트가 있습니다. 자, 이 아파트가 공급일까요, 아닐까요? 만 세대에 사는 사람이 수요일까요, 아닐까요? 잘 생각해보세요. 아마도 이렇게 구체적으로 생각해보신 분들이 많지 않으실 겁니다. 대부분의 사람들이 만 세대가 공급이고, 만 세대에 사는 사람들이 수요라고 여기시고 계실 것입니다. 이것을 우리나라 주택 시장으로 확대해보겠습니다. 바로 주택보급률과 일맥상통한다고 보시면 될 겁니다. 주택보급률 100%가 이루어지면 주택 시장이 수요와 공급이 안정적인 균형을 이루어 집값이 안정될 거라 보시는 건가요?

지금까지 주택 시장의 수요와 공급을 이런 식으로 보고 있었습니다. 자, 다시 만 세대 아파트로 가보겠습니다. 주택 시장에서 다리 역할을 하는 공인중개사 사무실로 가보겠습니다. 여기에 나와 있는 매물은 얼마나 될까요? 아마도 다 합쳐봐야 몇백 개 안 될 겁니다. 실제로는 이것이 공급입니다. 그리고 이 사무실에 물건을 보러 다니는 분들이 있습니다. 바로 이분들이 수요입니다. 수요에 해당하는 이분들은 이 아파트의 주민일 수도 있고, 주변의 사람일 수도 있고, 저 멀리 부산이나 제주도 사람일 수도 있습니다. 심지어는 외국인일 수도 있습니다.

부동산은 움직일 수 없는 물건이기 때문에 공급은 그 물건이 속해 있는 지역에만 이루어지게 됩니다. 생각보다 적은 수의 공급과 수요로서 부동산 전체 시장의 가격을 결정짓게 됩니다.

물론 만 세대 중에서 현재 나와 있는 몇백 세대를 제외한 몇천 세대는 잠재적 공급입니다. 시장에 나올 수도 있고 안 나올 수도 있습니다. 이것이 시장으로 쏟아져 나오면 가격을 떨어뜨리는 역할을 할 수 있고, 몇백 세대 현재 시장에 나와 있는 매물도 들어가서 매물이 하나도 없다면 가격을 올리는 역할을 할 수도 있습니다. 수요도 똑같습니다. 현재 나와 있는 몇백 세대를 훨씬 넘어서는 1,000명 이상의 수요가 있다면 가격은 폭등할 수도 있고 몇백 세대보다 훨씬 적은 몇 사람만이 수요자로 참여한다면 가격이 내려갈 수 있습니다.

이 무슨 말장난 같은 말이냐고 하실 수 있습니다. 그러나 현재 부동산 시장이 실제로 그렇습니다. 그럼 잠재적 공급이 공급으로 이루어질지, 안 이루어질지를 어떻게 예측할 수 있을까요? 그것은 바로 시장의 분위기입니다. 시장의 가격이 올라갈 것 같은 분위기라면 매물이 안 나오겠죠. 나중에 더 오른 뒤에 팔려고 할 테니까요. 그런데 떨어질 것 같은 분위기라면 매물이 쏟아져 나올 것입니다. 상승 흐름에서는 매도자 우위의 시장이 형성됩니다. 매도자, 즉 공급물량은 거의 없습니다. 그리고 사려고 하는 사람은 많아지겠죠? 이때 급한 쪽은 매수자 쪽이 됩니다. 매도자는 느긋하게 시장을 관망하면서 오르는 상태를 보고 팔지 말지를 결정하면 되고, 매수자는 더 많이 오르기 전에 사야 하므로 훨씬 더 적극적으로 될 수밖에 없습니다. 그래서 자연스럽게 매도자 우위의 시장이 형성됩니다. 반대로 하락 흐름의 시장에서는 매수자 우위의 시장이 형성됩니다. 사고자 하는 사람은 더 떨어질 수 있기 때문에 천천히 구매해도 충분한 상황이므로 관망세를 취하고, 팔고자 하는 사람은 훨씬 적극적으로 매도에 임해야 합니다. 좀 더 떨어지기 전에 팔고자 하기 때문입니다.

그럼 수요와 공급이 어느 정도 일치하는 안정적인 시장에서는 흐름이 어떻게 형성이 될까요?

이때는 팔고자 하는 사람과 사고자 하는 사람이 서로 관망세를 나타내게 됩니다. 그런데 이때 변수가 있습니다. 주택의 경우 또 다른 시장인 임대 시장이 있습니다. 바로 전세 시장입니다. 매매 시장이 하락의 흐름에서 안정적인 상승의 장으로 바뀔 즈음에는 임대 시장이 요동치게 되어 있습니다. 매매 시장에서 하락의 흐름에 있을 때는 투자자들이 매수하지 않고 실수요자들도 자가를 팔고 전세의 수요자로 변하는 상황이 벌어지게 되어 있습니다. 그래서 이 시기에 임대 시장은 임대인 우위의 시장이 형성되죠. 그 결과로 임대가인 전세가가 상승합니다. 그리고 이게 매매 시장에도 영향을 주게 되어 매매 시장은 수요와 공급이 안정되어 있음에도 불구하고 가격이 안정적인 흐름이 형성되는 것이 아니라 상승 쪽으로 흐름이 저절로 흘러가게 되어 있습니다.

현재 부동산 시장에는 정말 많은 수의 주택이 이미 공급되고 있으며 끊임없이 새 주택이 공급되고 있습니다. 이렇게 시장에서는 끊임없이 수요와 공급이 시장 분위기에 따라서 변하게 되어 가격의 변화가 이루어집니다. 그리고 우리나라와 같은 특수한 문화나 관습 등에 의해서 수요와 공급이 다른 나라와 다르게 형성되기도 합니다. 특히 중요한 것이 학군이라고 볼 수 있습니다. 우리나라의 교육열은 다른 나라가 결코 따라올 수 없을 정도로 대단합니다. 그리고 학연, 지연이 사회에 나가서도 정말 크게 작용하는 상황입니다. 대학교를 어디에 나왔는지가 그 사람의 인생을 좌우하기도 합니다. 옛날에는 좋은 대학을 가기 위해서 고등학교가 매우 중요했고 유명한 고등학교가 있는 주변 집값에 영향을 주었습니다. 지금은 그 열기가 더 심해져서 초등학교가 중요한 상황이 되었습니다. 지금의 초등학교에 배정 방법은 지역 배정입니다. 그 초등학교에 배정되는 아파트가 정해져 있습니다. 우리나라 주택 시장에서 학군이 중요한 변수로 작용하는 것은 교육열이 워낙 강해서 어떻게 해서든 그 학교에 자녀를 보내고자 하는 부모들이 많기 때문입니다. 이 부모들이 그 주변 집값이나 전세가를 들썩이게 하지요.

그 대표적인 지역이 강남이라고 보면 됩니다. 왜 항상 강남의 주택 시장이 먼저 움직일까요? 그것은 그곳이 잘사는 지역이기도 하지만 가장 큰 요인은 학군입니다. 강남에 있는 초등학교·

중학교를 보내기 위해서는 선행되어야 할 것이 반드시 그 지역으로 주소 이전이 되어 있어야 합니다. 매매의 흐름이 상승일 경우에는 매매 쪽으로 수요가 급증하게 되고, 하락으로 형성되어 있을 때는 전세 쪽 수요가 급증하게 되어 있습니다. 그런데 그 지역의 공급은 항상 거의 고정적입니다. 공급은 고정적인데 수요가 급증하니 가격이 뛸 수밖에 없죠. 시장에서 안정적인 흐름으로 진행되지 못하는 것의 가장 큰 변수는 학군 수요입니다.

PART 02

부동산 투자에
숨어 있는 비밀

Chapter
01

황금알을 낳는 투자 11

01 제대로 투자하려면 알아야 하는 부동산 경기사이클

사람들은 집을 살 때 어느 지역과 어느 아파트를 사야 하냐고 물어봅니다. 저는 시기를 보는 것이 가장 중요하다고 말씀드립니다. 그리고 나서 사야 할 시기인지 아닌지를 말씀드리기도 합니다. 지금을 기준으로 말씀드리면 서울·수도권은 사야 할 때고, 지방은 사면 안 되는 시기라고 말씀드릴 수 있습니다. 그것은 아파트의 경기사이클상 서울·수도권은 오르는 시기이고 지방은 하락 시점이기 때문입니다. 지방 같은 경우는 도시별로 시기적 차이가 약간씩은 발생하고 있지만, 전체적으로 하락세인 것은 분명합니다. 이럴 경우 아무리 좋은 위치에 호재를 가지고 있는 아파트라고 해도 현재 시점보다 하락을 면할 수 없습니다.

2012년쯤에는 어느 지역에 있는 아파트를 샀어도 특별한 일이 없는 이상은 많이 올라 있을 것입니다. 서울·수도권 지역의 경우에는 하락을 멈추고 바닥인 시점이었고, 지방은 본격적인 상승이 시작되는 시점이었기 때문입니다. 이 시기에는 절대 안 올라갈 것 같은 아파트도 거의 다 가격이 상승했습니다. 2007년쯤 서울·수도권에서 아파트를 산 사람은 거의 7~8년간 암울한 시기를 경험하셨을 것입니다. 이제야 원금을 회복한 분들도 있을 것이고 아직도 원금을 회복하지 못한 분들도 계실 것입니다. 이때는 어떤 좋은 아파트를 가지고 있어도 마찬가지였을 것입니다. 강남의 인기 있는 아파트도 마찬가지고 경기도의 아파트도 역시 상황은 같을 것입니다.

시기적인 선택을 잘못하는 것은 부동산 투자에서 최악의 선택입니다. 반대로 시기를 잘 타시는 분들은 어느 지역에 투자했어도 반드시 성공했을 것입니다. 그래서 현명한 아파트 투자자는 반드시 아파트 사이클에 대해서 파악하고 있어야 합니다.

시기별로 어떤 특징이 있는지 어떠한 사람들의 심리상태에 있는지를 반드시 알아야 합니다. 그래서 지금 시점이 아파트의 경기사이클에 어디쯤 해당하는지를 알아야 합니다.

그러기 위해서는 아파트 사이클의 시기별 특징에 대해서 구체적으로 알아야 하겠지요? 지금부터 아파트의 경기사이클에 대해서 자세하게 알아보도록 하겠습니다.

1. 우리나라 아파트 경기사이클

(가) 폭락기

폭락하기 전에 반드시 전제되어야 할 상황이 폭등입니다. 지금까지 우리나라의 아파트 가격에 대한 전반적인 것을 짚어봤는데, 폭등이 있지 않으면 폭락은 절대 오지 않습니다. 심지어는 웬만한 외부의 큰 충격도 잠깐 떨어지는 정도는 있을 수 있지만 버텨냅니다. 그것은 바로 우리나라에만 존재하는 전세제도 때문입니다. 전세가가 매매가의 바로 밑에 있을 때는 충격으로 인한 매매가 하락을 전세가 받쳐주는 상황이 되어 더 이상 떨어지지 않습니다. 폭락은 반드시 폭등이 전제되어야만 가능한 상황입니다. 외국의 사례를 보아도 분명합니다. 일본의 부동산 폭락이 이루어지기 직전 상황은 부동산의 3배 이상의 폭등이 있었습니다. 이것은 중국의 경우만 보아도 같습니다.

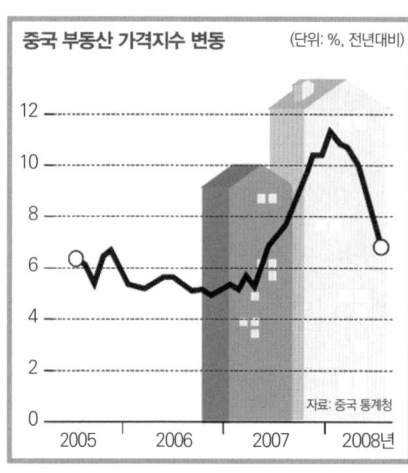

중국의 통계자료를 보면 2006~2007년 동안 거의 2배 넘게 폭등을 합니다. 그리고 곧바로 폭락이 이어집니다.

그럼 왜 폭등이 있는 후에 폭락이 이루어질까요?

가장 큰 원인은 사람들이 분위기에 휩싸인 심리에 있습니다. 부동산을 구매하는 사람이 어떤 사람들이 주를 이루느냐에 따라 그 결과가 달라질 수 있습니다. 폭락이 이루어지기 위해서는 반드시 폭등에 따른 부동산 구매자가 투기자들, 즉 묻지 마 투자자가 주를 이룰 때 폭락을 맞이하게 됩니다. 이 상황을 간단하게 재현해보도록 하겠습니다.

부동산 시장이 활황을 나타낼 당시에는 시장에서 수요자의 분위기는 사실 반반입니다. 오른다고 생각하는 수요자와 내린다고 생각하는 수요자가 거의 1:1의 비율로 나타냅니다. 그런데도 시장은 오름세를 유지합니다. 그 이유는 앞서 언급한 우리나라 전세와 매매와의 특별한 관계 때문입니다. 이렇게 시장의 오름세가 유지되고 더 오르는 현상이 나타나게 되면 수요자의 분위기는 상승한다는 쪽이 우세한 상황으로 돌변합니다. 주변에서는 이미 분양권이나 아파트 매매를 통해서 돈을 많이 번 사람들이 생겨납니다. 이때부터 부동산에 관심이 없거나 부정적이었던 사람들도 시장에 참여하게 됩니다. 그런데 이런 사람들이 곧 투기자들입니다.

투자자는 장기적인 안목에서 자금의 계획성을 준비해 투자에 임합니다. 투자라는 것은 이익을 얻기 위해 어떠한 일이나 사업에 자본을 대거나 시간과 정성을 쏟는 것이라고 합니다. 이익을 얻기 위해 시간과 정성을 쏟는 것입니다. 장기적인 안목과 자금의 준비를 철저히 합니다. 투기는 기회를 틈타 큰 이익을 얻으려고 합니다. 계획이나 시간의 노력이 덜 들어간 상황에서 일확천금을 노린다는 것입니다. 그런 의미에서 부동산에 관심이 없었거나 부정적이었던 사람들은 부동산 투자에 대한 장기적인 안목이나 자금 계획을 세운 것이 아니라 주로 단기적으로, 특히 분양권 프리미엄을 노리고 부동산 시장에 뛰어든 사람입니다. 이들은 투자자가 아닌 투기자들인 것입니다. 일반 사람들이 말하는 투기꾼들은 엄밀한 의미에서 말하자면 건전한 투자자인 것입니다. 자금 계획을 마련해 세를 놓고 그들 통해 장기적으로 일정 정도 수익을 얻으려 하는 행위는 투자에 속하는 것입니다.

묻지 마 투기자들의 특징이 있습니다. 바로 단기적으로 분양권 프리미엄만을 노린 사람이라는 것이죠. 입주 시기에 대한 대비가 거의 없다고 보면 됩니다. 그런데 이런 사람들이 분양권 시장에 들어오는 시기 또한 매우 늦은, 이미 오를 대로 오른 시기입니다. 따라서 기대했던 프리미엄은 매우 비싼 분양가로 인해 형성되기가 어렵습니다. 이런 사람들은 본전심리가 매우 강해 절대 손해 보기 싫어합니다. 분양권의 프리미엄이 붙지 않으면 쉽게 팔 수가 없습니다. 그래서 결국에는 입주가 다가올 때까지 어쩔 수 없이 보유하게 됩니다.

점점 시장은 생각하지 못한 방향으로 흘러갑니다. 미분양이 발생하고 다른 미분양도 늘어나게 됩니다. 이렇게 되면 프리미엄이 붙는 것이 아니라 점점 마이너스 프리미엄이 생기기 시작합니다. 그리고 입주를 맞이하게 되면 이분들은 패닉상태가 됩니다. 극도의 공포상태가 되죠. 왜냐하면, 바로 입주에 대한 대비가 충분하지 않기 때문입니다. 잔금을 치러야 하는데 자금준비가 안 되어 있어서 난리가 나는 것이죠. 부랴부랴 전세를 맞추려 하고 대출도 얻으려 합니다. 이 시기에 한꺼번에 많은 투기자들이 내놓는 전세는 수요를 맞추지 못해 소위 말하는 역전세난이 발생하게 됩니다. 전세가는 폭락하게 되고 대출도 예상했던 분양가를 밑도는 가격에 적정 금액이 나오기 어렵게 됩니다. 잔금을 못 맞추는 투기자도 발생합니다. 이들은 결국 엄청나게 낮은 금액에 매물을 내놓게 됩니다. 이런 상황이 연달아 발생하면 투자자들이 패닉상태가 됩니다. 이게 폭락이 일어나는 일련의 상황입니다.

여기에 외부충격까지 더해지면 폭락에 폭락을 겪게 되는 것입니다. 바로 1998년과 2008년의 상황입니다. 잘 생각해보십시오. 사람들은 1998년은 IMF 상황과 2008년은 국제금융위기로 집값 폭락이 이루어졌다고 알고 있습니다. 그것도 틀린 이야기는 아니지만 정확한 사실은 그전에 먼저 폭등상황이 있었기 때문이고, 마침 폭락이 이루어지려고 하는 상황이었습니다. 그런데 우연히도 외부충격이 같이 온 것뿐입니다. 그래서 폭락의 정도가 심했던 것이었습니다.

폭등이 이루어지면 반드시 외부충격이 없어도 폭락은 오게 됩니다. 이 시기의 특징은 매수자 우위의 시장입니다. 팔려고 하는 사람은 많고, 사려고 하는 사람이 없어서 매수자가 선택권이 많은 시장 상황이 벌어지게 됩니다.

그래서 매수자가 시장에서 우위에 있는 시장이 형성됩니다. 그러나 매도자는 많고 매수자는 관망세이기 때문에 시장의 침체는 어쩔 수가 없는 상황으로 흘러가게 됩니다. 따라서 이 시기에는 주택매매가와 전세가가 동시에 하락하는 현상이 나타나게 됩니다.

이때 정부의 정책은 더 이상의 침체를 막기 위해 그동안 규제 일변도였던 것이 완화로 전환됩니다. 정부정책을 수요와 공급 측면에서 바라보면 공급적인 측면에서는 더 이상의 공급을 늘리지 않는 방향으로 정책을 수정하게 됩니다.

이때 시장에서는 미분양 아파트가 넘쳐나게 있으며 기존 주택들도 팔기 위한 매물이 시장에 많이 나와 있는 상태이기 때문에 정부에서는 공급을 줄일 수밖에 없습니다. 그래서 신규분양에 대한 자제를 요구하게 되고, 정부에서 직접 공급하는 택지나 아파트 분양도 거의 없게 됩니다.

또한, 수요 측면에서는 수요를 진작시키는 정책이 대거 나타납니다. 가장 많이 쓰이는 정책이 대출 부분과 세금 부분인데, 대출 부분에서는 집을 매수하기 위한 대출의 경우 금리 우대정책을 쓰게 되고, LTV와 DTI 규제도 대폭 완화하게 됩니다.

그리고 세금 부분에서는 먼저 거래세에 해당하는 취득세를 면제 또는 완화하는 정책을 쓰게 되고 양도세를 한시적으로 면제시켜주는 정책도 나오게 됩니다. 보유세에 해당하는 종부세와 재산세 등을 면제 또는 완화시켜주게 됩니다.

그러나 이러한 정부의 적극적인 정책에도 불구하고 시장에서는 침체 분위기를 벗어나기가 매우 어려운 상황이 3~4년 정도 지속됩니다.

(나) 하락 안정기

하락을 어느 정도 멈추고 매매가는 진정이 되고 전세가는 서서히 상승하는 시기입니다. 적극적인 투자자들 같은 경우 이 시기에 주택을 조심스럽게 투자를 진행합니다. 그러나 대부분의 사람은 투자에 소극적입니다. 오히려 부정적인 사람이 훨씬 더 많습니다. 언론에서는 부정적인 뉴스가 주를 이룹니다. 전문가들도 긍정적인 언급보다는 소극적인 대응을 할 것을 권하는 글을 주로 쓰게 됩니다. 전반적으로 바닥을 확인하고자 하지만, 바닥임을 인지하지 못하는 시기입니다. 그래서 자가였던 사람 중 많은 분이 집을 팔고 안전한 전세로 옮기고자 하는 분위기가 우세하게 됩니다. 주택 공급은 눈에 띄게 줄어들게 됩니다. 어쩌다 진행하는 아파트 분양도 청약단계에서 끝나는 경우는 거의 없습니다. 미분양이 넘쳐나기 때문에 수요자들은 관망세를 유지합니다.

그런데 특이하게 이 시기부터 전세가가 서서히 상승하기 시작합니다. 전세공급은 줄어드는데 전세수요는 늘어나기 때문입니다. 전세공급은 투자자가 집을 추가로 구매해 전세를 내놓아야 공급이 이루어지는데 이 시기에는 투자자도 적극적인 투자를 하지 않기 때문에 공급은 줄어들게 됩니다. 그리고 아파트 가격이 상승하지 않기 때문에 기존 전세임대인들도 만기가 되면 월세로 전환하는 가구가 늘게 됩니다. 그러한 이유로 전세공급은 더욱 줄어들게 됩니다.

반대로 수요는 늘어납니다. 기존 전세임차인은 여전히 전세를 선호하고 새로운 전세수요자가 추가로 진입하게 됩니다. 바로 자가였던 사람이 집을 팔고 전세로 옮기고자 하는 수요입니다. 그리고 월세보다는 전세가 추가비용이 들지 않기 때문에 전세 선호 현상은 훨씬 더 강해지게 됩니다. 그러한 이유로 인해 전세가 서서히 상승하게 됩니다.

정부정책은 부양책이 주를 이룹니다. 이것은 정부의 색깔과 크게 관계가 없습니다. 보수가 되든 진보가 되든 부동산 시장이 침체기를 겪고 있기 때문에 이를 극복하고자 부양책을 쓰게 될 수밖에 없습니다.

어떤 분들은 집값이 더 내려가야 맞다고 주장하는데 그것은 이상에 가깝습니다. 현실적으로 이미 대출이 많이 들어가 있는 집들이 대부분인데 폭락을 한 후에 더 이상의 폭락이 이루어지면 우리나라 전체 경제가 위험한 상황에 이를 수도 있습니다. 만약에 이러한 상황이 발생하면 2008년 미국의 서브프라임모기지 사태와 같은 금융위기가 오게 됩니다. 이런 상황이 오게 되면 집을 싸게 살 수 있는 좋은 상황이 되는 것이 아니라, 우리나라 경제 전반이 침체를 넘어서서 위기의 사태가 발생하게 되는 것입니다. 정부는 이러한 상황이 일어나는 것을 절대 원하지 않습니다. 개개인들로서는 집값이 더 내려가서 싸게 살 수 있다면 좋겠다고 생각하지만, 정부가 인위적으로 10년 전 가격대로 되돌리기는 불가능에 가깝습니다.

그래서 침체기에 정부의 부동산 정책은 억제책을 더 이상 유지하기가 어렵습니다. 부양책을 내놓아서 정상적인 상황으로 돌려놓아야 하는 것이 어쩔 수 없는 선택입니다. 그런데 이런 부양책이 바로 효과를 보이지는 않습니다. 아직은 사람들의 투자심리가 위축되어 있기 때문에 정부의 정책을 믿고 투자에 임하기에는 부정적인 시각이 크게 우세하기 때문입니다.

이 시기에는 전반적으로 매매가는 크게 오르지도 내리지도 않는 상태에 머물러 있게 되며, 전세가는 상승을 시작해 매매가와 전세가 비율이 거의 최고 상태에 이르게 됩니다.

(다) 상승 안정기

이 시기에는 매매가와 전세가가 동시에 올라가는 현상을 나타냅니다. 그렇다고 투자 심리가 완전히 전환되어 투자 쪽이 우세한 상황은 아닙니다. 오히려 심리 쪽은 부정적인 측면이 조금 우세하거나 아니면 반반 정도인 상황입니다. 그런데 매매가는 올라갑니다. 대부분의 사람은 전세가가 올라와서 매매가에 근접하니까 투자자들이 매수를 많이 해서 가격이 올라가는 것으로 알고 있습니다. 이 시기에 갭 투자라고 해서 전세를 끼고 자기자본이 많지 않게 투자하는 투자법이 유행이 되기는 합니다. 하지만 이 투자자들이 가격을 끌어 올리는 것은 아닙니다. 왜냐하면, 이 시기에 공인중개사 사무실을 들러보면 매물이 많이 나와 있습니다. 이들 중 일부를 투자자들이 사는 것입니다. 매물이 많기 때문에 이들 투자가 이루어지더라도 시장의 분위기를 바꾸기에는 역부족입니다.

그런데 왜 가격이 올라갈까요? 그동안 우리가 간과했던 사실이 있습니다. 전세가 매매가를 밀어내고 있다는 사실입니다. 앞에서도 자세하게 설명했습니다. 투자자들은 이 시기에 큰 금액을 보고 투자하는 것이 아닙니다. 적게는 2,000~3,000만 원, 많게는 5,000~6,000만 원 정도 투자해 3,000만 원 정도의 이익을 기대하고 투자합니다. 그래서 시세보다 1,000~2,000만 원을 끌어 올리면서 산다는 것은 투자자 입장에서는 바보 같은 짓입니다. 투자자들은 시세보다 싼 급매물을 노리고 여유 있게 투자합니다. 이런 투자자들이 시세를 끌어 올린다는 것은 어렵습니다. 실제로는 전세가 매매가를 밀어 올리는 현상이 훨씬 더 맞는 설명입니다. 전세가가 매매가보다 높을 수는 없는 것이 기본원리입니다. 매매가가 올라가기 때문에 전세가가 올라간다고 알고 있습니다. 이것이 틀린 생각입니다.

좀 더 정확한 상황을 설명하자면 시장에서는 전세매물이 귀합니다. 대신 매매매물은 엄청 많습니다. 이런 상황에서 가격이 올라갈까요? 매매로 가격을 올리려면 엄청나게 많은 투자자들이 사들여야 합니다. 그러나 시장에서는 그리 많은 거래가 이루어지지 않습니다. 대신 전세매물은 아주 귀하기 때문에 나오는 족족 높은 가격에 거래가 됩니다. 이것은 정부의 정책도 크게 한몫합니다. 바로 전세대출과 보증보험이죠. 옛날 같으면 전세가가 높으면 세입자 입장에서는 보증금이 혹시나 날아가지는 않을까 불안해 쉽게 계약하지 못하고 세입자가 원하던 지역을 포기하고 보다 싼 지역을 찾아서 이동했습니다.

그런데 지금은 상황이 다르게 전개됩니다. 조금은 불안하고 돈도 부족하지만, 대출과 보증보험을 믿고 오른 금액에 쉽게 계약을 하게 됩니다. 이 때문에 전세는 급등하게 됩니다. 서민을 위한 대책이 오히려 서민을 어렵게 만드는 정부정책의 부작용 중 대표적인 케이스입니다.

이 상황을 지켜보는 매도자들은 호가를 올리게 됩니다. 이런 상황이 계속 반복되다 보면 어느새 매매가와 전세가는 저만치 올라 있게 됩니다. 이 동안에 매매가 한 건도 이루어지지 않아도 매매가와 전세가는 올라가는 상황이 발생하는 것이죠.

어떻게 보면 매매가는 호가만 올라가는 상황이라고 볼 수 있습니다. 실제로 이 시기에 갭 투자를 하기 위해서 인터넷에서 매물을 보고 공인중개사 사무실에 가격을 알아보면 실제 저렴한 매물이 거의 없음을 알 수 있습니다. 진짜 저렴한 매물이 가끔 나와 있는데 상황을 알아보면 약 1년 4개월 전에 맞춘 전세가 2억 원이었다면 지금 전세 시세는 약 2억 8,000만 원 정도 됩니다. 이때 매매 시세는 약 3억 2,000~3,000만 원 정도가 일반적입니다. 그런데 3억 원이나, 심한 경우 2억 9,000만 원짜리 매물이 인터넷에 나와 있습니다. 대박이다 싶어 바로 전화해서 알아보면 전세가 2억 원에 있는데 만기가 약 8개월 남은 것이랍니다. 매도자가 급해서 내놓았는데 투자 금액이 많다 보니 거래가 잘 안 되는 것입니다. 투자자 입장에서는 지금 3억 2,000만 원에 사서 전세를 새로 맞추면 약 4,000만 원 정도만 있으면 됩니다. 그런데 3억 원짜리 매물을 사고자 하는 사람은 투자금액이 9,000만 원이 있어야 합니다. 갭 투자자 입장에서는 구미가 당기기는 하지만, 투자 금액이 많기 때문에 선뜻 나서지 못하는 물건입니다.

이런 식으로 인터넷 시세만 보면 현재 벌어지고 있는 상황을 제대로 인지하지 못하고 곡해하는 현상이 발생하곤 합니다. 또 이 시기에는 전세난이 아주 심해집니다. 모든 사람이 오를 것이라 확신하고 있기 때문에 나타나는 현상입니다. 전세가가 올라갈 것이 확실시되기 때문에 곧 만기를 맞이하는 임차인 입장에서는 마음이 급해질 수밖에 없습니다. 그래서 전세도 매매의 투기자처럼 가수요가 발생합니다. 여기서 전세 가수요라는 것은 아직 계약에 임할 상황이 아님에도 불구하고 집을 구하러 다니는 수요자를 말합니다. 불안한 마음에 일찍부터 집을 알아보러 다닙니다. 그런데 이런 사람들이 많아지면 임대인 입장에서는 전세금을 올리기에 아주 좋은 상황이 됩니다. 많은 분이 임대인을 전세금을 마구마구 올리는 파렴치한 사람으로 치부하는데, 이것은 아주 과장된 표현입니다. 사실 임대인도 불안한 것은 마찬가지입니다.

대부분의 임대인은 전세금을 집에 쌓아두고 있지 않습니다. 돈이 없습니다. 임차인이 나간다고 하면 전세금을 빼주어야 하기에 걱정이 됩니다. 그런데 가지고 있는 돈은 없습니다. 결국에는 새로운 임차인을 맞추어서 그 돈을 받아서 기존 임차인에게 보증금을 내주어야 합니다. 그런데 기간 안에 임차인을 못 구하면 보증금을 내줄 수가 없게 됩니다. 그래서 임대인도 전세금을 함부로 막 올리지를 못합니다. 시세보다 높은 가격에 전세를 내놓으면 안 나갈 것이 확실하니까요. 공인중개사도 이런 물건은 선호하지 않습니다. 그런데 집을 알아보러 다니는 사람이 많다는 것은 임대인 입장에서는 조심스럽게 올려보아도 좋을 상황이 되는 것이죠. 그리고 전세수요는 실수요이기 때문에 비싸다고 피해갈 수가 없는 것이 문제입니다. 이런저런 이유로 전세난은 가중되고 이것이 사회 이슈화가 되는 시기입니다.

(라) 폭등기

어느 정도 오르는 것이 폭등일까요? 사람들에게 물어보면 대체로 30% 정도가 폭등이라고 보고 있는 것 같습니다. 그런데 생각보다 많이 올라갑니다. 거의 2배 정도 오르는 것이 폭등입니다. 폭등은 사람들이 생각하는 수준을 훨씬 뛰어넘어서는 가격대를 형성하게 됩니다.

예를 들면 2006년 같은 경우 1년 동안 거의 2배 수준의 가격 상승이 있었습니다. 이 시기에는 다들 거의 미쳐 있습니다. 왜 그럴까요? 폭등은 사실 전문가들이 분석하는 요인으로는 설명할 수 없습니다. 경기가 좋아서도 아니고, 금리가 낮아서도 아닙니다. 그리고 인구가 늘어서도 아닙니다. 공급이 적은 것도 아닙니다. 이 시기에 분양 물량은 거의 최고에 이르게 됩니다. 그럼 왜 올라가느냐? 바로 사람들의 심리입니다. 거의 모든 사람들이 집값이 올라간다 생각하면 그때부터 폭등이 일어나게 됩니다. 이때의 시장은 매도자 우위의 시장이 형성됩니다. 이 시기에는 몇천 세대나 하는 대단지 아파트에서도 팔고자 하는 매물이 거의 없습니다. 왜? 올라갈 것이라 생각하니까요. 지금 팔면 손해지요. 사고자 하는 사람은 많습니다. 그래서 매도자가 가격을 거의 마음대로 결정하게 됩니다.

2006년의 상황을 예를 들어보겠습니다. 바로 얼마 전 시세가 5억 원 하던 상황에서 매물이 싹 사라져버렸습니다. 그리고 매물이 어렵게 하나 나왔는데 5억 5,000만 원이랍니다. 순식간에 5,000만 원이나 오른 매물이 딱 하나 나왔습니다. 몇 사람은 포기하고 어떤 사람이 과감하게 5,500만 원을 걸고 계약을 진행합니다. 다음 날 다른 공인중개사가 매도자에게 전화를 합니다. 자기 손님이 1억 원을 줄 테니까 위약금을 물어주고 계약을 파기하자고 합니다. 매도인은 위약금이 아깝긴 하지만 기존 계약을 파기하고 새로운 계약을 체결하면 그래도 4,500만 원이 이익입니다. 다음 날 6억 원에 새로운 계약을 체결합니다. 이렇게 3일 만에 5,000만 원이 올랐다가 다시 1억 원이 올라버리는 상황이 발생했습니다. 그래서 이 시기에는 공인중개사들이 집을 매수할 때는 계약금을 10%만 내는 것이 아니라 20~30% 이상 걸어야 안전하다고 했습니다.

이런 상황은 어떻게 보면 미친 짓입니다. 상식적인 수준에서 벌어질 수 없는 일입니다. 그런데 폭등기에는 빈번하게 벌어집니다. 왜냐하면, 눈앞에서 하루에 몇천만 원씩 가격이 상승하는 상황을 직접 목격했으니까요. 처음에는 매수자들이 고민합니다. 너무 많은 가격상승 때문에 부담이 되기 때문이죠. 그런데 그 짧은 순간에 매물은 다른 사람이 계약을 해버리고 없어집니다. 그리고 다시 몇천 오른 새로운 물건이 나옵니다. 잠깐 고민하는 사이에 매수자는 몇천만 원을 손해 봤다고 생각할 것입니다. 이런 상황이 지속되면 사람들은 생각할 틈이 없게 됩니다. 그냥 매물이 나오면, 나오기가 무섭게 입금부터 하고 물건을 잡는 것이 임자입니다.

그럼 사람들이 거의 다 집값이 오를 거라 생각하게 된 이유는 무엇일까요?

그것은 상승 안정기를 거치면서 집값 상승의 분위기가 전반적으로 퍼지게 되기 때문입니다. 상승 안정기 동안에는 꾸준히 지속적인 상승이 이루어지기 때문에 이 시기에 투자한 분들은 대부분 이익을 거두게 됩니다. 그런 분들은 주변에 자랑하게 되죠. 그리고 그 주변분들이 추가로 투자에 나서고 그들도 수익을 거둡니다. 이러한 상황이 지속되면 거의 모든 사람이 이제는 떨어지지 않겠구나 하는 생각을 갖게 됩니다. 이런 과정 중에는 정부정책이 규제 위주의 정책이 주를 이룹니다. 이때의 정부의 규제정책은 생각보다 강력합니다.

하지만 정부정책의 규제정책은 생각보다 효과를 보기가 어렵습니다. 잠깐 눌릴 뿐이라고 보시면 됩니다. 왜냐하면, 이때의 시장 분위기는 어느 투기세력 일부가 좌지우지하는 상황이 아닙니다. 전 국민이 투기꾼이 되어버린 상황입니다. 저 밑에서 혹시나 떨어질까 봐 노심초사하며 걱정하면서 올라온 거의 모든 사람의 에너지입니다. 아무리 눌러도 그 강력한 에너지는 쉽게 사그러들지 않습니다. 정부규제가 강력하면 잠깐 눌릴 수 있습니다. 그러나 그 규제의 효과는 그리 오래가지 않습니다. 왜냐하면, 정부의 규제가 모든 사람을 통제하기는 거의 불가능하기 때문입니다. 가장 대표적인 것이 실수요자입니다. 이 사람들까지 규제대상에 넣어버리면 선의의 피해자가 나올 수가 있습니다. 이사를 꼭 가야 하는 사람에게 이사를 강제로 못하게 할 수는 없는 것 아니겠습니까? 그래서 아무리 강력한 규제도 항상 어느 정도 문은 열어놓게 되어 있습니다. 그런데 이게 반드시 도화선 역할을 하게 되죠. 항상 끝마무리 시점에서의 가격을 끌어올려주는 역할을 하는 사람이 바로 실수요자입니다.

이렇게 정부의 강력한 규제에도 불구하고 하락하지 않고 그 규제를 넘어서 지속적인 상승이 이루어지면 나중에는 정부의 더 강력한 규제가 나오더라도 그때는 더 이상 효과를 보기 어렵게 됩니다. 규제를 함에도 불구하고 시장이 상승을 지속하기 때문에 학습효과가 발생하는 것이죠. 이 시기에 조심해야 할 것이 있습니다.

이 시기 다음은 반드시 폭락이 대기하고 있습니다. 폭등기 다음에 찾아오는 것이 폭락기입니다.

주식 격언에 "개미가 주식을 사면 상투다!"라는 말이 있습니다. 부동산도 마찬가지입니다. 폭등기에는 항상 묻지 마 투자자가 부동산 투자를 하게 되어 있습니다. 이분들은 대부분이 부동산이 떨어질 것이라는 생각을 하고 있던 분들입니다. 그래서 상승 안정기 때는 불안해서 투자에 임하지 못하죠. 언론에서는 항상 부정적인 측면을 강조하고, 상승을 말하는 사람은 마치 투기를 조장하는 사람인 것처럼 매도하기 일쑤입니다. 그런데 시간이 가면서 이분들의 생각도 바뀌게 되어 있습니다. 주변에서 다들 부동산 투자로 제법 많은 돈을 벌었기 때문입니다. 그리고 그분들은 다시 재투자를 합니다. 그런 사람들을 자꾸 보게 되면 불안해집니다. 이럴 때는 가만히 있는 사람은 손해 본다는 느낌을 갖게 됩니다. 왜냐하면, 주변에서는 다들 돈을 벌기 때문이죠. 가만히 있기 때문에 손해 본 것은 없지만, 투자로 인한 수익이 없으므로 손해를 본다는 생각을 갖게 되는 것입니다. 이른바 상대적 박탈감입니다. 그래서 이분들이 뒤늦게 투자에 뛰어들게 됩니다. 이런 분들이 소위 말하는 묻지 마 투자자가 됩니다.

대부분의 투자자는 뒤를 생각하고 투자에 임합니다. 분양권을 구입할 때 프리미엄만을 생각하는 것이 아니라 입주를 하고 전세나 월세 등을 고려해서 자기 투자금이 얼마나 들어갈지를 생각하고 투자에 임하는 것이죠. 그런데 뒤늦게 뛰어드는 분들은 대부분 분양권의 프리미엄만을 노리고 투자에 임하게 됩니다. 투자를 준비하지 않았기 때문에 그 지역에 대한 지식도 거의 전무하고, 시세도 잘 모릅니다. 그냥 주변 사람들이 프리미엄을 얼마 받았더라 하니까 자기도 그렇게 벌고자 하는 것이죠. 이분들의 특징은 뒤가 준비가 안 되어 있다는 것이죠. 이분들이 정말 많이 분양권을 사게 되면 이 분양권이 입주할 때 폭락을 맞이할 가능성이 매우 큽니다.

묻지 마 투자자들이 분양권을 사는 시기는 이미 폭등할 대로 폭등한 상황일 가능성이 큽니다. 이런 분양권은 프리미엄이 형성되기가 어렵죠. 프리미엄이 형성되더라도 생각보다 적은 금액이 됩니다. 그래서 투자자들은 프리미엄을 기대하고 있다가 팔지를 못하고 이제나 오를까, 저제나 오를까 기다리다가 입주를 맞이하게 됩니다.

언제나 그렇듯 많은 수의 아파트가 한꺼번에 입주를 하게 되면 일시적으로는 전세가가 떨어지게 됩니다. 보통 아파트의 입주 기간은 2달 정도입니다. 그 기간 안에 세입자를 맞춰야 하기 때문에 수요보다 공급이 일시적으로 많아지게 됩니다. 전세가 폭락은 어쩔 수 없는 것입니다. 그런데 이때 준비된 투자자는 자금 계획을 가지고 있기 때문에 버틸 수가 있지만, 자금 계획이 없는 투자자는 공포에 휩싸이게 됩니다. 입주할 계획이 없었기 때문에 세입자를 맞춰야 잔금을 치를 수 있습니다. 그런데 이 시기가 되면 너도나도 세입자를 구하는 상황이 이루어지기 때문에 전세가가 폭락하게 됩니다. 그렇게 되면 세입자를 맞추더라도 잔금을 치르는 것이 불가능해집니다. 그럼 대출을 추가로 받아야 합니다. 그런데 대출은 선순위로 전세 세입자가 있으면 대출을 실행해주지 않습니다. 세입자를 맞추기 전에 대출부터 받아야 합니다. 그리고 나서 전세를 맞춰야 하는데 이미 대출이 있어서 전세금은 더욱 떨어지게 됩니다. 악순환이 계속되는 것입니다.

임대 시장은 이렇게 형성이 되고, 매매 시장은 마이너스 프리미엄으로 전매를 진행하기 위해 매물을 내놓게 됩니다. 그런데 이런 매물이 1~2개가 아니기에 내 물건이 쉽게 거래되기는 어려운 상황입니다. 정말 두려운 상황이 아닐 수 없습니다. 공포는 쉽게 전염이 됩니다. 공포에 휩싸여 너도나도 던지게 되면 그때 폭락이 이루어집니다.

투자자는 항상 폭등상황이 벌어지면 반드시 뒤에 있을 폭락을 대비해야 합니다. 그래서 아파트 경기사이클을 아는 것이 매우 중요합니다. 이 사이클을 모르고 투자하시는 분들은 반드시 폭락기에 물리게 되어 있습니다. 실제로 그 시기가 되더라도 폭락이 올 것이라는 것을 느끼기 매우 어렵습니다. 저도 이렇게 상황을 묘사하고는 있지만, 현장에서는 그러한 조짐을 파악하는 것은 거의 불가능에 가깝습니다. 그래서 미리 대비하는 것이 중요하다는 것입니다.

가장 좋은 대응 방법은 적당한 시기에 더 이상의 욕심을 버리고 적당한 가격에 매도하는 것입니다. 이렇게 마음의 준비를 하고 있지 않은 채 매도를 진행했는데, 그 이후로 상승이 더 이루어지면 그때는 정말 가슴이 아픈 상황을 맞이하게 됩니다. 조금 더 보유하고 있다가 팔 것을 너무 빨리 팔았다고 반드시 후회할 것입니다. 그러나 꼭대기에서 파는 것은 정말 기적에 가깝다고 봐도 무방합니다. 실제로 2007년에 정말 많은 분이 더 오를 거라 생각하고 팔지 않고 버티다가 폭락을 맞이하게 되었습니다. 그런 분들은 또다시 아파트에 대한 부정적인 시각을 갖게 됩니다.

2. 왜 "사이클만 알면 최고의 투자를 할 수 있다"인가?

아파트나 오피스텔에 대한 투자 상담을 진행하다 보면 많은 분들이 이 지역의 호재는 뭐가 있냐고 물어봅니다. 그리고 특별한 호재가 없으면 다 공실이 날 것 같은 걱정을 하십니다.

또 어떤 분들은 서울 이외 지역은 쳐다보지도 않는다고 하십니다. 왜 그러시냐 물어보면 서울 이외 지역은 시골 같다는 것이죠. 그리고 그 속에는 '그런 시골에서 사람들이 살겠어?'라는 생각을 갖고 계신 듯합니다. 이런 분들을 보면 정말 안타깝습니다. 떨어지는 시기에 호재가 집값을 올리던가요? 서울 이외의 지역은 집값이 내려가기만 하던가요?

아파트 사이클이 제일 중요한 이유는 가격이 올라가는 사이클에서는 그 어떤 아파트도 가격이 올라가기 때문입니다. '저런 집에도 사람이 살아?' 하는 집들도 가격이 올라갑니다. 그런데 아무리 좋은 호재가 있는 지역도 하락하는 사이클에서는 맥을 못 추게 되어 있습니다. 그런데 대부분의 사람이 호재거리를 찾아다니고, 좋은 지역을 찾아다니고 있습니다. 물론 오르는 시기에 호재가 있는 지역이나 물건이 더 많이 오르는 것이 사실이긴 합니다.

그런데 문제는 시기를 고려하지 않고 분위기에 휩쓸려 다니면서 좋은 물건만 찾는 것이 만사는 아니라는 것입니다.

　주변에 부동산 투자를 잘 해서 돈을 많이 버신 분들이 있습니다. 그런데 그분들도 만약에 사이클을 모르고 투자하셨다면 언젠가는 크게 손해를 보실 가능성이 매우 큽니다.

　제 주변 지인 중에 아파트 다주택자들이 더러 있습니다. 그런데 문제는 비자발적 다주택자라는 것입니다. 이분들의 대부분이 부동산 투자에 관심이 많았던 분들입니다. 1998년 IMF 이후 부동산 가격이 상승할 때 투자를 잘 해서 재미를 많이 보셨습니다. 계속해서 투자에 성공하니까 점점 욕심들을 내서 과감한 투자를 진행하시다가 모두 다 2007년 이후 매도를 하지 못하고 어쩔 수 없이 보유하게 된 상황입니다. 이분들은 그전에 벌었던 자금을 2007년 이후 하락기를 대비하지 못해 어쩔 수 없이 들고 가게 되면서 모두 소진하게 되고, 오히려 손해를 보는 상황이 되었다고 하십니다.

　이분들의 문제는 무엇일까요? 이분들도 투자를 잘 하셔서 중간에는 투자 수익률이 아주 좋았습니다. 나름 투자의 베테랑들이십니다. 그런데 대부분이 아파트 경기사이클을 간과한 것이었습니다. 아니 아파트의 경기사이클에 대해서는 전혀 몰랐습니다. 오를 때는 계속 오르기만 할 것이라고 여겼던 것이 아주 큰 패착이 되어버렸습니다.

　아파트 경기사이클을 모른다면 반드시 운이 아주 좋지 않은 이상 하락기를 피해갈 수 없어서 손해 보는 상황을 맞이하게 됩니다. 그리고 오르는 사이클에 투자하신 분들은 특별한 호재가 아니어도 거의 모든 아파트는 가격이 상승했고, 나름 적절한 투자 금액에 맞는 투자 수익을 올릴 수 있는 것입니다.

그런데 정말 안타까운 상황은 시중에 나와 있는 거의 모든 투자에 관한 책들이 이 가장 중요한 사이클에 대해서 제대로 알고 있는 것이 전무하다는 것입니다. 다들 어떤 것을 사면 좋다더라, 경매 투자를 하면 좋다더라, 갭 투자를 해라, 교통이 좋은 곳을 골라라 등의 편협한 정보를 주고 있습니다. 이런 식으로 투자를 진행하면 반드시 실패할 것입니다. 심지어는 어떤 분들은 이제 부동산은 끝났다, 부동산 하락이 시작이다 등등 부정적인 내용만 집어넣은 책도 있습니다.

부동산은 오르기만 하는 것도 아니고 떨어지기만 하는 것도 아닙니다. 오르고 내리기를 반복하고 폭등과 폭락이 옵니다. 이것은 반복되기 때문에 어떤 비이성적인 상황이 아닙니다. 아파트 경기사이클의 일부 현상인 것입니다. 어떤 폭락론자는 현재 부동산 가격이 오르고 있는 상황이 정부가 정책을 잘못 써서 발생하는 비이성적 상황으로 보고 있습니다. 무조건 떨어져야 맞는 상황인데, 정부가 정책을 잘못해서 가격이 일시적으로 오르고 있다면서 반드시 폭락은 이루어질 것이라고 예언 아닌 예언을 하고 있습니다. 이분은 조금 지나서 폭락기가 오게 되면 "봐라! 내 말이 맞았지 않았느냐? 폭락이 온다고 하지 않았느냐?" 할 것입니다. 웃기죠? 웃기지 않습니까? 10년 동안 내내 틀리다가 다시 찾아오는 폭락기를 맞이해 드디어 자기가 예언한 대로 상황이 흘러가고 있는 것이라고 할 것을 생각해보면 웃음이 절로 나옵니다. 이분은 내내 틀리다가 10~15년 정도 주기로 한 번씩 맞는 상황이 오겠네요. 안타깝습니다.

여러분들은 가장 먼저 아파트 사이클의 시기별 현상과 그 원인 등을 구체적으로 이해하고 나서 호재를 찾든, 내가 좋아하는 지역에서 투자하든 해야 합니다.

명심하세요! 가장 먼저 할 것은 사이클에 대해서 아는 것입니다.

02 집 한 채로 돈 버는 방법

어떤 분은 이렇게 말씀하십니다.

"집 한 채 가지고 있는데 이게 오르면 뭐합니까? 내 것이 오르면 다른 것들도 오르고 결국에는 내 거 팔고 다른 거 사면 그게 그거 아닙니까?"

언뜻 보면 맞는 말 같기도 합니다. 내 것이 오르고 다른 것도 오른다면 그게 그거가 맞을 수도 있습니다. 그러나 비교 대상이 틀렸습니다. 비교는 내가 집을 가지고 있을 때와 집을 가지고 있지 않을 때를 비교해야 합니다.

전세를 사는 분이 있습니다. 이분이 집을 살까 고민하고 있습니다. 그렇다면 고민의 폭은 집을 사는 것으로 인해 나의 자산이 얼마나 늘어날 것인가를 생각해야 합니다. 집이 올라간다면 당연히 나의 자산은 늘어날 것이고, 집값이 내려간다면 나의 자산은 줄어드는 것입니다. 그리고 전세로 있는 것을 유지한다면 자산은 그대로겠지요.

제가 2013년에 아파트 분양을 하고 있을 때였습니다. 젊은 예비 신혼부부가 모델하우스에 집을 구경하기 위해서 왔습니다. 두 분 다 서울 금천구 가산동에서 근무하고 있었고, 자금 사정을 고려해 7호선이 다니는 인천 부평까지 집을 구하러 온 것입니다. 이분들은 그동안 모아둔 목돈이 없어서 집을 어떻게 해야 할지 고민 중이었습니다. 전세로 가야 할지, 아니면 월세를 살아야 할지, 집을 사야 할지 판단을 못 하고 있던 시기였습니다. 그러던 중에 우연히 광고를 보고 저희 모델하우스에 오게 된 것입니다. 집을 구경하고 위치에 대한 설명을 끝내니 상당히 마음에 들어 했습니다. 그런데 문제는 돈이었습니다. 계약금이 약 2,000만 원 정도였는데 이 돈을 가지고 있지 않은 상태였습니다. 저는 이분들에게 이렇게 상담을 해드렸습니다.

"지금은 집값이 올라가는 시기입니다. 그리고 집값이 올라가는 정도는 직장인이 월급을 저축해서 목돈을 만드는 과정보다 훨씬 빠르게 움직입니다. 그래서 지금 시기에는 조금 무리를 하더라도 집을 구입하는 것이 유리하고, 가능하면 전세를 사는 것은 생각하지 않는 것이 좋겠습니다."

이렇게 상담하고 나서 계약금이 부족하다고 해서 그럼 신용

대출을 받아 계약금을 치르고 가능한 한 빨리 월급을 모아서 상환하고, 입주가 2년 뒤니까 그때까지 20%를 모으라고 조언했습니다. 이 고객분들은 논리적으로는 수긍이 가지만 현실적으로 너무 무리한 계획이 될 수 있어서 고민을 좀 해야 한다고 했습니다. 그래서 청약을 해서 좋은 자리를 예약하고 3일 시간을 드릴 테니, 그때까지 고민해보시라고 말씀드렸습니다. 고객분들도 좋다고 해 청약을 하고 집으로 돌아갔습니다. 그리고 다음 날 그 고객분들에게서 도저히 감당이 안 될 것 같아서 집 사는 것은 포기해야 할 것 같다고 정말 죄송하다는 내용의 전화가 왔습니다.

결국 해지해드리기로 하고 다음 날 서류를 가지고 나오시라 말씀드렸습니다. 다음 날 나온 그분들은 감당이 안 된다는 것은 지금까지 모아둔 자금이 없어서 지금 당장 계약금은 마련할 수 있겠지만, 2년 뒤에 입주할 때 잔금을 내야 하는데 그때까지 그 자금을 모을 자신이 없다는 것이었습니다. 그래서 "두 분 소득이 얼마입니까?"라고 물었더니 약 7,000만 원 정도라고 했습니다. 그렇다면 충분히 가능하다, 데이트할 때 쓰는 돈을 아끼고 두 분 다 저축을 조금 무리하다 싶을 정도로 만들어놓고 실행하시면 아슬아슬하긴 하지만 가능은 할 것 같다, 다만 두 분의 의지가 중요한 것이다, 집을 구하는 것에 동의한다면 그동안의 어려움은 감내할 수 있지만 억지로 집을 사게 되면 후회할 수도 있다고 말씀드렸습니다. 두 분은 집을 사고는 싶지만 뉴스나 주변분들의 말씀을 들었을 때는 오히려 집값이 내려갈 것 같아서 걱정이 된다고 말했습니다. 집값이 올라갈 수밖에 없는 이유에 대해서 장시간 설명하고 가장 중요한 것은 집을 한 채라도 가지고 있어야 나중에 뒤처지지 않고 살아갈 수 있다는 조언을 드렸습니다. 결국 두 분은 저의 객관적인 논리와 열정에 그 계획을 실행해보기로 결심하고 포기하기로 한 결정을 번복해 계약을 진행했습니다.

그 후 시간이 흘러 입주를 했고 집값은 1억 원이 넘게 상승했습니다. 그분들이 그때 집 사는 것을 포기했다면 어떻게 되었을까요? 전세나 월세를 살았을 것이고 자산은 크게 늘지 않았을 것입니다. 그리고 또 한 가지 조언을 드린 것이 집 한 채로 돈 버는 방법입니다. 조금은 번거로울 수도 있는데 집값이 어느 정도 오르게 되면 반드시 다시 떨어지는 시기가 오게 됩니다. 그때는 집을 높은 가격에 팔고 다시 전세로 갈아타는 방법입니다. 많은 분들이 집을 사시면 그 집에서 10년, 20년 살고 싶어 하십니다. 물론 집값이 상관없는, 내 자산이 늘어나거나 줄어드는 것에 상관이 없는 분들이라면 어쩔 수 없다고 말씀드릴 수 있지만, 조금이라도 내 자산을 늘리고 싶은 분들이라면 명심하셔야 할 것이 있습니다. 집에는 사이클이 있습니다. 일정한 주기를 가지고 오르고 내리기를 반복합니다. 그 집에서 20년을 살고 있다면 어쩌면 내가 집을 산 가격 그대로이거나 오히려 떨어져 있을 가능성이 큽니다. 떨어지는 것을 안다면 그것은 피해야 하는 것이 맞는 것 아니겠습니까?

주식 투자를 하다 보면 주식 전문가들이 이런 말을 할 때가 있습니다.

"지금은 주식을 파시고 현금을 보유하고 있을 시기입니다."

대세 하락기일 때 주로 나오는 말입니다. 아파트도 대세 하락기가 있습니다. 이때는 팔고 나서 집은 꼭 필요한 것이기 때문에 전세라는 상품으로 갈아타는 것이 현명합니다. 전세는 절대 손해 볼 일이 없는 아주 고마운 안전자산입니다. 이것으로 갈아타고 있다가 3~4년 후에 다시 집을 사시는 것입니다. 아마도 지금 계획대로 했다면 이때는 집값이 많이 내려가 있기 때문에 2채를 살 수 있을지도 모릅니다. 이렇게 집을 한 채로 가지고 있고자 한다면 전세와 자가를 적절하게 넘나드는 지략을 써서 자산을 적절하게 늘려갈 수 있습니다.

03
수요가 몰리는
새 아파트 투자

   3.3m^2당 900만 원대 정도 하는 동네에 3.3m^2당 1,200만 원대에 이르는 브랜드의 아파트가 대단지로 분양을 하고 있습니다. 동네 사람들이 너도나도 구경 다녀왔다길래 마실 삼아 가보니 좋긴 좋습니다. 주변의 오래된 아파트와 다르게 주차장은 전부 지하에 위치하고, 골프연습장·헬스장·사우나·각종 편의시설이 갖춰져 있는 커뮤니티가 있으며, 지상은 아름다운 조경으로 꾸며져 있습니다. 집 안에는 빌트인 되어 있는 각종 가전제품 등으로 퀄리티와 품격이 넘쳐납니다.

   그런데 비싸도 너무 비쌉니다. 이럴 경우 어떻게 해야 할까요? 다들 한 번쯤은 고민해봤을 법한 상황일 것입니다.
   어떤 분들은 900만 원대 동네에서 1,200만 원은 너무 비싸서 결국에는 떨어질 것이라고 전망합니다. 또 어떤 분은 기존의 아파트와는 질적으로 다르기 때문에 비싸긴 하지만 떨어지지는 않을 것이라고 합니다. 정말 고민되지 않습니까?

또 어떤 분은 좋은 아파트가 들어와서 그 동네 집값을 올려 놓을 거라 생각하고 기존의 싼 아파트를 사는 것이 정답이라고 하십니다.

어떻게 보면 다들 일리가 있는 말씀입니다. 어떤 투자가 가장 현명한 투자일까요? 가장 좋은 방법은 역시 새 아파트에 투자 하는 것입니다. 저도 옛날에는 헌 아파트에 투자하는 것이 좋은 방법이라고 생각했던 때가 있었습니다. 그러나 현실은 많이 달랐습니다. 비싸다고 떨어지는 것이 아니고 싸다고 올라가는 아파트가 아니었습니다.

저는 현장에서 많은 고객들과 상담하면서 그분들의 심리상태에 대한 분석을 참 많이 했습니다. 대부분의 사람들은 현재를 중요시하고, 현재에 가격이 비싼 것은 뭔가 그 이유가 있을 것이라 생각합니다. 새 아파트가 들어오면 주변의 주민들은 그 아파트에 가서 살고는 싶어 하나 너무 비싼 가격 때문에 쉽게 접근하기가 어렵습니다. 오히려 다른 지역에서 그 아파트를 보고 오는 분들이 그 지역주민들보다는 쉽게 접근을 하게 되고 추가 수요가 발생해 집값은 유지되거나 오르게 됩니다. 이것이 일정 기간 유지되면 주변 지역주민들도 계속 오르는 것을 확인하고 접근하는 분들이 생깁니다.

그래서 결국에는 기존의 집들은 가격이 크게 변하지 않는데 새 아파트만 가격이 크게 상승하게 됩니다.

신도시도 그런 맥락에서 보면 됩니다. 신도시를 처음 개발하고 처음 분양하는 아파트는 분양이 어렵습니다. 기반시설이 전혀 없는 곳에 허허벌판에 이 아파트만 달랑 있다고 생각하면 거기에 들어가서 살고 싶은 생각이 들지 않습니다. 그러나 결과적으로 보면 그때 샀으면 대박이었죠.

2014년 말에 강서구에 있는 한 아파트를 분양하고 있을 때였습니다. 그때 주변 마곡지구에서 신규아파트 분양이 한창이었습니다. $3.3m^2$당 1,600만 원대쯤 했습니다.

그때 거기를 다녀온 분들 중 대부분이 분양받는 것을 꺼렸습니다. 심지어는 분양가가 터무니없이 비싸다, 자재가 안 좋다, 위치도 안 좋다 등등 부정적인 생각이 가득했습니다. 그때 저는 다른 아파트를 팔고 있었지만, 반드시 마곡의 아파트는 오를 것이니 분양받는 것이 좋을 것이라 조언해드렸습니다. 하지만 분양받는 분들은 없었습니다.

그때 가격으로 $85m^2$ 아파트가 5~6억 원대 정도 했을 것입니다. 지금은 거의 10억 원 가까이 합니다. 지금 그 주변의 분들을 만나서 상담을 해보면 많은 분들이 아쉬워하십니다. 아쉬워하는 정도가 아니고 땅을 치고 후회합니다. 그때 살 기회가 충분히 있었는데 못 샀다고 하십니다. 하지만 그때로 돌아간다 해도 그분들은 여전히 분양을 못 받으실 것입니다.

사람들은 조금의 리스크도 안고 가는 것을 두려워합니다. 그때 당시 뉴스에서는 긍정적인 내용은 거의 없었습니다. 부동산에 대한 부정적인 내용이 대부분이었습니다. 집값이 올라갈 것이라는 내용은 없다시피 했습니다. 사람들은 그런 여론에 충실했습니다. 그래도 그때 사시는 분들이 있었습니다. 그분들은 대부분 신도시 투자 경험이 있는 분들이거나 새 아파트가 오를 것이라는 확신을 가지고 있던 분들이었습니다.

저는 항상 주변분들에게 약간의 리스크를 안고 가는 투자가 성공할 확률이 높다고 말씀드립니다.

다들 새 아파트에 사는 것을 선호합니다. 그래서 택하는 방법이 바로 전세로 들어가는 것이죠. 그런데 이런 행동이 바로 집값을 올리는 것임을 명심하셔야 합니다. 처음 입주할 때는 물량이 많아서 일시적으로 전세가가 낮게 형성됩니다. 전세를 살고자 하는 분들에게는 더할 나위 없는 기회가 됩니다. 새 아파트에서 싼 보증금으로 살아볼 수 있는 기회가 주어지는 것이죠. 그래서 생각보다 빨리 입주 물량이 소진됩니다. 그런데 대부분 계약기간이 2년입니다. 한번 입주하고 나면 나오는 물량이 없습니다. 간간이 집주인이 입주했다가 어떠한 이유로 이사를 가는 그런 집들만 매물로 나오게 됩니다. 입주자들은 각종 편의시설이 즐비하고 조경은 끝내주고 브랜드도 있어서 저절로 신분이 상승하는 기분도 들고 여러 가지로 만족도가 높습니다. 다들 그 아파트에 들어가서 살고 싶습니다. 그 동네에서는 로망이 되는 아파트가 됩니다.

그 지역주민들은 생각보다 비싸서 망설여집니다. 그러나 전세로는 가능합니다. 실제로는 돈이 많이 들어가냐에 대한 문제보다 떨어질 것 같은 생각이 문제입니다. 그래서 집을 사는 것은 어렵습니다. 전세는 충분히 가능합니다. 안전한 상품이기 때문입니다. 좋은 집에 살기 위해서는 기꺼이 전세가가 올라가는 것은 감내할 만합니다. 내 보증금은 안전하기 때문입니다.

입주 후에 전세가가 급등하기 시작합니다. 입주할 때 일시적으로 싸게 맞춰졌던 전세 시세가 없는 물량과 늘어나는 수요로 인해 정상을 찾기 시작하는 것이죠. 그리고 주변 전세가율보다 높은 전세가가 형성됩니다. 이로 인해 매매가도 상승하는 것입니다.

그리고 사람들은 올라가는 가격을 보고 그 이유를 새롭게 찾기 시작합니다. 그리고 인정을 하게 됩니다. 새 집이고 살기 좋으니까 비싼 것이 당연한 것이 됩니다.

강남 쪽을 한번 살펴보겠습니다. 기존에는 아파트 가격이 가장 높은 지역은 대치동 쪽이었습니다. 바로 학군이 제일 좋은 지역이죠. 그런데 문제는 이 지역 아파트는 오래되도 너무나 오래

되었다는 것입니다. 우성아파트, 선경아파트, 미도아파트, 청실아파트들이 다 1980년대 초반에 지어진 것들이고, 은마아파트는 1970년대 말에 지어진 것입니다.

그런데 최근 반포가 대치동 아파트 가격을 넘어섰습니다. 바로 래미안퍼스티지와 반포자이 때문이죠. 이들은 2000년대에 입주한 아파트입니다. 저는 이 현상을 바로 새 아파트 때문이라고 보고 있습니다. 이 현상이 대치동 내에서도 발생하고 있습니다. 대치동에는 1980년대에 지어진 아파트가 개포우성2차, 선경아파트, 청실아파트, 미도아파트 등이 있었는데, 2011년에는 개포우성 $84m^2$가 약 13억 원, 선경아파트 12억 5,000만 원, 청실아파트 9억 5,000만 원, 은마아파트가 9억 원 정도 했습니다. 대치동은 학군으로 유명한 지역입니다. 우성아파트 단지 안에 대청중학교가 있습니다. 특목고를 보내는 전체 학생 대비 비율 1위가 바로 이 대청중학교입니다. 그런데 대청중학교에 배정을 받을 수 있는 아파트는 딱 3개밖에 없습니다. 바로 우성, 선경, 미도1차입니다. 비슷한 위치에 있지만 학군이 달라서 아파트의 가격 차이로 나타나는 지역입니다.

그런데 현재 청실아파트가 재건축을 진행해 대치래미안팰리스가 되었습니다. 2016년 $84m^2$ 아파트 가격을 비교해보면 개포우성2차 15억 5,000만 원, 선경아파트 15억 5,000만 원, 은마아파트 12억 원, 그리고 대치래미안팰리스가 16억 원 정도 했습니다. 대치래미안팰리스가 청실로 그대로 있었다면 12억 원 정도가 적정선이었다고 봅니다. 그런데 새 아파트가 되고 나서 오히려 우성아파트와 선경아파트를 넘어섰습니다. 새 아파트가 학군지역을 이기는 상황이 발생한 것입니다. 이만큼 새 아파트의 위력은 대단합니다. 대치동의 경우 대부분이 오래된 아파트입니다. 선경아파트의 경우 처음부터 세를 놨던 집은 아직도 거실에 보일러가 없는 집도 있을 정도입니다. 주차난도 아주 심각한 상태입니다. 이런 지역에 살기가 너무나도 좋은 새 아파트가 생겨 그 아파트에 대한 수요가 폭등하는 것입니다. 이때 반포동의 반포래미안퍼스티지와 반포자이가 약 16억 5,000만 원 정도 합니다.

혹자는 강남이나 잘사는 동네나 그런 거 아니냐고 말할 수 있습니다. 하지만 각자 알고 있는 지역을 잘 검토해보세요. 특별한 사정이 없다면 반드시 새 아파트의 가격이 월등하게 높을 것입니다.

04
절대적인 학군, 절대적인 수요

누구나 학군에 대한 말들은 많이 들어보셨을 것입니다. 그럼 제가 질문을 하나 드리겠습니다. 같은 지역에 교통이 좋은 역세권 아파트와 학군이 좋은 아파트 단 한 가지 조건만이 적용되는 것이 있다면 어떤 아파트를 선택하시겠습니까? 분양 상담을 하다 보면 사람들은 역세권을 가장 선호하는 현상을 보입니다. 하지만 저는 둘 중 하나만 선택하라 한다면 단연코 학군입니다.

그 이유를 설명해드리겠습니다. 가장 중요한 요인은 선택의 범위입니다. 학군은 보통 유명초등학교나 중학교를 보낼 수 있는 아파트의 범위를 말합니다. 예를 들면 강남 대치동에는 유명한 중학교가 있습니다. 바로 대청중학교이죠. 이 학교를 보낼 수 있는 아파트는 개포우성2차와 선경아파트 그리고 미도아파트뿐입니다. 같은 대치동에 있지만, 청실아파트와 은마아파트는 보낼 수가 없습니다. 그래서 아파트 가격이 다르게 나타납니다. 앞에서도 언급했지만 2011년의 아파트 가격이 개포우성 84m^2가 약 13억 원, 선경아파트 12억 5,000만 원, 청실아파트 9억 5,000만 원, 은마아파트가 9억 원 정도 했습니다. 학군에 따라서 이렇게 가격 차이가 발생합니다. 선택권이 없습니다.

그런데 이 모든 아파트는 역세권 아파트입니다. 학군의 차이가 없이 교통으로만 따지면 이 아파트들은 가격 면에서 크게 차이가 나지 않을 것입니다. 오히려 은마아파트가 우성아파트보다 역에 훨씬 더 가깝습니다. 그런데도 가격은 우성아파트가 더 높게 형성되어 있습니다. 그것은 학군이 교통보다는 좀 더 우위에 있는 조건임을 증명해주고 있는 것입니다. 사실 역세권은 범위가 넓습니다. 역을 기준으로 원을 그려서 그 원 안에만 있으면 모두 역세권 아파트가 됩니다. 그런데 앞에서 언급한 것처럼 학군으로 따지면 달랑 세 아파트만 해당되는 것입니다.

우리나라는 교육에 대한 열정이 아주 대단합니다. 부모는 굶어도 자식들은 좋은 학교에 보내고자 하는 욕구가 너무도 큰 나라가 바로 우리나라입니다. 가장 큰 이유는 취업문제입니다. 취업하는 것이 하늘의 별 따기보다도 어렵다는 이야기가 나올 정도로 먹고사는 것이 어려운 세상입니다. 그래서 부모들은 자식만이라도 좋은 대학에 나와서 좋은 회사에 취직되기를 절실히 바라고 있습니다. 좋은 대학에 가기 위해서는 학군이 좋은 초등학교, 중학교를 나와야 한다고 믿고 있는 부모들이 너무나도 많습니다.

그래서 입학 시즌만 되면 학군이 좋은 지역은 전세난이 다른 지역보다도 심하게 나타납니다. 그 학교를 들어가기 위해서는 그 학교에 배정되는 아파트에 주소를 이전해야 하는 문제가 있기 때문입니다. 이 현상을 보고 욕을 하시는 분들도 계시겠지만 현실입니다. 학군이 좋은 지역이 반드시 먼저 전세가와 매매가도 가장 먼저 올라갑니다. 강남지역이 가장 먼저 가격이 상승하고 높게 형성이 되는 것도 잘사는 사람들이 몰려 있어서 그런 것도 있지만, 가장 큰 이유는 학군의 영향입니다. 전국에서 공부를 잘하고자 하는 사람들이 몰리니 당연히 공급은 한정적인데 가격이 올라갈 수밖에 없지요. 그렇다고 꼭 강남에 투자하라는 것이 아닙니다.

도시별로 학군이 선호되는 지역이 반드시 있습니다. 내가 거주하는 지역이나 투자하고 싶은 지역에서 학군이 좋은 지역에 투자하시면 됩니다. 학군은 절대적이라는 것이 최고의 메리트입니다. 절대적이기 때문에 돈 쓰는 것을 아끼지 않습니다.

예를 들면 역세권에서 살고 싶은 사람과 아이를 위해서 유명 초등학교를 보내야 하는 사람이 있습니다. 역세권에서 살고 싶은 사람은 사실 선택할 것이 너무 많습니다. 여기도 역, 저기도 역이니까요. 그런데 가고 싶은 초등학교는 한 곳밖에 없습니다. 그리고 그 초등학교에 배정되는 아파트도 매우 한정적입니다.

역세권에 매물이 조금 비싸다 싶은 물건이 있습니다. 그리고 가고 싶은 초등학교에 배정이 되는 아파트에 매물이 조금 비싸다 싶은 물건이 있습니다. 어느 것이 먼저 거래될까요? 당연히 초등학교 배정이 되는 아파트가 먼저 거래되겠지요? 이것은 절대적이기 때문입니다.

이렇게만 보아도 학군이 투자에 있어서 얼마나 매력적인 요소인지 아시겠지요? 많은 분이 이미 학군이 좋은 지역이 투자하기 좋은 지역이라는 것은 알고들 계십니다. 그런데 왜 어떠한 이유로 그렇게 되는지를 잘 분석을 못 하기 때문에 학군인지 역세권인지 아니면 다른 호재거리가 있는지를 찾아다니게 되는 것입니다. 그러니까 학군도 좋고 역세권도 좋고 다른 호재가 있는 것도 좋아서 어느 것에 우선순위를 둬야 할지 모르게 되는 것입니다. 기준이 명확히 있으면 선택하는 데 고민할 것이 별로 없습니다. 기준대로 하면 되니까요. 투자에 임할 때는 스스로 우선순위를 두어서 그 순위에 따른 기준을 잡고 판단하면 그리 어렵지 않은 투자가 될 것입니다.

05
최고로 좋은 것을
구하려 하지 마라

부동산 투자자나 실수요자들과 상담을 진행하다 보면 정말 안타까움을 많이 느낍니다. 그들은 최고로 좋은 것을 얻고자 합니다. 충분히 이해는 갑니다. 모든 사람의 공통된 마음일 것입니다. 내 것이 제일 좋고, 제일 많이 올랐으면 좋겠고, 하자도 없었으면 좋겠고, 구조도 좋았으면 좋겠고, 향도 좋았으면 좋겠다는 것을 말입니다.

그런데 100% 마음에 드는 집은 하나도 없습니다. 아무리 돌아보세요. 내 마음에 완전히 들어오는 집은 없습니다. 이게 마음에 들면 다른 게 아쉽고, 또 다른 게 마음에 들면 이게 아쉬운 게 바로 집이라는 것입니다.

이것은 바로 처음 말씀드렸던 부동산의 특성 중의 하나인 '세상에 단 하나밖에 없는 물건'이라는 뜻의 '일물일가의 법칙'입니다. 언뜻 보면 똑같은 것 같은 집이지만, 집은 다른 집과 단 하나도 같을 수가 없습니다. 바로 움직이지 않는 것 때문에 발생하는 위치에 따른 차이 때문입니다.

바로 옆 호실이 구조도 동일하고 자재도 동일하지만, 결코 옆 호실과 내 집은 동일한 물건이 아닙니다. 다른 재화는, 특히 공산품은 동일한 제품에 가격도 동일하지만, 집은 그렇지가 않습니다. 위치가 달라 그 위치 때문에 주변 영향을 달리 받게 되고, 그에 따라 가치도 다르게 형성될 수밖에 없습니다.

사실 제일 좋은 물건을 구하면 그것처럼 좋은 상황은 없을 것입니다. 하지만 먼저 말했듯이 최고로 좋은 물건을 판단하는 것은 매우 어렵습니다. 심지어 부동산 전문가들도 최고로 좋은 물건은 구별이 어렵습니다. 그런데 왜 최고로 좋은 물건을 구하지 말라고 하는 것일까요? 시기적으로 약간은 다른 이유가 있는데, 결과는 같습니다.

아파트 상승기를 예를 들어보겠습니다. 상승기 때는 아파트는 청약을 하기만 하면 청약단계에서 수많은 경쟁률을 기록하고 바로 분양이 마감됩니다. 그리고 만약에 미분양이 나왔다 하더라도 그 역시 엄청난 경쟁을 뚫어야 합니다. 그런데 이런 시기에 나는 좋은 물건을 찾기 위해 비교하고, 검토하고, 고민하면 어떻게 되겠습니까? 오히려 처음 찾아갔을 때 고를 수 있는 것중에 제일 좋은 것을 계약하지 못하고 다른 사람에게 빼앗기게 되어서 좀 더 나쁜 자리를 어쩔 수 없이 선택해야만 하거나 아니면 아예 계약을 못 하는 상황이 올 것입니다.

활황기에는 고민할 시간이 없습니다. 그런데 이를 간과한 채 좋은 물건을 찾기 위해 노력하고 있다면 이처럼 안타까운 시간 낭비가 어디 있겠습니까?

이번에는 반대로 하향안정기를 가정해보겠습니다. 이때는 사려고 하는 사람이 거의 없어서 팔려고 나온 물건은 매우 많습니다. 고르고 고를 수 있는 충분한 시간 여유가 있습니다. 그런데 고민하면 고민할수록 이때는 부정적인 요인이 훨씬 더 가슴속에 자리 잡게 됩니다. 그리고 너무 많은 집을 둘러보는 사람도 집을 사기가 어렵습니다. 사람들은 손해 보기 싫어한다고 했습니다. 집을 둘러보면 항상 한두 가지 아쉬운 것이 있습니다. 층이 좋으면 향이 아쉽고, 향이 좋으면 층이 아쉽고, 향과 층이 좋으면 구조가 아쉽고, 이런 게 집입니다. 그런데 집을 많이 본 분들은 잔상효과가 생겨서 그전에 본 집과 현재 보고 있는 집을 비교하게 됩니다. 그런데 정확한 기준에서 우선순위를 두고 비교하면 그나마 집을 선택하기가 쉬운데, 대부분의 사람은 그런 기준이 명확하지 않습니다. 그래서 전에 본 집의 좋은 점하고만 비교하게 되는 현상이 발생합니다. 왜냐하면, 최고를 찾고 있으니까요. 보면 볼수록 아쉬움만 간직한 채 계약은 저 멀리 미루게 되죠. 이때는 시간이 많다고 생각되니까요. 그러다가 결국 나중에 찾아가 보면 좋은 것들은 다 나가고 없습니다.

시간은 결코 우리를 기다려주지 않습니다. 좋은 물건은 결코 고민하는 분들에게는 가지 않습니다. 최고를 찾지 말고 적당히 좋은 것만 찾아서 약간의 아쉬움은 뒤로한 채 계약을 진행하는 것이 좋습니다. 어쩌면 시간이 가장 좋은 투자일 수도 있습니다. 너무 좋은 물건을 찾기 위해 시간을 낭비하는 것보다 지금이 사야 될 시점이라 판단되면 그 시점에 어느 정도 마음에 드는 물건을 구입하는 것이 가장 좋은 투자가 될 수 있을 것입니다.

06
최고의 투자 방법 중 하나, 갭 투자

갭 투자란 무엇일까요? 최근 들어 갭 투자가 유행처럼 번지고 있습니다. 그와 관련된 서적도 여러 권에 이를 정도로 열풍에 가깝다고 할 수 있습니다. 하지만 솔직하게 말씀드려서 갭 투자의 진정한 원리를 알려주는 분들은 거의 없어 보입니다. 갭 투자란 우리나라에서만 존재하는 전세라는 제도를 이용해 자기자본금을 적게 투자해 레버리지 효과를 보는 투자 방법입니다. 즉 전세를 끼고 매수를 해 투자금을 아주 적게 하는 것이죠. 예를 들면 3억 원짜리 아파트가 있습니다. 해당 아파트의 전세 시세는 2억 6,000~7,000만 원 정도 합니다. 그럼 전세를 끼고 투자를 하면 약 3,000만 원 정도 자기자본금이 소요됩니다. 이후 매매가가 3,000만 원만 올라서 3억 3,000만 원이 되면 투자 수익률 100%가 나오게 되는 아주 유용한 투자 방법입니다. 그래서 한때 유행처럼 번지는 투자 방법이었습니다.

그런데 이것은 반드시 위험도 뒤따릅니다. 갭 투자를 한 다음에 매매가나 전세가가 혹시나 떨어지게 되면 어떻게 될까요? 매매가가 떨어져서 만약 3억 원에서 2억 7,000만 원이 된다면 나는 수익률이 -100%가 됩니다. 원금을 다 까먹는 것이죠. 거기에다 취득세나 법무사비용, 공인중개사비용 등을 더하면 손해 보는 금액은 훨씬 더하게 되죠.

전세가가 떨어진다면 어떨까요? 매매가는 그대로인데 전세가가 2억 4,000만 원 정도 된다면 어떻게 되죠? 내 자본금이 3,000만 원이 더 투자되어 투자금이 6,000만 원이 되죠? 이는 사실상 마이너스 투자가 되는 셈이죠. 그런데도 사람들은 왜 갭 투자에 몰릴까요? 이 시기가 되면 언론에서는 갭 투자의 위험성을 알리는 기사가 봇물 터지듯 쏟아져 나옵니다. 사람들은 사실 정확하게는 모르지만 떨어지지 않을 것이라는, 아니 향후 오르는 게 확실하다는 믿음을 가지고 있기 때문입니다.

갭 투자는 사실 하향 안정기가 끝날 무렵이 가장 좋습니다. 매매가는 정체되어 있고 전세가가 치고 올라와서 전세가가 매매가에 거의 근접하는 시기입니다. 이번 사이클에서 보면 2013~2014년 정도가 됩니다. 이 시기에 투자한 갭 투자자는 투자 금액이 최소화되고 수익은 극대화되었을 것입니다. 많이 버신 분들은 투자 금액의 4~5배 이상 수익을 얻었을 것입니다. 사실 갭 투자가 소개되는 책이나 언론, SNS에 보면 단타를 노리는 것처럼 언급을 많이 하는데 투자 시기에 따라 다르지만 저는 웬만하면 폭등이 날 때까지 기다리는 전략을 추천합니다. 사실 중간에 갈아타기는 쉽지 않습니다. 왜냐하면, 매매가가 올라가기 시작하는 상승 안정기를 넘어서게 되면 매매가 상승이 전세가 상승을 넘어서서 전세가율이 떨어지게 됩니다. 그렇게 되면 투자 금액이 많아지게 되죠. 만약 2013~2014년에 갭 투자를 시작했다면 이미 전세금액이 매수금액을 훨씬 넘어서서 투자금이 회수되고도 남아 이미 그 집에는 내 원금은 하나도 없는 상황이 되고 매매가는 거침없이 상승했을 것입니다.

예를 들어보겠습니다. 2014년에 전세가 90%가 넘는 아파트를 찾아보면 많은 아파트가 나옵니다. 그중 경기도 고양시 일산동구 백석동의 백송 우성아파트의 경우 공급면적 $69m^2$의 매매가는 1억 6,700만 원 정도 하고 전세가는 1억 5,000~6,000만 원 정도 했습니다. 투자 금액은 약 1,500만 원 정도 됩니다. 2017년 현재 매매가는 2억 4,500만 원이고 전세가는 2억 원 정도 합니다. 약 8,000만 원 정도 상승했네요. 수익률은 530%입니다.

다른 지역 아파트를 또 살펴보겠습니다. 용인 죽전에 있는 한신아파트입니다. 공급면적 $81m^2$의 경우 2014년 매매가가 2억 4,500만 원이고, 전세가는 2억 3,000만 원 정도 했습니다. 여기도 투자 금액은 1,500만 원입니다. 2017년 현재 매매가는 3억 4,000만 원이고, 전세가는 2억 9,000만 원입니다. 9,500만 원 정도 올랐네요. 여기는 투자 수익률이 630%입니다. 이게 시기를 잘 만난 갭 투자의 전형적인 사례입니다. 그리고 아직 상승이 멈춘 게 아닙니다. 앞으로 조만간 폭등이 기다리고 있습니다. 그렇게 되면 1,000%도 충분히 가능한 상황이라고 볼 수 있겠습니다.

그런데 이게 다가 아닙니다. 전세가를 한번 보십시오. 둘 다 이미 전세가가 초기 매수가를 훨씬 넘어섰습니다. 중간에 이미 전세금으로 투자 금액을 회수했다는 것이죠. 그리고 또 그 돈으로 다른 갭 투자를 했다면? 그것은 상상에 맡기겠습니다.

그런데 여기서 유념할 게 한 가지 있습니다. 전세가율 90%가 넘는 것들은 사실 인기가 없는 아파트들입니다. 거의 나 홀로 아파트이거나 세대수가 작거나, 주변 환경들이 별로 좋지 않거나 하는 것들이라고 보면 됩니다. 인기가 좋은 아파트들은 절대 전세가율이 90% 가까이 가도록 기회를 주지 않습니다.

그러면 이렇게 인기가 없는, 어떻게 보면 내가 보는 아파트 중에 제일 안 좋은 것을 굳이 사야 할까요? 그때 당시로 돌아가 보면 결코 매매가 상승은 있을 수가 없을 것 같은 상황입니다. 과연 투자자들이 이런 물건을 살 수 있을까요? 다른 분들이 알려주는 이론이나 지식에 의하면 사실 사면 안 되는 물건이 될 수도 있습니다. 그러나 저는 과감히 투자하라고 말씀드릴 수 있습니다.

왜냐하면, 앞서 언급했던 전세와 매매가와의 관계에서 전세 때문에 매매가가 저절로 올라가는 그런 아파트에 해당합니다. 많은 분이 전세가가 높아지면 투자자들이 매수한다고 말씀하시죠. 그래서 매매가가 올라간다고 하십니다. 하지만 그렇지 않습니다. 투자자들이 매수해서 매매가가 올라가는 것이 절대 아닙니다. 그 현장에 있어 보지 않았기 때문에 그렇게 보일 수 있습니다. 지나고 보면 매매가가 올라가 있으니까 그럴 것이라고 예상하는 것이죠. 그때 당시로 돌아가 보면 매매 물건은 무수히 많이 나와 있습니다. 그래서 더 떨어지지나 않을까 걱정되는 상황이죠. 그런데 전세 물건은 거의 없습니다. 이런 상황에서 전세가가 높다고 투자자들이 대거 매수할까요? 그런 상황은 절대 없습니다. 한두 사람이 매수에 임한다고 해도 표시도 안 납니다. 매도 물건이 너무 많기 때문이죠.

이런 현장, 이런 아파트가 전국에 무수히 많기에 굳이 이 아파트를 투자자들이 대거 매수에 나설 리도 없습니다. 그러면 매매가는 어떻게 올라갈까요? 바로 전세 때문입니다.

임차인들은 갭 투자자들의 투기가 아닌, 매매가가 떨어질까 두려워 매매에서 전세로 돌아선 임차인에 의해서 전세가가 올라간다는 사실을 분명히 알아야 합니다. 아이러니하게도 매매가가 떨어질까 두려워 전세로 돌아섰는데 이로 인해서 매매가가 올라가는 현상이 벌어지는 것이죠. 그렇기에 전세가율이 높은 것들은 마음 놓고 매수를 하셔도 됩니다.

그리고 이 전세가는 폭등이 있기 전까지 절대 떨어지지 않습니다. 다만 지역적으로 주변에 신도시나 대규모 도시개발로 인해 입주아파트가 일시적으로 몰리는 경우에는 일시적으로 떨어질 수 있지만, 이것마저도 그 지역이 입주가 끝나면 다시 상승하게 되어 있습니다. 그렇기 때문에 갭 투자를 행한 분들은 길게 가져가시는 것이 투자 수익률을 가장 높게 가져가실 수 있을 것입니다.

또 한 가지 갭 투자에 대한 팁을 드리겠습니다. 갭 투자를 막상 하려고 물건을 찾다 보면 전세가율이 높은 것은 생각보다 아파트가 마음에 안 들어서 투자를 망설이신 적이 있지 않나요?
사실 전세가율이 높다는 것은 매매로는 인기가 없는 물건이라고 봐도 무방할 것입니다. 전세는 물건이 없어서 가격이 치고 올라오는데 막상 매매로 하기에는 뭔가 부족한 집이기 때문에 매매가는 거의 제자리이고 전세가가 올라와서 턱밑까지 다다른 상황이라고 보면 됩니다. 이때 과연 이 집이 올라갈까 하는 의

구심이 들 것입니다.

그런데 이런 물건들은 과감히 구입하셔도 좋습니다. 이런 물건들이 바로 앞에서 말씀드렸던 전세가 상승에 의해서 매매거래 하나 없이도 매매가가 올라갈 수 있는 물건이라고 보면 됩니다. 그래서 어느 정도 지나보면 전세가와 매매가가 훌쩍 올라 있는 현상을 맞이하게 될 것입니다. 그리고 이런 물건들은 팔 때가 중요합니다. 어느 정도 올라서 팔려고 공인중개사 사무실에 알아보면 비슷한 가격에 여러 개의 물건이 있을 것입니다. 그래서 공인중개사 사무실에서는 잘 안 팔린다고 말할 것입니다. 이럴 때 좋은 방법이 있습니다. 파는 시기는 전세를 처음 맞춘 지 2년 만기가 되어가는 시점이 가장 좋습니다. 왜냐하면, 매수자가 투자자도 될 수 있지만, 실수요자도 될 수 있기 때문에 입주 시기를 어느 정도 맞출 수 있는 그런 시기인 것입니다. 그리고 매수자가 투자자일 때, 만약에 전세를 맞춘 지 1년 정도밖에 안 지났다고 한다면 이때는 투자자가 매수하기가 매우 부담스러울 것입니다.

구체적으로 말씀드리면 1년 전에 전세 2억 원에 맞추었고 매매시세가 2억 2,000만 원이라고 해보겠습니다. 1년이 지난 지금은 아마도 전세시세는 약 2억 2,000만 원 정도일 테고 매매는 2억 4,000만 원 정도라고 하겠습니다. 그럼 투자자는 2억 4,000

만 원을 줘야 하는데 살고 있는 세입자의 전세금은 2억 원입니다. 투자금이 4,000만 원이 들어가게 되죠. 그런데 다른 물건은 전세만기가 다다른 게 있다면 2억 4,000만 원에 사서 전세 2억 2,000만 원에 맞추면 되니 2,000만 원만 있으면 됩니다. 투자자는 어떤 물건을 구입할까요?

그래서 만기를 맞추어야 합니다. 팔 때의 한 가지 팁은 경쟁 물건이 많을 때 공인중개사에게 제안합니다. 만기에 맞추어서 다른 임차인을 맞추거나, 아니면 기존 임차인에게 오른 금액에 재계약을 먼저 합니다. 그리고 투자자에게 팔면 세입자를 맞추지 않은 상황에서 파는 것보다 생각보다 잘 팔릴 것입니다. 왜냐고요? 반대로 투자자 입장에서 보겠습니다. 먼저 매수를 합니다. 2억 4,000만 원에 계약하고 계약금을 10% 입금합니다. 그리고 공인중개사에게 전세를 맞춰달라고 의뢰를 하겠죠? 그런데 투자자는 잔금을 치르기 전까지 임대를 맞춰야 하는 걱정이 들기 시작합니다. 만약에 잔금 시기까지 세가 안 맞춰지면 투자자는 낭패입니다. 그래서 취할 수 있는 행동이 전세금을 시세보다 싸게 내놓는 것이죠. 그런데 그런 걱정을 할 필요도 없이 최고의 시세로 전세가 맞춰져 있는 상황이라면 투자자 입장에서는 이보다 좋을 수는 없겠죠? 이런 방법도 투자자의 심리를 이용한 적절한 매도, 매수 방법이라고 볼 수 있겠습니다. 반대로 매수할 때도 그런 방법을 쓰면 좋을 것입니다. 공인중개사에게 전세부터 맞춰달라고 의뢰합니다. 전세부터 최고시세로 맞춰주면 무조건 매수하겠다고 제안하시면 됩니다. 그럼 아주 안전한 갭 투자를 진행할 수가 있을 것입니다.

07 대형평형은 이제 끝난 것인가?

지금 투자를 시작하려 하시는 분들은 조금 고민이 될 수도 있을 것입니다. 바로 소형이냐 대형이냐, 이것을 선택해야 합니다. 지금까지는 소형의 수익률이 훨씬 좋았습니다. 아니 대형은 오르지도 않는 것처럼 보였습니다. 그런데 지금 고민을 하는 이유는 전체적으로 새 아파트의 공급이 소형에 집중되어 있기 때문입니다. 공급이 수요에 비해 너무 많게 되면 떨어지거나 오름폭이 상대적으로 제한될 수도 있기 때문이죠. 그런데 왜 소형이 인기가 좋을까요? 대부분의 사람들이 1인 가구, 2인 가구가 늘어서 그렇다고 말씀하십니다. 그러나 저는 그렇게 보지 않습니다.

거꾸로 생각해볼까요? 2007년 이전을 되돌아봅시다. 그때는 상황이 어땠습니까? 그때도 소형이 좋았나요? 아닙니다. 대형이 인기가 좋았습니다. 소형은 집 취급도 못 받았습니다. 소형을 가지신 분들은 가격이 안 올라서 서럽고, 못 산다 취급받아 서러운 시기였습니다. 그럼 그때는 한집에 과연 여러 사람이 살았을까요?

그때 대형이 인기 좋은 가장 큰 이유는 무엇이었을까요? 뉴스에 가장 많이 나온 이유로는 한국 사람은 큰 것을 좋아한다였습니다. 그 집에 사는 사람 수는 거의 이유에 들지도 않았습니다. 당시 노인 부부 두 분만 60평대에 살고 계시는 분들이 있었습니다. 왜 이렇게 큰 집에 살고 계시냐 물었더니, 분가한 자녀들이 집에 들르면 자고 갈 방이 있어야 한다는 것과 손님들이 오면 커야 하지 않겠냐는 게 이유였습니다.

지금 시점에 똑같이 노인 부부 두 분이 이사 가기 위해서 소형을 구입하시는 분들에게 왜 소형으로 가시냐고 물었습니다. 자녀들이 분가해서 이제는 큰 집이 필요가 없다는 것이었습니다.

그것은 이미 사람들이 자신들이 행할 바를 결정해놓고 그에 맞는 적당한 이유를 찾기 때문입니다.

요즘은 네 식구가 사는 데도 24평 아파트를 찾습니다. 거기에 맞춰 살겠다는 것입니다. 좁지 않겠냐고 물어도 크면 관리비도 많이 들고 청소하기도 힘들어서 싫다는 것입니다.

사실 제가 여러모로 분석을 해봐도 사람들이 이야기하는 이유는 적당한 느낌이 전혀 들지 않았습니다. 단지 이미 인기 좋은 평형대로 방향을 맞춰놓고 그에 합당한 이유를 찾는다는 느낌이 훨씬 강하게 들었습니다. 제 나름대로 적당한 근거를 찾았습니다. 가장 커다란 근거는 역시 공급에 있었습니다. 그리고 대중심리와 이를 전환하기 위한 충격이 필요했습니다.

2007년 이전에는 대형이 인기가 좋았습니다. 그래서 대형 위주로 공급이 되었습니다. 그런데 그렇게 많은 공급이 이루어졌어도 대형 위주로 가격이 상승했고 소형은 소외되었습니다. 그러다가 2008년 폭락을 시작합니다. 이때 가격이 많이 상승했고 공급이 많이 이루어졌던 대형의 가격이 크게 하락합니다. 그리고 상대적으로 공급이 적고 희소했던 소형의 가격이 비교적 적게 하락합니다. 3년 정도 하락기가 지나자 전세가가 상승하기 시작하니까 가장 먼저 소형이 전세가와 매매가가 근접해집니다. 이때 아직 대형은 전세가와 매매가의 갭이 좀 더 큰 상태로 있습니다. 이후 소형은 전세가에 밀려 가격상승이 시작됩니다. 그러나 대형은 전세가와 매매가 갭이 크기 때문에 아직도 하락추세에 있습니다. 소형은 상승하고 대형은 하락이 지속하고 있습니다. 거기에다 기존에 공급된 공급량에서 어마어마한 차이가 있습니다. 소형은 아주 희소한 상태입니다. 가격이 상승하자 투자자들도 이제는 소형에 손을 대기 시작합니다. 이후 점차 소형이 대세를 이루게 됩니다. 그리고 소형이 상승하자 언론에서는 소형이 인기가 좋은 적당한 이유를 찾아냅니다. 바로 가구 수의 변화죠. 이것이 제가 보는 대형과 소형의 인기가 엇갈리게 되는 근거입니다.

이를 토대로 보면 소형의 공급이 주를 이루고 있고 대형은 아주 희소하게 공급이 되고 있어서 대형이 혹시나 유망하지 않을까 생각하시는 분들은 너무 앞서가시지 말라고 부탁드리겠습니다. 대중심리는 쉽게 변하지 않습니다. 커다란 충격이 있지 않는 이상 쉽게 바뀌지 않는 것이 대중심리입니다. 지금의 대중심리는 소형에 있습니다. 소형 공급이 많다고 해도 대중의 심리로 인해서 소형의 공급을 지금은 충분히 소화할 수 있다고 보입니다. 그래서 이번 사이클 이내에서는 소형이 대세를 이룰 것으로 보입니다. 그리고 대형은 다음 사이클에서 반드시 대세를 이룰 것입니다. 그럼 다음 사이클은 언제일까요? 앞으로 남은 폭등기가 도래하고 그 이후 폭락기가 오면 그 시기가 다음 사이클입니다.

그리고 많은 분이 간과하시는, 아니 잘 모르고 계셨던 것을 말씀드리겠습니다. 바로 아파트 분양가, 즉 흔히 말씀하시는 평 단가인데요. 우리나라는 전용면적 $85m^2$를 기준으로 그 이하는 국민주택 규모라고 해서 부가세가 없습니다. $85m^2$를 초과하는 아파트에는 건물분에 부가세가 붙어 있습니다. 어차피 주택은 부가세를 환급받을 수 없어서 대부분의 건설사들이 아파트를 분양할 때 부가세를 분양가에 그냥 포함해서 구분 없이 분양가를 발표합니다. 오피스텔이나 상가는 분양가에 부가세를 별도로 표기합니다. 왜냐하면, 임대사업자를 내면 부가세를 환급받을 수 있기 때문입니다.

제가 이런 말을 하는 이유는, 요즘 소형이 인기가 좋기 때문에 소형의 가격이 비쌉니다. 예를 들면 똑같은 아파트를 분양할 때 24평은 분양가가 3억 1,000만 원 정도, 34평은 3억 9,000만 원 정도 그리고 45평은 4억 5,000만 원 정도의 비율로 분양합니다. 이를 평 단가로 환산해보면 24평은 평당 1,300만 원, 34평은 평당 1,150만 원, 그리고 45평은 평당 1,000만 원 정도 됩니다.

2007년 이전에는 반대였습니다. 여기에 45평은 부가세가 포함되어 있습니다. 부가세는 건설사의 마진이 아닌 말 그대로 세금입니다. 건설사 입장에서는 45평은 950만 원 정도가 원분양가인 것입니다. 보통 건물과 토지분은 5:5로 보고 건물분에만 부가세가 붙기 때문에 전체 분양가에서 5% 정도가 부가세로 보면 됩니다.

건설사는 인기가 좋은 소형에서 마진을 많이 보고, 대형에서는 손해를 보고 있다고 생각하면 됩니다. 그래서 대형을 많이 짓지 않고 있습니다. 그래서 다음 사이클에는 반드시 대형의 시대가 온다고 확신하고 있습니다. 폭락기를 맞이하면서 그 분위기가 전환될 것입니다. 떨어질 때 반드시 많이 올랐던 것이 떨어지는 폭도 큰 법입니다. 적게 올랐던 대형의 떨어지는 폭이 작겠죠? 그리고 그동안 공급되었던 아파트는 거의 중·소형에 치중되어 있습니다. 상대적으로 대형평형의 새 아파트가 희소합니다. 사실 이러저러한 이유를 제외하고 단순히 집 크기로만 본다면 큰집에서 사는 것이 좋지 않겠습니까? 좁은 것보다는 넓은 것이 훨씬 편하고 좋지 않습니까? 살림살이를 좁다고 해서 버리지 않아도 좋고, 손님이 찾아왔을 때도 옹색하지 않아 좋고, 아무 조건 없이 그냥 살 수만 있다면 저는 무조건 큰 집에서 살겠습니다. 이런저런 이유로 보면 다음 사이클에서는 반드시 대형 평형이 인기가 좋을 것으로 예상됩니다.

대형이 인기가 좋을 때 무슨 이유로 대형이 좋다고 하실지 궁금합니다. 참고로 최근 강남 등 잘사는 지역에서는 대형이 빠르게 치고 올라가는 현상이 발생해 뉴스에서는 일부 캥거루족이라 해서 부모와 분가한 자녀가 같은 집에 사는 가구가 늘어서 그런 현상이 발생했다고 합니다.

08
지방 시장 VS. 서울·수도권 시장

사이클을 고려한 투자를 진행할 경우 하락기에는 투자할 방법이 없어 난감할 것입니다. 보통 주식 투자를 하다 보면 애널리스트들이 지금은 하락세니 현금을 보유하시는 것이 좋다고들 말하는 것을 들어본 적이 있을 것입니다. 맞습니다. 하락기에는 상승장을 대비한 현금보유가 원칙입니다. 그런데 사실 현실적으로 현금만을 보유하고 기다리는 게 쉽지만은 않습니다. 주식 투자를 해보신 분들은 잘 아실 것입니다. 보유하던 주식을 매도하고 현금화한 후 투자자의 행동을 보면 기다리지 못하고 바로 다음 매수할 종목을 찾게 됩니다. 부동산도 마찬가지입니다. 부동산 투자로 수익을 올리고 매도를 했다면 현금을 들고 가만히 있을 수가 없을 것입니다. 바로 다음 투자 물건을 찾는 것이 사람의 심리라고 볼 수 있습니다. 이러한 점을 고려해 적절한 투자법을 하나 알려드리겠습니다. 우리나라 부동산 시장을 보면 정말 투자하기 좋게 되어 있습니다. 바로 지금 말씀드리려고 하는, 시장이 분리된 상황입니다.

　우리나라 부동산 시장은 크게 2개로 분리되어 있습니다. 서울·수도권 시장과 지방 시장입니다. 물론 지방도 대도시별로 약간씩은 차이가 있지만 크게 나누어보면 그렇습니다.
　현재도 이 두 시장은 다른 양상을 보입니다. 서울·수도권은 상승장인 반면, 지방은 하락장입니다. 두 시장이 정반대상황을 보이는 것은 아닙니다. 지방이 약 3~4년 정도 앞선 흐름을 보입니다. 지방의 경우 2016년까지 큰 오름폭을 겪고 나서 공급과잉으로 하락세로 돌아선 모습입니다. 지방의 경우 발 빠른 투자자들은 지방이 크게 오른 2015~2016년 그리고 그전에 서울·수도권에 발 빠른 투자를 이미 진행했습니다. 서울·수도권의 분양권 및 전세가율이 좋은 저렴한 아파트를 거의 싹쓸이하다시피 많은 투자자들이 관광차를 타고 상경해 투자를 진행했습니다.

　서울·수도권 시장은 지금 상승장입니다. 곧 폭등이 올 가능성이 크고 그 뒤를 이어 반드시 폭락장이 도래할 것입니다.
　이 책을 읽은 현명한 투자자는 이때 서울·수도권 시장의 투자금을 회수하고 지방의 부동산에 투자하면 된다는 것을 느끼고 계실 것입니다. 서울·수도권이 폭락이 시작되는 시기에는 지방은 폭락장을 지나 하향안정기에 접어들었을 것입니다. 이 시기에는 매매가는 싸고 전세가는 저 밑에서 쭉 치고 올라와 매매가에 근접한 상황을 만들고 있을 것입니다.

즉, 갭 투자를 하기에 아주 적당한 상황이 만들어져 있을 것입니다. 지방 같은 경우는 범위가 너무 넓을 수 있으니까 친척들이 거주하고 있는 곳이나 본인의 고향 등 자기가 어느 정도 분위기를 감지할 수 있는 지역에 투자하면 최상의 투자가 될 수 있습니다. 사실 지방에 투자하는 것이 훨씬 더 좋은 수익을 올릴 가능성이 많습니다. 왜냐하면 부동산 투자는 세금과 연관이 많이 되어 있습니다. 지금처럼 양도세 중과를 해버리면 사실 많이 올라도 세금을 많이 내고 나면 남는 게 별로 없습니다.

정부의 시각은 서울·수도권에 맞춰져 있습니다. 지방의 아파트 가격이 올라갈 때, 정부는 특별한 규제정책을 내놓지 않았습니다. 왜냐하면, 그 당시 서울·수도권은 규제를 가할 만큼 활황을 보이지는 않았거든요. 단지 전세난이 심해서 그것을 해소하기 위한 일부 정책만이 나왔을 뿐입니다. 이런 시기에 지방에서 발생하는 규제가 없어 정상적인 세금만을 납부하게 됩니다.

그런데 지금 시점에서는 서울·수도권에 아주 강력한 규제가 가해진 상황입니다. 양도세는 중과되었고, 나중에 보유세라든지 좀더 강력한 규제가 나올 수도 있는 상황입니다. 대구를 예를 들어보겠습니다. 대구에서 갭 투자를 해서 양도차익이 발생한 사람은 정상적인 세금만 납부하면 끝입니다. 그리고 규제가 나가고 있는 지금 대구지역은 하락세로 변해 있습니다. 즉, 지방이 활황 시장이 되는 시기에는 정부의 특별한 규제가 가해지지 않는 시기에 해당된다는 것입니다. 그럴 경우 지방의 수익률이 서울·수도권보다 높을 수가 있다는 것입니다.

09
너무 주변 사람들의 조언에 구속되지 마라

 부동산 투자를 처음 하시는 분이나 투자 경험이 적은 분들은 주변분들에게 관심 있는 물건에 대해서 어떻게 해야 하냐고 묻습니다.

 대답은 어떻게 나올까요? 거의 99%가 부정적인 답이 나옵니다. 그래서 결국에는 관심 있는 물건을 구입하는 것을 포기하는 분들이 대다수였습니다. 왜 좋게 보고 있는 물건 구입을 포기하시냐 물어보면 대부분 주변분들이 말린다는 것이었습니다.

 왜 그런 결과가 나올까요?

 첫 번째, 부동산은 지역성이 강한 물건이라고 말씀드렸습니다. 그래서 부동산은 임장 활동, 즉 그 물건이 있는 지역에 현장 답사를 가서 그 지역을 파악하는 것이 필수적으로 수반되어야 합니다. 그런데 주변분들은 그 지역을 거의 가보지 않은 분들입니다. 모르니까 부정적이 될 수밖에 없습니다. 그 지역에 대해서 잘 모르면 일반적인 분석요소를 가지고 말할 수밖에 없고, 그리고 그분이 잘 아는 지역을 추천하게 되어 있습니다.

두 번째는, 심리적인 부분입니다. 바로 책임이라는 것입니다. 부정적인 대답이 나올 수밖에 없는 것은 그 대답에 대한 책임을 져야 할 수도 있다는 것을 자기도 모르게 느끼기 때문입니다. 사람들은 조언해준 사람의 말을 듣고 행동에 임했다가 그 결과가 나쁘게 나타났을 때는 그 조언을 해준 사람을 원망할 가능성이 매우 큽니다. 많은 사람들이 살아오면서 대부분 크건 작건 간에 그런 경험이 있을 것입니다. 그래서 조언을 해주는 것에 대한 대답은 매우 신중하게 되어 있습니다. 그런데 부동산은 매우 금액이 큽니다. 이것이 만약에 결과가 안 좋을 경우에는 조언을 해줬던 사람 입장에서는 그 책임이 매우 크게 느껴질 수 있습니다. 다른 물건이나, 다른 생각에 대한 조언과는 엄청난 차이가 있습니다.

그렇기 때문에 부동산에 대한 조언은 대부분 부정적이 될 수밖에 없는 것입니다. 일단 보수적으로 대답을 하게 되면 큰 책임에서 벗어나게 되는 것이죠. 대답을 긍정적으로 했다가 반대 상황이 일어나는 것과 부정적으로 조언했다가 반대상황이 일어나는 것은 하늘과 땅 차이입니다.

손해를 보느냐 벌지 못했느냐에서 원망은 손해를 보는 쪽이 훨씬 크게 나옵니다. 그것은 모든 사람들이 손해 보는 것을 싫어하기 때문입니다.

이렇게 조언을 구하는 사람에게 나올 대답은 무조건 부정적일 수밖에 없는 것인데, 왜 물어봅니까? 오히려 객관적인 선택을 하는 데 방해만 될 뿐입니다. 제가 현장에서 상담을 진행하면서 가장 안타깝게 생각되는 것은 혼자 오셔서 이것저것 열심히 알아보시고 공부도 하고 해서 구입하는 쪽으로 마음을 굳히시고는 집에 돌아가서 불안하니까 조언을 구해보려 몇 분에게 물어보고는 부정적인 의견에 결국 구입하는 것을 포기하는 것입니다. 이 책을 읽으시는 분들은 가능하시면 결정을 하실 수 있는 당사자가 동행해서 물건을 분석하시라고 조언을 하고 싶습니다. 혼자 다니시지 말고 반드시 부부가 함께 다니시기 바랍니다. 만약 혼자 결정해서 계약을 진행하실 수 있다면 혼자 다니셔도 무방하지만, 대부분의 분들은 혼자 결정권이 없는 경우가 많기에 함께 다니시길 조언 드립니다.

그리고 웬만하면 주변분들에게는 조언을 안 구하시는 것이 오히려 좋은 결정을 하시는 지름길이라는 것을 잊지 마시기 바랍니다.

10
적은 자본으로
투자하기 좋은 오피스텔 투자

1. 오피스텔은 가격이 안 오른다는데 투자해도 괜찮을까?

많은 분이 자본금이 적게 들어가고 다달이 월세 수입이 통장으로 들어오는 오피스텔 투자에 관심을 갖고 계십니다. 그런데 선뜻 투자를 진행하시지 못하는 것이 오피스텔은 안 오른다는 선입견을 갖고 있기 때문입니다. 자본금에 맞게 투자 물건을 찾다 보니 오피스텔이 적당한 것은 같은데 주변분들이 오피스텔은 안 오른다고 하면서 아파트에 투자하라고 권하신다고 합니다. 그런데 아파트는 본인이 가지고 있는 자본금으로는 살 만한 것이 없어 보입니다.

과연 오피스텔은 안 오르는 것이 맞을까요? 그게 맞다면 원인은 뭘까요?

모든 현상을 분석하기 위해서는 원인을 정확하게 아는 것이 중요합니다. 그 원인을 제대로 알지 못하고 다른 요인으로 분석을 한다든지, 아니면 아예 원인 파악을 등한시한 채 결과만을 염두에 두고 있다면 반드시 오류에 빠지게 됩니다. 대부분의 사람은 일어나는 현상에 대한 정확한 원인을 알려고 하지도 않고 결과만을 가지고 행동하려 합니다. 오피스텔도 마찬가지입니다. 예전에는 오피스텔이 아파트에 비해 안 오른 것은 맞습니다. 그러나 요즘 다른 현상을 보입니다. 예전의 현상만을 보고 선입견을 품고 있다면 결코 올바른 투자가 일어날 수 없는 것입니다.

그래서 지금 그 원인에 대해서 알아볼까 합니다.
오피스텔이 아파트에 비해 덜 올랐던 첫 번째 이유는 바로 세금에 있습니다. 오피스텔은 아파트와 비교해서 부담스럽게 느껴지는 세금이 있습니다. 바로 부가세와 취득세입니다. 원래 우리나라 모든 상품에는 부가세가 원가에 10% 정도가 기본적으로 붙어 있습니다. 건물에는 원가 부분이 토지와 건물로 나뉘어질 수 있는데 토지에는 부가세가 붙지 않습니다. 가공물이 아니기 때문이죠. 건물분에만 10% 부가세가 붙게 되어 있습니다. 오피스텔을 예를 들어보자면, 분양가가 1억 원인 오피스텔이 있다고 봅시다. 토지와 건물의 비율이 5:5라고 가정한다면 건물분의 원가는 5,000만 원이겠죠? 거기에 10%인 500만 원의 부가세가 붙게 됩니다. 그래서 부가세를 포함한 오피스텔의 분양가는 1억 500만 원이 됩니다.

그럼 아파트는 어떻게 되느냐고요? 원래 아파트도 똑같습니다. 건물분에 한해서 10%의 부가세가 붙게 되어 있습니다. 그러나 아파트는 주택이기 때문에 특별한 적용을 받습니다. 국민주택이냐 아니냐에 따라서 부가세가 있기도 하고 면제되기도 합니다. 바로 그 기준이 국민주택 규모인 전용면적 $85m^2$입니다. 흔히 알고 계시는 약 33~35평 정도 되는 아파트입니다. 바로 $85m^2$ 이하 아파트에는 부가세가 붙지 않습니다. 그리고 $85m^2$를 초과하는 아파트에만 부가세가 건물분에 한해서 10% 붙어 있는데, 아파트는 부가세를 따로 말하지 않고 분양가에 그냥 포함해서 표기합니다. 왜냐하면, 부가세는 원래 환급을 받을 수 있는 세금인데, 아파트는 환급을 받을 수 있는 것이 아니기에 아예 분양가로 포함해 표기하는 것입니다. 그래서 대부분의 아파트 구매자들은 부가세를 모르고 구매하게 되는 것입니다.

그런데 오피스텔은 부가세를 환급받을 수 있습니다. 그래서 별도로 표기하는 것입니다. 바로 임대사업자를 내고 부가세 환급신청을 하면 됩니다. 그럼 '환급받을 수 있는 세금인데 이것이 뭐가 부담이냐?'라고 물으신다면, 오피스텔을 사무용으로 임대하는 것이 아닌 주택으로 임대할 경우에는 부가세 환급이 안 되기 때문입니다. 환급받을 수 있는 돈인데 어쩔 수 없이 주택으로 임대하는 경우에는 부가세가 날아가는 돈처럼 느껴지기 때문에 아깝다는 생각이 들 것입니다.

그럼 사무실로 임대해 부가세를 환급 받으면 되지 않겠냐 물으실 수 있습니다. 그것도 좋은 방법이 될 수 있습니다. 하지만 또 다른 문제가 발생합니다. 바로 취득세입니다. 사무실로 임대할 경우에는 취득세 4.6%를 내야 합니다. 보통 아파트의 경우에는 금액에 따라서 다르긴 하지만 오피스텔과 비슷한 가격이라면 1.1~1.3%의 취득세를 내게 되어 있으니 매우 부담스러운 세금이 되는 것이죠.

그런데 예전에는 오피스텔은 임대를 놓게 될 때 취득세는 무조건 4.6%를 내야 했습니다. 그래서 투자자들이 대부분 어차피 취득세는 많이 내야 하니까 부가세라도 환급을 받자고 해서 일반 임대사업자를 선호했습니다.

그리고 다들 사무실로 임대를 놓았냐, 하면 그건 아닙니다. 사실 오피스텔의 대부분은 주거용으로 임대가 놓이는 것이 현실입니다. 그래서 투자자들이 편법을 썼던 게 임차인에게 주소 이전을 못 하게 하는 방법을 사용했습니다. 세무당국에서는 오피스텔을 사무용으로 쓰는지, 주택으로 쓰는지 사실 조사하기가 매우 어렵습니다. 조사하기 위해서는 직접 그 집을 가봐야 하는데, 사람이 없는 경우 다시 여러 번 방문해야 하는 번거로움이 있지요. 그리고 오피스텔이 전국에 어마어마하게 깔려 있는데 이것을 어떻게 다 일일이 방문해서 조사하겠습니까? 그래서 쓰는 방법이 주민등록상의 주소 이전 여부를 가지고 판단하게 되었습니다. 그 주소로 주소 이전이 되어 있으면 주택, 안 되어 있으면 사무실로 파악을 하는 것이죠. 그래서 만약에 주소 이전이 되어 있는데 일반 임대사업자로 등록이 되어 있다면 강제로 부가세 환급받은 것을 다시 토해내게 하고 과태료까지 부과하게 됩니다. 그래서 임대인들은 임차인에게 주소 이전을 못 하게 막았던 것이죠.

예전 오피스텔 투자자들은 이렇게 탈세를 하는 방법으로 투자를 했습니다. 그러나 정부에서는 임차인들에게 임대차기간이 끝난 후에 다른 곳으로 이사를 가더라도 주택으로 임차를 했다고 당국에 신고하면 그동안에 해당하는 월세 부분을 소득공제를 할 수 있게 함으로써 임대인들의 탈세를 막기 위한 조치를 취하게 됩니다. 이 때문에 임대인들은 그 지위가 매우 불안해지게 되었습니다.

그래서 임대인이 주소 이전을 허용하게 되면 임대인은 부가세도 내야 하고 취득세도 4.6%를 내야 하는 이중 부담을 지게 되었습니다.

그리고 이것은 첫 번째 분양을 받을 경우에 해당하는 것이고,

또 다음 매매 때는 매수인이 취득세를 4.6%를 내야 합니다. 매번 거래가 될 때마다 4.6%의 세금을 내야 하니 매수인의 입장에서는 매매금액의 5% 정도를 비싸게 샀단 느낌이 들게 됩니다. 그래서 수요자가 아파트에 비해서 적어지기 때문에 적게 오르는 역할을 하게 되는 것입니다.

두 번째는 오피스텔이 대부분 월세로 임대를 놓게 됩니다. 그런데 이 월세가 매매가의 발목을 잡는 역할을 하게 됩니다. 월 임차료는 오르는 데 한계가 있습니다. 보통 원룸형 오피스텔 같은 경우 45~55만 원 정도로 월세가 형성되어 있습니다. 이때 전세난이 심해서 아파트의 경우 전세가 급등하고 있을 때도 오피스텔의 월세는 크게 오르지 못합니다. 앞에서도 아파트의 매매가는 전세가 급등할 경우 전세 때문에 저절로 매매가가 상승한다고 말씀드린 적 있습니다. 그런데 오피스텔 같은 경우 월세 이외에 전세가 거의 없습니다. 특히 원룸형일 경우 더더욱 그러합니다. 실소유자와 전세상품의 임대차가 없는 오피스텔의 경우 매매가 상승에 어느 정도 한계가 있었던 것이 사실입니다.

그런데 최근에 오피스텔에 변화가 생겼습니다. 과거에는 허용되지 않았던 주택임대사업자가 허용되었습니다. 그리고 그와 더불어 많은 혜택이 주어지게 됩니다. 그중에 특히 중요한 점이 취득세 부분입니다. $40m^2$ 이하의 경우 취득세를 주택 임대사업자를 내게 되면 면제받게 됩니다. 그전에는 주택으로 임대를 놓을 경우 혜택이 없어서 어쩔 수 없이 일반 임대사업자로 전환해 음성적인 임대차 거래를 해왔다면 이제는 공식적으로 주택으로 임대를 놓을 수 있고 취득세도 혜택을 받게 되는 상황이 벌어진 것입니다. 그럼으로써 투자자는 임대를 놓을 때도 주소 이전이 가능한 정상적인 임대를 놓을 수 있게 되었고, 비록 부가세는 환급을 받을 수는 없지만, 취득세를 감면받음으로써 투자금에 대한 부담을 줄일 수 있게 되면서 오피스텔도 매매가가 아파트와 같이 급등하는 경우가 발생했습니다.

그리고 오피스텔에서 아파텔이라는 신규상품이 나오게 되면서 전세를 놓을 수 있는 상황이 되었습니다. 아파텔이라는것은 법적인 용어는 아니지만, 아파트와 오피스텔의 합성어로서 주거용 오피스텔로 보시면 됩니다. 주로 원룸형이 아닌 투룸 이상의 오피스텔이면서 아파트의 구조를 가지고 있습니다. 원룸형의 경우 너무 좁기 때문에 대부분 장기적인 임대차가 이루어지지 않고 주로 단기적인, 임시로 머무르는 위주의 상품이어서 순환이 많았다면 아파텔의 경우 살림이 어느 정도 가능한 장기적인 임대차가 가능해 전세를 선호하는 임차인들이 주를 이루게 됩니다. 이 상품은 아파트 대체상품으로서의 역할도 수행하고 있습니다. 최근 아파트의 매매가와 전세가가 급등하면서 자금이 부족한 가족이 부담을 많이 느끼는 상황에서 비교적 저렴한 가격으로 전세를 얻을 수 있는 상황이 되면서 주목을 받는 상품으로 자리를 잡게 됩니다.

이제는 오피스텔도 아파트의 대체상품으로서 자리를 잡으면서 기존의 오르지 않는 상품이 아닌 충분히 오를 수 있는 상황이 되면 아파트처럼 오를 수 있는 여건이 마련되었습니다. 따라서 자금력이 부족한 투자자는 아파트의 대체상품으로서 본인의 자금에 맞는 투자 상품으로 고려를 해봄직한 상황이라고 볼 수 있습니다.

2. 오피스텔 투자자가 유의할 점

이제는 투자 상품으로서 어느 정도 자리를 잡았다고 보이지만 여전히 유의할 점이 있습니다.

첫 번째는 바로 실수요자의 경우에는 큰 메리트가 없는 상품입니다. 자금이 적게 들어가는 것은 충분히 고려해볼 만한 상품인 것은 맞지만, 바로 실수요자에게는 혜택이 전혀 없다는 점이 다른 투자자에 비해서 비용이 많이 들어간다는 사실입니다. 일반 임대사업자에게는 부가세 환급이라는 메리트가 주어지고, 주택 임대사업자에게는 취득세 면제라는 혜택이 주어집니다.

그런데 실수요자는 둘 중 어느 하나도 혜택을 받을 수가 없습니다. 부가세도 납부를 해야 하고 취득세도 4.6%를 내야 합니다. 이런 경우 실소유자는 앉아서 손해 본다는 느낌을 지울 수가 없게 됩니다. 자금력이 부족한 신혼부부가 투자도 겸하고 주거도 해결하는 측면에서 오피스텔 매매를 생각해볼 수는 있지만, 다른 투자자에 비해서 취득세를 더 내야 하는 부담이 주어진다는 사실을 염두해야 합니다.

현재 주거용 오피스텔의 경우 취득세 영구인하 법안이 발의되어 있는 상황이지만, 최근 주택가격이 급등하면서 정부정책이 규제 위주로 나오게 되면서 이 법안이 통과될지 미지수입니다. 만약 취득세 영구인하 법안이 통과된다면 오피스텔은 투자상품으로서 아주 메리트 있는 상품이 될 것으로 보입니다. 왜냐하면 주택의 경우 매매가를 올리는 가장 큰 역할을 하는 사람이 바로 실소유자이기 때문입니다. 이분들은 투자자가 아닌 꼭 그 지역에 가야만 하는 투자에는 관심이 별로 없는 실소유자로서 주로 높은 가격에 구매를 담당하는 역할을 하는 경우가 많았기 때문입니다.

두 번째는 바로 의료보험입니다. 보통 오피스텔 투자자들은 바깥일을 하는 남자들이 아닌 주로 가정주부나 퇴직한 노부부 등인데 이분들은 직장에 다니는 가족들의 피부양자로 등록된 경우가 많습니다.

그런데 오피스텔 투자의 경우 세금의 혜택을 받기 위해서는 사업자를 내야 하는데 피부양자로 등록된 분이 사업자를 내면 피부양자의 지위에서 벗어나게 되어 지역가입자로 자동등록 됩니다. 이럴 경우 잘못하면 배보다 배꼽이 더 큰 경우가 발생할 수도 있습니다. 노후 대비로 꼬박꼬박 월세를 받아서 생활해보겠다는 당찬 계획과는 달리 월세를 받아서 대출이자를 내고 남아야 하는데, 의료보험비를 추가로 내야 하는 상황이 발생하는 것이죠. 어떤 경우에는 이자와 보험료를 합한 금액이 월세를 넘기도 합니다. 이것은 투자를 아니 한만 못한 상황이 되는 것입니다.

그런데 이러한 문제는 주로 분양 상담을 하시는 분들이 제대로 설명을 해주지 않고 대비를 못해 발생한다는 것입니다. 이러한 상황이 발생할 것을 예측하지 못해 명의를 다른 사람으로 하거나 다른 상품을 투자해 충분히 피해갈 수도 있는데 그렇게 하지 못하는 안타까운 일이 아닐 수 없습니다.

주택 임대사업자 같은 경우는 직장에 다니시는 분들이 소득이 있더라도 직장소득과는 별개로 임대소득이 분리과세 되기 때문에 직장인 명의로 해도 무방합니다. 피부양자인 주부보다 오히려 바깥일을 하시는 남편 명의로 사업자를 내는 것이 훨씬 더 유리한 상황이 될 수 있다는 것을 명심하시기 바랍니다.

세 번째는 공급되는 물량을 고려해야 합니다. 본인의 자금력과 취향만을 고려해서는 안 되는 것입니다. 예를 들면 2년 전쯤에 마곡에서 오피스텔 분양을 하는데 원룸형 오피스텔과 투룸형 오피스텔이 있었습니다. 투자자들은 당연히 원룸형을 완전히 선호했습니다. 1인 가구가 늘어서 혼자 사는 사람이 많으니 원룸형이 임대가 잘 나갈 것이라는 기대였던 것이죠. 그리고 투자금도 한몫했습니다. 보통 전용 면적 6~7평 정도 하는 원룸형 오피스텔이 1억 5,000~6,000만 원대에 분양이 되었지만, 12평 정도 하는 투룸형은 2억 6,000~7,000만 원대에 분양했습니다. 당연히 투자자의 경우 부담이 적은 원룸형을 선호하게 되어 있습니다.

그런데 여기에 함정이 있습니다. 건설사의 경우 지금 당장 팔리는 것이 중요하지, 나중에 오르고 내리는 것은 별개의 문제입니다. 따라서 건설사들은 투자자들이 지금 선호하는 원룸형 공급에 열을 올렸습니다. 투자자들이 부담스러워해 잘 팔리지 않는 투룸형은 거의 공급이 없었습니다. 우리나라는 선분양제도입니다. 건물을 짓기 전에 분양을 먼저 하는 것이죠. 이것이 착시효과를 불러일으킵니다. 원룸형이 주로 분양될 때 잘 팔리니까 투자자들은 더욱더 원룸형에 관심을 갖게 됩니다. 너도나도 원룸형만 샀습니다. 투룸형은 적게 분양하는데도 파는 데 아주 애를 먹었습니다.

그런데 2년 후 건물이 다 지어지고 입주하면서 반전이 일어납니다. 그동안 전세가가 급등해 전세 세입자들이 아파트를 떠나 오피스텔도 찾게 됩니다. 투룸형은 어중간해 공실이 날 것을 걱정했으나 오히려 수요가 급증해 입주할 때쯤에는 전세가가 분양가를 넘어서는 상황이 발생한 것입니다. 당연히 매매가도 급등했습니다. 그런데 인기가 아주 좋던 원룸형은 어땠을까요? 공급이 수요를 넘어서서 오히려 공실 걱정을 하고 겨우겨우 깔세로 임대를 맞추는 등 많은 우여곡절을 겪으면서 분양가보다 조금 상승하는 상황으로 마무리되었습니다. 이것은 투자자들이 눈앞에 보이는 것만 보아서는 안 된다는 것을 여실히 보여주는 일례가 되었습니다. 인기가 없던 투룸이 몇 년 후 대박 상품으로 변했고, 인기가 좋던 원룸형은 상대적 박탈감에 허덕이는 상황으로 변해버린 것입니다.

오피스텔 투자를 할 때 가장 좋은 점이 있습니다. 다른 투자상품하고는 상대가 되지 않습니다. 바로 부동산에 대한 공부입니다. 어떤 투자자분은 많은 현장을 다니시고 상담을 받을 때마다 메모할 것을 가지고 와서 꼭 적습니다. 이분은 부동산에 대해서 먼저 공부하고 그 뒤에 어느 정도 지식이 쌓이면 투자를 하겠다고 하십니다. 이런 분들을 보면 정말 안타깝습니다. 저는 이렇게 말씀드립니다. 공부가 되었든 뭐가 되었든 집중력이 중요합니다. 그냥 공부만 하신 분과 투자를 겸하면서 공부를 하시는 분은 반드시 차이가 발생합니다. 이렇게 공부만 하시는 분은 오히려 투자를 잘 못합니다. 투자를 안 하고 하는 공부는 부정적으로 될 가능성이 훨씬 큽니다. 왜냐하면, 주변에 모든 정보를 취합하면 부동산은 곧 떨어질 것만 같거든요. 그래서 젊고 똑똑한 사람들이 부동산에 대해서 부정적인 사람이 많습니다. 이분들은 나름의 또렷한 논리를 가지고 있습니다.

현재 경기도 안 좋고 인구도 줄어들고 금리도 올라가고 주택보급률은 100%를 넘어섰고 주택의 주 구매자인 젊은 층들은 취직을 못 해 자금이 없고 등등, 부정적인 요소투성이입니다. 그런데 공부를 전혀 하지 않은 투자 경험이 많은 아주머니들은 제때감으로 투자에 임해 상당한 투자 수익을 올립니다. 사실 어설픈 공부를 한 것이죠. 제가 강조하는 말이 있습니다. 어떤 현상이 있으면 그 현상에 대한 제대로 된 원인을 분석해야 그 현상에 대한 이해가 되고, 그로 인해서 어느 정도 미래가 예측됩니다.

그런데 현재 부동산에 대한 제대로 된 분석을 하는 분들이 거의 없습니다. 부동산은 다른 재화와는 다른 특성을 가지고 있고, 그 다른 특성 때문에 다른 재화와는 다른 현상을 나타냅니다. 그런데 원인 분석을 부동산의 특성에 기반해서 하는 분들을 거의 본적이 없습니다. 다들 다른 재화인 주식이나 다른 투자 상품과 거의 비슷한 틀을 가지고 분석합니다. 이러면 반드시 오류에 빠지게 됩니다. 그 대표적인 분이 바로 폭락론자인 분입니다.

다시 본론으로 돌아와 오피스텔 투자를 하면 공부가 되는 이유는 오피스텔은 복합적인 상품이기 때문입니다. 주택이 될 수도 있고, 사무실이 될 수도 있는 아주 가변적인 상품입니다. 여기에 적용되는 법률과 세금이 모두 다릅니다. 그런데 이것을 그냥 공부로 하려면 복잡하고 가변적이라 아주 난해합니다. 그런데 이것을 투자하게 되면, 일단 내 돈이 들어가게 되면 공부를 하지 말래도 저절로 하게 됩니다. 오피스텔 투자를 한번 해보십시오. 바로 부동산 박사가 될 겁니다. 아파트를 투자한 분이 사업자에 대해서 공부하겠습니까? 오피스텔 투자를 하게 되면 임대사업자로 할 것인가 주택 임대사업자로 할 것인가 아니면 실소유자로 갈 것인가 어느 것이 나에게 유리할 것인가를 요모조모 따져봐야 하기 때문에 집중해서 이 모든 것을 알아봐야 합니다. 월세를 놓게 될 경우에 내 자본금에 대한 투자 수익률도 공부하게 됩니다. 부가세와 취득세, 그리고 나아가 양도세까지 알아야 합니다. 이런 것들에 관심을 저절로 두게 됩니다. 아주 구체적인 공부가 되는 것이죠.

저는 오피스텔 투자의 매력은 바로 여기에 있다고 강조합니다. 특히 처음 부동산 투자를 해보시고자 하시는 분은 첫 번째 투자로 오피스텔에 투자해보시라고 적극 권해드리고 싶습니다. 적은 돈으로 크게 부담되지 않으면서 투자 수익도 올릴 수 있고, 이와 더불어 정말 많은 양의 부동산 공부가 저절로 되는 상품이기 때문입니다. 이것이야말로 바로 일석 이조 아니 일석 삼조, 사조의 효과라고 생각합니다.

11
매도!
즉, 파는 것이 더 중요하다

주식 격언 중에 '팔아서 현금화가 되어야 비로소 수익이다'라는 말이 있습니다. 부동산도 똑같습니다. 부동산으로 돈을 벌기 위해서는 결국 팔아서 현금화해야 비로소 얼마의 수익이 발생했는가가 결정이 됩니다. 그런데 시중에 나와 있는 거의 모든 책에서는 사는 방법에만 집중되어 있지, 파는 것에 대한 도움을 주는 책은 별로 없습니다.

그것은 그들 대부분이 아파트의 경기사이클에 대한 지식이 부족하거나 모르기 때문입니다. 오르기만 할 거라고 생각하는 사람이 언제 파는가가 중요하겠습니까? 오랫동안 가지고만 있으면 그게 다 수익이 될 텐데, 많은 분이 어느 한쪽으로만 포커스가 맞춰져 있습니다. 폭락론자는 아파트는 곧 망할 것이라고 보고 있습니다. 투자를 조장하는 분들은 오르는 쪽으로만 포커스를 맞춥니다.

그래서 파는 것이 그렇게 중요하다고 생각되지 않을 수도 있습니다. 사람들은 파는 것을 그리 중요하게 생각하지 않습니다.

그런데 저는 파는 게 매우 어렵습니다. 제가 앞서 갭 투자에 관한 내용을 언급하면서 실제 팔았던 방법에 대해서 소개했는데, 실제로 갭 투자에 최적화되어 있는 나 홀로 아파트나 인기가 없는 아파트들은 팔 때가 매우 어렵습니다. 실제로 팔 때 주변 시세보다 저렴하게 내놓으면 어느 정도 팔리긴 합니다. 그러나 사람 마음이 그렇게 됩니까? 살 때는 최저가로 사고 싶은 것처럼 팔 때도 최고로 비싸게 팔고 싶은 것이 모든 사람의 심리입니다.

저는 예전, 부천에 있는 나 홀로 아파트를 팔 때 세입자 만기에 맞춰서 4개월 전부터 공인중개사 사무실에 물건을 내놓았으나 보러 오는 손님도 정말 드물었습니다. 그래서 투자자의 불안한 심리를 먼저 생각해보고 그 불안한 심리를 해소하면 파는 데 도움이 되겠다 싶어서 파는 것에 앞서 먼저 새로운 세입자를 최고의 전세가에 맞추었습니다. 다행히 전세 물건이 전무한 상태였기 때문에 현재의 시세대로 전세를 금방 맞출 수가 있었습니다. 그리고 매수자를 찾으니 금방 거래가 되었습니다. 아마도 별다른 조처를 하지 않았더라면 세입자 만기에 가까워져서 매매가를 조금 낮춰서 거래를 성사시켜야 했을 것입니다.

나 홀로 아파트는 사실 투자자에게 인기가 없습니다. 가격도 안 오를 것만 같고 세입자도 잘 안 구해질 것 같은 아파트이기 때문입니다. 그런 아파트를 2년 전 전세가격에 세를 안고 현재 시세로 투자를 진행할 투자자가 얼마나 있겠습니까? 그런데 전세를 현재 시세로 맞추니 다시 갭 투자를 하기에 안성맞춤인 아파트로 변했습니다. 전세 2억 4,000만 원에 매매가 2억 6,000만 원입니다. 투자금은 2,000만 원만 있으면 됩니다. 지금 같은 상승기에서 갭 투자를 하는데 2,000만 원에 갭 투자를 할 수 있는 물건이 얼마나 있겠습니까? 2,000만 원 투자해서 매매가가 1,000만 원만 올라도 수익률이 50%나 됩니다.

사람들은 싸게 사는 것에 모든 노력을 기울입니다. 그러나 파는 것에는 그리 많은 노력을 기울이지 않습니다. 그런데 투자는 팔 때, 언제 파는가 그리고 어떻게 파는가에 따라서 수익이 엄청나게 차이가 날 수가 있습니다.

옛날로 돌아가보겠습니다. 만약 2004년에 갭 투자를 진행한 2명의 투자자가 있다고 하겠습니다. 그중 한 명은 2006년 말에 매도했고, 다른 한 명은 2010년에 매도했습니다.

어느 분의 수익률이 높겠습니까? 말씀을 안 드려도 다들 아시겠죠? 당연히 2006년에 매도한 분의 수익률이 월등하게 높을 것입니다. 그분은 거의 최고가에 매도했고, 다른 한 분은 오히려 매수가보다 낮은 가격에 팔았을 가능성이 높습니다.

과거의 일이라 올라가고 떨어지는 시점을 이미 알고 있으니까 그렇게 말할 수 있다고 할 수도 있겠습니다. 맞습니다. 대부분의 사람은 언제 떨어질 것인지 잘 모르고, 떨어질 것이라고 생각하는 분들도 별로 없는 것 같습니다. 그런데 제가 앞서 언급한 아파트의 순환 사이클에 대해서 어느 정도 인지가 가능한 사람이라면 다르겠지요. 폭등 후 적당한 시점에 매도하면 그것이 최고의 투자가 될 가능성이 큽니다. 떨어지는 것을 대비하지 않는 사람들은 결국 두 번째 투자자처럼 최고가에서 뚝 떨어진 바닥에서 기다리다 지쳐 팔 가능성이 매우 큽니다. 그래서 아파트 사이클을 알고 있는 것이 매우 중요합니다.

문제를 하나 내보겠습니다. 그럼 과연 언제쯤 파는 것이 좋을까요? 사례를 하나 들어보겠습니다. 2013년에 무주택자가 집을 한 채 2억 원에 구입해서 직접 거주를 했습니다. 그리고 2015년에 다른 아파트를 구입해 7월에 새로운 아파트에 이사를 가고 기존 집은 전세를 2억 2,000만 원에 놓았습니다. 지금은 상승장이라고 가정하겠습니다. 그럼 2013년에 산 집을 언제 파는 것이 좋을까요? 참고로 2015년 매매가는 2억 4,000만 원 정도고, 2017년 전세가는 2억 4,000만 원이고 매매가는 2억 6,000만 원 정도입니다. 여기에서 핵심은 무엇이겠습니까? 바로 일시적 1가구 2주택자의 양도세 비과세에 관한 문제입니다. 일시적 1가구 2주택의 양도세 비과세 요건은 기존 주택은 2년 이상 보유했고, 새로운 주택을 산 시점으로 3년 안에 기존 주택을 팔아야 합니다. 그럴 때 기존 주택은 양도차익이 많아도 비과세 됩니다.

 사실 정답은 없지만, 개인적 취향에 따른 최선의 방법을 찾는 문제입니다. 저 같은 경우에는 2017년 7월 전후로 해서 파는 것이 최선이라 생각됩니다. 그 이유를 알아보겠습니다.
 기존 주택은 새 아파트를 2015년 7월에 산 것이 되므로 3년이 되는 2018년 7월 안에 팔아야 합니다. 그런데 전세를 2015년 7월에 맞추었기 때문에 만기는 2017년 7월이 됩니다. 만약 2017년 7월에 안 팔고 2018년 7월에 팔고자 한다면 다시 세를 한 번 더 맞추어야 합니다. 일단 상승장이기 때문에 최대한 오래 가지고 있는 것이 수익이 높아지는 상황입니다. 그런데 팔기가 수월한 상황을 찾는 것입니다.
 20017년 6월 정도에 팔고자 한다면 사는 사람은 2억 2,000만 원의 전세를 안고 2억 6,000만 원에 사야 합니다. 투자금이 4,000만 원이 들어가야 합니다. 그런데 7월에 새로운 사람으로 전세를 먼저 2억 4,000만 원에 맞춰놓으면 투자금이 2,000만 원밖에 안 들어갑니다. 어느 것이 팔기에 좋을까요?
 그리고 2018년 7월에 팔고자 할 때를 생각해보겠습니다. 이때 상황을 가정해보자면 전세는 2017년 7월에 2억 4,000만 원에 세를 맞췄겠죠? 그리고 지금까지의 매매 흐름으로 봤을 때 2018년 예상 매매가는 2억 7,000만 원 정도로 보입니다. 그럼 투자자는 세를 안고 사야 합니다. 그런데 그 시점에 전세가는 2억 5,000만 원 정도 하겠죠? 파는 매물이 내 것만 있다면 괜찮겠지만, 다른 물건이 있다면 그리고 그 물건이 세를 2억 5,000만 원에 맞출 수 있는 물건이라면 투자자는 물건과 다른 물건 중 어느 것을 사겠습니까? 당연히 전세를 새로 맞출 수 있는 물건을 살 것입니다. 이렇게 생각해보면 갭 투자를 한 물건은 항상 전세 만기에 맞추어 파는 것이 유리하다는 것을 알 수 있을 것입니다.

1년 동안 가지고 있어 조금이라도 더 올랐을 것 아니냐고 반론을 제기할 분이 있으실 지도 모릅니다. 투자자는 항상 판 돈을 그대로 두는 것이 아니고 또 다른 투자를 진행한다는 또 다른 가정을 전제해둬야 합니다. 여러모로 검토해봤을 때 제 입장에서 보면 일시적 1가구 2주택자는 새로운 주택을 구입한 시점 2년째 되는 때에 기존 주택을 매도하는 것이 가장 효율적이라고 생각됩니다.

이렇게 일시적 1가구 2주택의 세금을 고려한 매도 시기를 검토해봤습니다. 사실 보유 가구 수를 고려한 세금 문제는 워낙 다양한 상황이 존재하기 마련입니다. 이 책에서 모든 상황을 고려한 매도 방법이나 시기를 기술하기는 어렵습니다. 다만 부동산을 매수할 때 반드시 본인의 보유 주택 수와 그와 관련된 세금 관계를 고려해야 합니다. 그리고 그에 따른 최적의 매도 시기도 매수할 때 이미 고려해서 계획을 세워놓아야 합니다.

Chapter
02

초보자가 좋아하는, 그러나 피해야 할 투자 5

01
경매 투자는 좋은 투자법이지만, 비효율적이다

　부동산 상담을 하다 보면 의외로 부동산 투자에 초보인데도 불구하고 경매를 하시겠다는 분들이 정말 많습니다. 그분들의 주된 생각은 부동산을 싸게 사는 것입니다. 경매를 통해서 싸게 살 수 있다는 것이죠. 그렇게 할 수 있다는 자신감을 가지고 계십니다.

　시중에는 경매 투자에 관한 책들이 무궁무진하게 있습니다. 그 책들을 읽어보면 경매의 전문가가 된 듯한 착각을 일으킬 수 있을 정도로 자세하게 경매 투자에 관한 기법들이 기술되어 있습니다. 그런데 그런 책들을 읽고 나서 과연 경매 투자의 전문가가 될 수 있을까요? 그리고 궁극의 목적인 내가 원하는 물건을 싸게 낙찰받을 수 있을까요? 이러한 과정에 대해서 어떻게 할 것인가를 여쭤보면 대부분의 대답은 그냥 잘 할 수 있다는 것이었습니다.

이런 상담을 진행해오면서 제가 느끼는 것은 사람들은 정말 욕심이 많구나 하는 것이었습니다. 첫 번째는 부동산을 가장 싸게 사서 가장 많은 수익을 올리겠다는 욕심입니다. 두 번째는 자기는 경매 물건을 정말 싼 가격에 잘 낙찰을 받을 수 있다는 것입니다. 경매를 여러 번 참여해보셨다는 분에게 낙찰받은 것이 있느냐고 물으니 아깝게 2등으로 떨어진 적이 여러 번 있다고 답합니다. 그리고 앞으로는 낙찰받을 가능성이 크다고 합니다. 2등을 여러 번 해봤으니 이제 1등 할 때라는 것이죠. 그리고 그분은 결국 30% 정도 할인해서 싸게 팔고 있는 아파트 계약을 포기하시고 그냥 구경만 하시다가 갔습니다. 그분 말씀은 경매 시장에 그 아파트에 있는 다른 호실이 그 할인된 가격보다 싸게 경매에 나와 있다는 것이었습니다. 그래서 이 아파트를 30% 할인해서 팔고는 있지만, 여전히 비싸다는 논리인 것입니다.

싸게 사고자 하는 의지와 노력은 좋습니다. 그리고 경매는 다른 물건에 비해서 싸게 구입하기 좋은 투자 방법입니다. 그러나 다시 생각해보면 경매 투자만큼 비효율적이고 위험한 투자가 없습니다. 경매 투자와 일반 부동산 투자를 비교해보겠습니다.

1. 준비기간의 장기화

경매 물건은 일단 하자가 있는 물건입니다. 그 하자를 처리하기 위한 대가로 저렴하게 부동산을 구입하는 시스템입니다. 그런데 이런 하자 있는 물건이 쉽게 내 손에 들어오겠습니까? 일단 경매는 매우 어렵습니다. 그래서 필요한 것이 공부가 선행되어야 합니다. 부동산을 매입하는 일은 공부가 되어 있지 않아도 가능하고, 충분히 이익을 남길 수도 있습니다. 그러나 경매는 공부 없이 도전했다가는 패가망신하기 십상입니다. 그래서 경매를 참여하기 위해서는 필수적으로 공부가 선행되어야 합니다. 저도 경매 공부를 해봤지만 보통 어려운 것이 아닙니다. 그리고 공부해야 할 내용도 정말 많습니다. 어떤 분들은 경매 학원을 1년을 넘게 다녔지만, 아직 경매 참가는 엄두도 못 내고 있다고 합니다.

경매에 관한 책을 보신 적이 있으시겠지요? 학원 다니실 시간이 없으신 분들은 책을 접하게 됩니다. 책 한 권 읽었다고 경매에 참여하실 수 있겠습니까? 경매는 까다로운 절차부터 시작해서 물건의 시세를 파악해야 하며, 등기부등본을 통한 권리분석, 임장 활동을 통한 보이지 않는 권리분석, 낙찰 후에 생기는 명도 과정의 문제점 등등 너무나도 많은 양의 공부가 요구됩니다.

공부가 어느 정도 되었다 싶으면 실전에 돌입해야 합니다. 검색을 통해서 관심이 가는 경매 물건을 찾았습니다. 이 물건에 대해서 알아보는 과정이 필요합니다. 어디 숨어 있는 권리는 없나 주변 공인중개사 사무실과 옆집을 들러 그 집에 대해서 알아보고 등기부등본 등을 꼼꼼히 검토해봐야 합니다. 그리고 그 집 상태는 어떤지도 직접 찾아가 눈으로 지켜봐야 합니다. 그런데 경매 나온 집에 가보면 그 집에 사는 사람은 집을 잘 안 보여줍니다. 어렵게 사정하고 먹을 것도 사 들고 가서 겨우 임차인을 만나는 데 성공합니다. 이러한 일련의 과정을 권리분석이라 합니다. 경매는 기본적으로 하자가 있는 물건이기 때문에 그 하자가 무엇인지, 그리고 더 숨어 있는 하자가 있지는 않은지 정확하게 파악해야 합니다. 그렇지 않으면 다음에 나와 있는 수많은 실패 사례처럼 오히려 큰 손해만 보게 될 가능성이 많습니다. 그런데 이 권리분석에 들어가는 노력과 시간도 속된말로 장난 아니게 소요됩니다. 그 기간 동안 이미 다른 일반 부동산을 구입했다면 벌써 엄청난 수익을 올리고 있을 것입니다.

2. 수많은 실패 사례

경매에서 겪는 실패는 투자자에게는 타격이 큽니다. 그런데 그러한 투자 실패 사례들을 살펴보면 너무나도 많습니다. 그만큼 경매 투자가 어렵다는 것을 의미합니다.

그 사례들을 간단하게 살펴보면 다음과 같습니다.
- **입찰 금액을 잘못 써서 보증금을 날린 경우** - 예를 들어 1억 원에 입찰

금액을 써야 할 것을 0을 하나 더 붙여서 10억 원으로 쓴 경우

· **입찰 전에 현장 방문 없이 명도에 문제 있는 주택을 낙찰** - 이 경우는 노인 한 분이 사는 집인데 아들 소유로 되어 있었고 아들이 대출금을 갚지 못해 경매된 것으로 사실 권리관계에서 큰 문제가 없어서 약 80% 정도에 낙찰받았고, 소유권이전등기를 한 상태에서 명도를 위해 집을 들렀으나 오갈 데 없는 노인에게 차마 나가라는 말을 못해 낭패를 본 사례

· **배당요구를 하지 않은 선순위 세입자를 고려하지 못한 낙찰** - 말 그대로 선순위 세입자가 있었는데 배당요구를 하지 않아 전세금을 고려해 낙찰을 받았어야 했는데 이를 고려하지 못하고 감정가의 70%에 해당하는 금액으로 낙찰받고 나중에 40%에 해당하는 보증금을 내주어야 하는 상황이 되어버림. 시세보다 10%나 더 주고 경매를 받은 경우

이 외에도 너무나도 많은 실패 사례가 있습니다. 이러한 것들은 모두 경매의 권리분석이라는 매우 어려운 과정이 있기 때문에 발생하는 문제입니다.

그러나 일반 부동산은 이러한 실패 사례는 없습니다. 다만 시기를 잘못 택해 구매 당시보다 가격이 내려가는 경우는 있습니다. 그러나 이 문제는 경매에도 똑같이 적용되는 문제입니다. 그러니 실패 가능성 면에서 일반 부동산을 구입하는 것이 확률적으로 훨씬 유리합니다.

3. 낙찰 가능성 희박

최근 경매에 관한 관심들이 고조되면서 경매 투자자들이 너무나 많이 늘었습니다. 자연스레 경쟁이 심화되었습니다. 옛날에는 감정가의 70%에 낙찰이 가능했을 법한 물건이 투자자들이 선호하는 아파트 같은 경우에는 90% 이상을 웃도는 경우들이 많이 발생하고 있습니다. 물건은 한정적인데 그 물건에 관심을 갖는 사람이 늘어나니 당연히 발생하는 현상이라고 볼 수 있습니다. 정말 열심히 임장 활동을 통해 시세를 분석하고, 또한 숨어 있는 권리가 있는지까지 꼼꼼하게 분석해 적정입찰가를 산정해 입찰했는데 떨어지는 일이 비일비재하게 되었습니다. 일종의 분위기에 따른 게임을 하는 심리가 작용하는 것입니다. 입찰하는 사람이 많아지니 누군가가 정상 입찰가보다 높게 쓰게 되는 현상이 나타나는 것입니다.

4. 컨설팅업자들의 농간

경매는 임장 활동이 필수적으로 요구되는 투자 방법입니다. 그런데 임장을 갈 시간적 여유가 없는 투자자들 같은 경우에는 경매 컨설턴트에게 의뢰를 하기도 합니다. 컨설턴트의 경우에는 상담료를 받기도 하지만, 대부분 낙찰을 시켜주고 낙찰가의 대략 1~1.5%의 수수료를 받는 것이 일반적입니다. 이 경우 컨설턴트는 대리 입찰을 할 때 열심히 권리분석을 하고 시세를 알아보고 입찰을 진행해도 낙찰을 받지 못할 경우 아무런 대가가 없을 수 있습니다. 그래서 일부 몰지각한 컨설턴트의 경우 높은 가격에 낙찰을 받고 이 낙찰가에 대해 의심하는 의뢰인에게 신뢰감을 주기 위해 바지 입찰자를 세우기도 합니다. 예를 들어 적정가가 2억 원 정도인 아파트가 있다고 하겠습니다. 시세는 약 2억 5,000만 원 정도입니다. 컨설턴트는 2억 4,000만 원에 입찰합니다. 그리고 입찰가격이 너무 높다고 여길 수 있기 때문에 바지 입찰자들을 내세워 한 명은 2억 3,500만 원, 또 다른 한 명은 2억 3,000만 원, 이렇게 입찰을 하도록 합니다. 이렇게 해서 의뢰인에게 경쟁이 심해서 입찰가가 올라갔다고 하고 그 근거로 2, 3등의 입찰가를 공개하는 것입니다. 이러한 상황이 많아지면서 자연스레 정상적인 입찰가를 쓴 개인 경매 투자자들도 당연히 떨어지는 상황이 벌어지게 됩니다.

5. 경매 물건에 대한 부정적인 인식

우리나라의 경우 부동산에 대한 기운을 중요시하는 사람이 매우 많습니다. 그래서 집을 구매할 때 점쟁이에게 점을 보고 사는 분도 있으며, 진단장치를 사용해 수맥의 여부를 따져보는 사람도 있습니다. 주택을 중개할 때 그 집에 살던 사람이 잘되어 이사를 가는 경우일 경우 매수자가 돈을 더 주고라도 매입하는 경우도 종종 있었습니다.

어떤 CEO의 경우에는 사무실을 구할 때 절대로 홀수 층은 안 된다고 하시는 분도 있었습니다. 홀수 층을 사용할 때 사업이 매우 어려웠고, 짝수 층을 사용할 때 일이 술술 잘 풀려서 이분은 그때부터 짝수 층만을 고집하는 징크스가 생겼다고 합니다. 기왕이면 다홍치마라고, 조금이라도 기운이 좋은 집에 사는 것이 느낌이 좀 더 좋은 것은 사실이라고 사람들은 말합니다. 제가 예전에 일산동구 식사동의 한 아파트를 분양할 때 그 아파트에 애프터리빙이라는 방법으로 살고 있던 연예인이 있었습니다. 그런데 이 연예인은 이 아파트에 들어와서 살기 시작하면서 갑자기 일이 잘 풀려서 고정 예능프로가 생기고 인기도 아주 높아지는 상황이 되었습니다. 애프터리빙은 소유권은 구매인이 가져가고, 대신 2년 정도 전세처럼 살다가 나가고 싶으면 얼마든지 나갈 수 있는 새로운 형태의 분양 방법입니다. 이 연예인은 여기에 2년을 거주했고 마침 분당 쪽에 새로운 아파트를 분양을 받아 거기로 입주를 해야 하는 상황이었습니다. 그래서 나갈지, 완전구매를 할지를 결정하는 자리에서 이 연예인은 나가고 싶다고 했습니다.

그런데 아파트 상황을 상담받고 구매를 하고 바로 파는 쪽으로 방향을 맞추고 구매를 결정했습니다. 이미 등기상으로 2년 보유했고 양도세는 비과세요건을 갖추었기 때문에 상황이 너무나도 좋았습니다. 보름 만에 그 집이 팔렸는데 시세보다 1억 원이나 높은 가격으로 거래가 되었습니다. 매수자가 그 연예인이 그 집에 살면서 너무 잘되어 나가는 상황이었기 때문에 높은 가격에 흔쾌히 매수를 결정한 것입니다.

그런데 경매 물건은 상황이 정반대입니다. 경매로 나왔다는 자체가 그 집에 살던 사람이 안 좋은 상황이 되었다는 것을 의미하기 때문입니다. 실제로 아파트에 경매로 받은 물건이 있었는데 세를 맞출 때 정상 시세를 받지 못하고 시세보다 더 저렴한 가격에 전세가 겨우 맞춰졌습니다. 그 경매 투자자는 일반적인 전세시세를 가정하고 투자를 결정해 좀 더 저렴한 가격에 경매를 받았으나, 결국 투자 금액은 오히려 일반 갭 투자를 하는 경우보다 많게 되는 상황이 되었습니다. 이 경우 어떻게 팔았는지는 잘 모르겠으나 아마도 시세보다 높은 가격에 파는 상황은 거의 없을 것으로 보입니다. 이미 그 아파트 단지에는 소문이 나 있는 상황이어서 입주민 모두가 내용을 잘 알고 있기 때문이죠.

경매 투자의 가장 큰 장점은 저렴한 가격에 있습니다. 그런데 투자자들이 가장 크게 실수하는 것이 있습니다. 바로 흐름을 모르는 것입니다. 만약 흐름을 잘 알고 있다면 굳이 실패할 가능성도 크고, 시간 낭비할 수도 있는 경매를 통하지 않고 시장에 나와 있는 조금이라도 저렴한 물건을 구매하는 것이 훨씬 효율적이라는 것을 알 수 있을 것입니다. 만약 시장 상황이 침체기에 있는 경우라면 경매보다 급매로 나온 것이 더 저렴한 경우도 많이 있습니다. 이런 경우 협상만 잘한다면 더 저렴하게 구입할 수도 있을 것입니다. 그리고 시장 상황이 활황일 때의 아파트 낙찰가가 시세의 90% 이하에 낙찰되는 경우는 아주 권리관계가 복잡한 경우 아니고서는 거의 없다고 봐도 무방할 것입니다.

시간도 많이 투자하고 여기저기 다니면서 물어도 보고 해서 얻은 대가가 겨우 10% 정도 저렴하게 사는 것이 경매입니다. 이것도 100% 낙찰만 받게 된다면 그렇게 하는 것도 의미 있는 투자가 되겠으나, 제 주위에 있는 경매 투자하시는 분 중에 아파트를 싸게 낙찰받는 것은 거의 본 적이 없습니다. 활황장에서는 시간이 돈입니다. 겨우 몇 달 지나지 않았는데 몇천만 원이 올라 있는 경우가 허다합니다. 그런데 몇천만 원 싸게 받기 위해 시간을 허비하는 것이 오히려 손해 보는 것이 될 수도 있다는 생각이 듭니다.

제가 앞에서 전세가율이 높은 아파트를 2014년 정도에 구입했을 경우 3년이 지난 지금 투자 수익률이 500% 이상 된다는 말씀을 드렸습니다. 그런데 만약 2014년에 경매를 통해서 그 아파트를 구입하려고 한 경매 투자자는 그 아파트를 경매로 구매했을까요? 아마도 아직도 경매로 한 건도 낙찰받은 것이 없이 지금도 법원을 전전하고 있을 가능성이 매우 큽니다.

경매 투자의 매력은 몹시 어렵고 복잡한 권리관계가 있어서 입찰경쟁자가 거의 없을 때 이를 풀 수 있는 진정한 경매의 고수가 거의 헐값에 낙찰받는 것이라고 봅니다. 그 외에 조금 더 저렴하게 사고자 하는 목적에서의 경매 투자는 효율성 면에서 아주 많이 떨어지는 투자법일 가능성이 큽니다.

02 지역 주택조합아파트 투자를 조심해야 한다

최근 들어 각 지역에 아주 저렴한 분양가를 미끼로 한 지역 주택조합아파트 분양이 활개를 치고 있습니다. 생각보다 많은 사람이 지역 주택조합아파트 분양을 받는 것으로 보입니다. 일단은 지역 주택조합이 무엇인지, 그리고 지역 주택조합의 장단점에 대해서 알아보고 왜 제가 지역 주택조합아파트에 투자하는 것을 지양하라고 하는지에 대해서 구체적으로 알아보겠습니다.

1. 지역 주택조합아파트

같은 특별시·광역시·특별자치도·시 또는 군(광역시의 관할 구역에 있는 군은 제외한다)에 거주하는 주민이 주택을 마련하기 위해 설립한 조합을 말합니다. 지역 주택조합의 설립을 위해서는 해당 주택 건설대지의 80/100 이상의 토지에 대한 토지사용승낙서, 창립총회의 회의록, 조합장선출동의서, 조합원 명부, 사업계획서 등을 첨부해 주택조합의 주택건설 대지를 관할하는 시장·군수·구청장에게 제출해야 합니다. 조합의 변경을 위해서는 변경의 내용을 증명하는 서류, 해산을 위해서는 조합원의 동의를 얻은 서류를 제출해야 합니다. 지역 주택조합원의 자격은 주택조합설립인가신청일(해당 주택건설대지가 법 제41조에 따른 투기과열지구 안에 있는 경우에는 주택조합설립인가신청일 1년 전의 날을 말한다)부터 해당 조합주택의 입주가능일까지 주택을 소유하지 않거나 주거전용면적 85m^2 이하의 주택을 1채 소유한 세대주여야 하며, 조합설립인가신청일 현재 동일한 시·군 지역에 6개월 이상 거주해온 자여야 합니다. 주택조합은 구성원을 위해 건설하는 주택을 해당 조합원에게 우선 분양할 수 있습니다.

2. 지역 주택조합의 장단점

지역 주택조합에 관심을 갖는 것은 다른 것은 크게 중요하지 않고 무엇보다 일반분양아파트에 비해 분양가가 상대적으로 매우 저렴하다는 것입니다. 그럼 왜 지역 주택조합은 일반분양아파트에 비해 가격이 매우 저렴할까요?

첫 번째로 토지의 소유 여부입니다. 일반분양아파트의 경우

구분	장점	단점

지역
주택조합
	· 주택청약통장이 필요 없음
	· 청약경쟁순위에 관계 없음
	· 일반분양주택보다 가격 저렴
	· 일반분양주택보다 양호한 호수배정
		· 주택조합 가입요건구비
		  (지역, 거주기간, 무주택세대주 등)
		· 사업지체 시 추가부담금 발생
		  (업무추진비 포함)
		· 입주시기와 분양금액 불확정
		· 조합원 간 갈등상존
		· 조합원 지위를 계속 유지(무주택 세대주)
		· 대규모 아파트 단지 조성 어려움
		· 주택조합사업의 부정적 인식
		  (상품성 저하 등)

일반분양 아파트	· 청약 시 시공사와 공사 기간에 대한 신뢰성 확보 · 분양가 확정 · 분양 후 입주기간이 짧음 · 업무추진비 없음 · 사업주체가 단순해 민원이 적음	· 청약통장 필요 · 상대적으로 분양가 높음 · 인기지역은 당첨확률 낮음

사업주체인 시행사가 사업지를 사업시행하기 전에 미리 토지를 구매합니다. 그리고 나서 일정 기간이 지나서 사업시행을 하는 경우가 대부분입니다. 그런데 그 일정 기간이 짧지가 않습니다. 꽤 오랫동안 빈 땅으로 유지합니다. 땅을 구매하자마자 사업을 시행하는 경우는 거의 없습니다. 이때 발생하는 것이 금융비용과 기회비용입니다. 이러한 비용은 분양가를 산정할 때 포함시킵니다.

그런데 주택조합의 경우에는 토지를 매입하고 진행하는 사업이 아닙니다. 보통 분양사업자가 미리 사업 예정지의 토지 소유자들과 접촉해 토지 매입의향서를 받습니다. 일정 금액을 약속하고 나중에 그 토지를 그 약속된 가격에 구입하겠다는 약정서 같은 것입니다. 그리고 그 약정서에 기반해 조합원을 모집하고, 조합원들이 모집되면서 지불한 계약금을 가지고 나중에 토지대금을 지불해 토지를 매입하고 바로 사업을 시행하게 되는 절차를 거치게 됩니다.

이 경우 일반분양아파트에서 토지를 미리 매입함으로써 발생되는 금융비용, 기회비용, 사업추진 지연에 따른 리스크 등의 비용이 지역 주택조합에서는 발생되지 않기 때문에 분양가에서 그 비용을 뺀 상태로 산정하기 때문에 저렴한 것입니다.

그리고 마진의 유무에 따라 차이가 있습니다. 일반분양아파트의 경우 시행사는 마진을 얻어야 합니다. 마진이 없는데 사업을 하는 사업가는 없겠죠? 이 마진이 분양가에 포함됩니다. 그런데 원칙적으로 지역 주택조합아파트의 경우 업무대행사는 마진이 없습니다. 업무추진비라고 해서 이 안에 대행사의 조합원모집에 대한 비용과 일정 정도의 마진이 포함되어 있습니다. 이것을 분양가와는 별도로 받게 되어 있습니다. 그렇게 해도 일반분양아파트보다는 저렴하게 분양가가 산정이 됩니다.

그런데 이렇게 저렴한 분양가를 만들기 위한 이러한 과정 때문에 지역 주택조합아파트는 수많은 리스크를 안고 가야 합니다. 지금부터는 지역 주택조합아파트에 있을 수 있는 수많은 리스크에 대해서 알아보겠습니다.

3. 토지 매입의 어려움

지역 주택조합은 토지를 매입하지 않고 조합원을 먼저 모집하는 과정을 거칩니다. 그런데 대부분 지역주택조합을 분양하는 대행사는 광고할 때 100% 토지 매입 완료라는 홍보를 하고 있습니다. 그런데 이게 정말일까요?

거의 99% 매입이 완료되지 않았을 가능성이 큽니다. 거꾸로 생각해볼까요? 분양대행사 입장에서 생각해보면 대행사가 토지를 100% 매입했습니다. 그럼 왜 지역 주택조합으로 가겠습니까? 그리고 왜 싸게 팔겠습니까? 이미 토지를 매입했다는 것은 그 비용을 다 지불했다는 것이고, 그 순간 대행사는 금융비용, 사업추진 리스크, 기회비용의 위험을 안고 가야 합니다. 이러한 많은 위험을 감수하고도 그 위험에 따른 비용을 분양가에 포함시키지 않고 원가 그대로 분양가를 산정해서 사업을 추진한다는 것은 상식적으로 생각해봐도 이해가 안 되는 상황입니다.

토지 매입이 완료되었다고 말하는 것은 거의 대부분이 계약금 중 일부만을 지불한 상태일 가능성이 매우 큽니다. 그렇게 계약서만 써놓고 사업을 진행하면서 토지 매입이 100% 완료되었다고 선전하는 것이죠. 그러나 이 상황은 토지 매입이 완료되었다고 보면 안 됩니다. 계약금을 다 지불한 것도 아니고, 일부만을 지불한 상황에서 매도자가 계약을 파기할 가능성이 아주 크다고 보면 됩니다. 그래서 일단 상식적으로 지역 주택조합은 토지 매입이 100% 완료된 상황은 아닐 거라고 전제하고 조합원이 될지, 안 될지를 검토하시는 것이 맞다고 생각됩니다. 지역주택조합의 주의사항을 알려주는 전문가들은 토지 매입 여부를 꼭 확인하라고 말합니다. 그런데 소비자 입장에서는 그게 말같이 쉬운 일이 아닙니다. 일단 그 사업지의 모델하우스를 들어가보면 말 그대로 인산인해를 이룹니다. 지역 주택조합아파트에 관심이 있는 사람들이 많기도 하지만, 다른 부분이 있습니다.

조합원을 모집하기 위해 홍보를 하고 그 홍보를 보고 찾아온 고객들을 상담해 계약에 이르게 하는 분양직원인 분양상담사입니다. 요즘 트렌드가 한 현장에 분양직원이 수백 명이 근무합니다. 생각해보십시오. 그리 넓지 않은 분양홍보관에 수백 명의 직원이 서 있거나 자리에 앉아 있습니다. 고객 입장에서 보면 이분들이 고객들인지, 직원들인지 구별이 안 됩니다. 거기에 가보면 정신이 하나도 없습니다. 이러한 상황에서 혼자 토지 매입 여부를 꼼꼼히 검토하겠다고요? 보통 한 사업장에서 원 토지 소유주가 100명이 넘는 경우가 허다합니다. 이렇게 많은 토지 소유주가 정상적인 매매를 했는지, 아닌지를 서류를 통해서 확인한다는 것은 거의 불가능합니다. 그래서 대부분의 고객이 상담사가 하는 말을 그때 분위기에 취해 믿고 계약을 하는 경우가 비일비재합니다. 그래서 지역주택조합을 고려할 때는 토지의 매입은 안 되어 있다고 생각하고 있는 것이 좋을 듯합니다.

그런데 조합이 구성되어 토지를 매입하는 단계에서도 많은 문제점이 있습니다. 수많은 토지 소유주 중에 몇 명만 원래 약속했던 금액을 무시하고 더 많은 금액을 요구하게 되더라도 토지 매입에 어려움이 발생합니다. 원래 약속했던 것은 계약이 아니기 때문에 얼마든지 무효화시킬 수 있고, 금액을 올리거나 팔지 않겠다고 해도 문제될 게 없습니다. 이렇게 될 경우 토지 매입비용이 처음 예정했던 금액보다 훨씬 더 올라갈 수가 있습니다. 그리고 이렇게 금액을 가지고 오랫동안 실랑이를 할 경우는 사업추진이 어렵게 되어 추가적인 금융비용이 발생할 수도 있습니다. 이러저러한 이유로 토지 매입과정에서 벌써 추가부담금이 발생할 가능성이 매우 큽니다.

4. 조합 운영의 문제점

사실 지역 주택조합은 처음부터 같은 지역에 자리 잡은 조합원들이 아닙니다. 분양이라는 형식을 빌려 모집된 조합입니다.

그래서 어떤 조합원들은 자기가 조합원의 지위를 가지고 있는지도 모르는 경우도 종종 발생합니다. 이렇다 보니 조합이 설립되었을 때 조합을 책임지고 운영해나갈 조합장이라든지, 회계를 처리할 사람들이 조작된 경우일 수가 있습니다.

얼마 전 일산의 한 지역 주택조합 사업장에서 있었던 일입니다. 조합원 모집이 50%를 넘어서서 조합설립총회를 하고 회계감사를 진행하는데 조합에 있어야 할 자금이 거의 바닥 난 것이 발견되었습니다. 그동안 조합원들이 납부했던 계약금 및 업무추진비 그리고 1차 중도금 자납분이 모두 허공으로 사라져버린 것이었습니다. 물론 이 과정에서 토지 매입 및 조합원 모집 과정에서 쓰여진 광고 및 제반비용 처리가 되었다고는 하지만, 그러한 자금을 다 쓰고도 상당 부분의 자금이 남아 있어야 하는데, 그 자금이 어디에 쓰였는지가 모호한 상태였습니다. 조합원들은 난리가 났지만 이미 조합원 총회를 거쳐 조합설립인가가 난 상태가 되어 그 책임을 어디에도 물을 수가 없는 상태가 되어버렸던 것입니다.

인천의 한 지역 주택조합 사업장에서 있었던 일입니다. 이 현장은 토지 상태도 매우 좋았고 오히려 지주들이 조합으로 적극 가입해 토지 매입에 큰 어려움이 없었던 현장입니다. 조합원 모집도 매우 순조롭게 진행되어 분양 완판을 얼마 남겨두지 않았던 상황입니다. 난데없이 조합장이라는 사람이 무서운 사람들을 대동해 분양사무실을 강제로 폐쇄시키고 분양모집업무를 이제부터 조합이 진행한다며 강제집행을 했습니다. 그렇게 해서 기존의 업무대행사는 강제로 분양사무실에서 쫓겨나게 되고, 이후 조합은 추가 조합원모집에 소극적으로 임해 사업이 어쩔 수 없이 무한정 길어지는 사태가 벌어졌습니다. 이 상황은 전과 같이 분양이 순조롭게 진행이 잘될 경우 조합장과 조합 이사진들에게 떨어질 눈먼 자금이 없어질 것을 우려한 나머지 조합장이 조직폭력배를 동원해 사업을 강제로 지연시키는 것이었습니다. 사업 진행이 늦어질 경우 추가비용이 발생해 그에 따른 추가부담금이 발생하는데, 이 추가부담금 산정 시 조합이 챙길 수 있는 자금을 마련하기 위한 것으로 추측되었습니다.

그런데 문제는 이러한 문제가 발생해도 누구에게 책임을 묻거나 하소연할 곳이 없다는 것이었습니다. 조합 설립 이후 발생하는 문제는 모두 조합 자체의 책임이 되기 때문입니다.

5. 확정분양가 아닌 점과 변경되는 조건의 문제점

앞에서 본 사례처럼 토지 매입단계에서 발생한 추가부담금, 그리고 조합이 설립되고 나서의 조합 운영상에서 발생하는 추가부담금 등에 의해서 저렴하다고 생각했던 분양가는 이미 어디로 사라지고 눈덩이처럼 불어나는 분양가에 분통이 터지는 경우가 허다합니다.

이러한 사례도 있었습니다. 초기 조합원 모집 분양 당시 중도금 무이자와 발코니 확장비 무료라는 파격적인 조건으로 분양 홍보를 해 조합원 모집이 매우 순조로웠던 사업장이 있었습니다. 조합원 모집이 완료되고 조합설립인가를 받고 조합원 총회에서 이 조건이 변경된 상황이 발생했습니다. 문제는 분양 당시 중도금 무이자와 발코니 확장비가 무료이기 때문에 분양을 받았던 조합원이 대부분이었습니다. 그런데 중간에 총회를 통해서 이 조건이 무효화되고 중도금 이자 후불제가 되고 발코니 확장비도 얼마간을 납부해야 하는 조건으로 변경된 것이었습니다. 추가비용이 없을 것으로 완전히 믿고 분양을 받았던 조합원들은 낭패를 보게 된 것이었습니다. 이 중에서 어떤 분은 그동안 무주택자로 있으면서 어렵게 모아온 자금으로 간신히 계약금을 마련하고 70% 정도 대출을 받는다는 전제하에 잔금도 간신히 치룰수 있는 상황이었는데, 추가로 발생하는 이자와 발코니 확장비로 인해 입주가 어려울 수도 있는 상황이 된 것입니다. 조합원이 되는 기본 조건이 무주택자이거나 소형주택만을 소유한 세대주이기 때문에 다들 자금에 대한 여유가 없는 상황에서 예상치 못한 추가비용은 자칫 큰 사고로 이어질 수 있는 안타까운 사연이 아닐 수 없습니다.

6. 조합원 탈퇴의 어려움

이러한 예상치 못한 상황이 발생해 도저히 잔금을 치르고 입주할 수 있는 여건이 안 되는 조합원이 탈퇴하고자 해도 그마저도 쉽게 되지 않습니다.

왜냐하면, 조합설립인가는 기본적으로 총분양세대의 50% 이상이 되어야만 승인이 되고, 이후에도 최소한의 그 수가 유지되어야만 합니다. 그렇지 못한 경우 조합설립이 취소되고 사업이 무산되기도 합니다. 그런데 조합원 탈퇴가 자유롭게 된다면 그 수가 유지되는 것이 유동적으로 되어 사업추진이 어렵게 될 수도 있기 때문입니다. 이렇게 된다면 선의의 다른 조합원들이 피해를 볼 수도 있기 때문에 조합원 탈퇴 같은 경우 조합총회의 의결을 거쳐야만 가능한 아주 복잡한 과정이 요구됩니다.

그리고 이러한 과정을 거쳐 만약에 탈퇴가 되었다 하더라도 이미 납부된 계약금 및 업무추진비는 돌려받을 수가 없게 됩니다. 특히 업무추진비는 사업 전체가 무산되더라도 이미 비용처리가 된 것이고, 계약 당시의 약관에 의거해 돌려받기가 어렵습니다.

7. 업무추진비만을 노리는 사기 분양도 있다

지역주택조합의 계약 당시 계약자가 납입해야 하는 금액은 아파트 분양가의 10%에 해당하는 계약금과 업무추진비라는 명목의 조합가입비를 납부해야 합니다. 이 중에서 업무추진비라는 것은 조합모집을 대행해주는 업무대행사가 조합원을 모집하기 위해 사용하는 각종 홍보비용, 모델하우스 건설비용, 그리고 대행사의 일부 마진 등에 쓰이게 됩니다. 그래서 조합원으로 가입한 뒤에 업무대행사의 잘못으로 계약이 파기되어도 업무추진비는 돌려받지 못하는 돈이 됩니다.

그런데 이러한 점을 악용해 일부 못된 업무대행사가 이 업무추진비만을 노리고 사업을 추진하는 사업장이 생기고 있습니다. 지역주택조합 사업에 대해 어느 정도 지식을 가지고 있는 사람들이 봤을 때는 이 사업장 같은 경우에는 사업 진행이 거의 힘들겠구나 싶은데도 불구하고 열심히 조합원을 모집하는 것을 종종 봤습니다. 어떤 현장은 그 사업장을 관할하는 자치단체에서 그 지역은 아파트사업 허가를 내주지 않겠다고 공표했음에도 불구하고 분양을 지속하는 현장도 있었습니다. 업무대행사는 서류를 완벽하게 갖추어 사업추진을 진행하면 지자체의 경우 막을 수 없다는 등의 감언이설로 지속적으로 조합원을 꾸준히 모집을 시도했습니다.

그런데 참 안타까운 점은 그러한 위험에도 불구하고 계약자가 꾸준히 나오고 있다는 것입니다. 이러한 현장은 나중에 사업이 무산되어도 업무추진비만을 대행사가 챙기고 나도 그 책임을 대행사에게 물을 수가 없습니다. 법적으로 아무런 잘못이 없습니다. 대행사는 꾸준히 사업을 추진하는 것 같은 행동을 취하면 됩니다. 시간이 아무리 흘러도 문제가 될 것이 없습니다. 그 피해는 고스란히 조합원들이 입게 되는 것입니다.

8. 결정적으로 지역 주택 조합사업이 성공한 예가 드물다

국민권익위원회 조사에 따르면 2005년부터 10년간 설립인가를 받은 지역 주택조합 155개 중 불과 43개의 현장만이 입주에 최종적으로 성공했습니다. 나머지는 아직 추진 중이거나 이미 무산되었습니다. 약 28%의 성공률입니다.

성공이 안 된 112개 사업장에서의 조합원들은 최소한 5,000만 원~1억 원 정도의 자기자본이 투입되어 있을 것입니다.

예를 들어 분양가 2억 원짜리 지역 주택조합아파트라고 봅시다. 계약금 10%인 2,000만 원, 그리고 1차 중도금 자납금 10%인 2,000만 원 그리고 업무추진비 1,500만 원, 이렇게 해서 최소 5,500만 원이 10년 이상 묶여 있는 것입니다. 문제는 이 돈이 되찾을 수 있는 것이 아니라는 것입니다. 이제는 사업 진행이라도 되어 입주할 날만 손꼽아 기다려야 하는 상황이 대부분일 것입니다. 적은 돈도 아니어서 포기도 안 되고, 그렇다고 사업이 원활하게 추진되는 것도 아니어서 속만 타들어가는 조합원들이 부지기수입니다.

9. 결론

지역주택조합에 가입하는 것은 여러 가지 이유가 있겠으나, 가장 큰 것은 일반 분양분에 비해서 저렴한 분양가에 있습니다. 그러나 이게 홍보된 대로 제대로 사업추진이 되었을 경우에만 이익이 생기는 것이고, 조금만 잘못되어도 오히려 일반분양분보다 더 많은 추가부담금이 발생할 수도 있는 리스크가 큰 투자 방법입니다. 그리고 사업추진이 잘되더라도 기본적으로 사업진행 기간이 매우 깁니다. 보통 사업추진 기간을 5년 정도 보고 있습니다.

그런데 제가 아파트 투자에서 가장 강조하는 것은 아파트의 사이클입니다. 지금 현재는 상승기류에 있을 수 있으나 향후 몇 년 후에는 하락장으로 변할 가능성이 큽니다. 아무리 저렴하게 구입했다 하더라도 상승장에서의 프리미엄을 누리지 못하고 입주할 때 하락장에 맞닥뜨리게 되면 오히려 비싸게 산 것과 같은 상황이 될 수도 있습니다.

03
빌라는 아주 짧은 기간만 상승하고 소외된다

아파트 매매가가 상승할 때 많은 분이 상대적으로 저렴한 빌라 투자에 관심을 많이 가집니다. 시중에는 빌라 투자에 관한 책도 많이 나와 있습니다. 그리고 실제로 적은 금액으로 빌라 투자를 해 상당한 투자 수익을 올리신 분들도 많습니다. 그런데 저는 빌라 투자를 할 때 어느 정도 주의를 기울여야 한다고 말하고 싶습니다. 빌라는 오르는 시기가 어느 정도 정해져 있습니다. 그리고 매우 그 기간이 짧습니다. 사실 그 시기를 제외하면 그다지 많이 오르지 않습니다. 그러면 빌라 투자는 언제 하는지, 왜 오르는지를 알아보겠습니다.

저도 한때 빌라에 거주한 적이 있었습니다. 물론 전세로 거주했습니다. 살아보니 불편한 점이 정말 많았습니다. 첫 번째는 가장 불편한 것이 일단 주차 문제입니다. 두 번째는 저희가 5층에 거주했는데 엘리베이터가 없는 빌라였습니다. 그냥 다닐 때는 운동 삼아 좋기도 하다고 위안을 삼았지만, 조금이라도 무거운 물건을 들고 계단을 오를 때는 빨리 이사 가야지 하는 생각이 전부였습니다. 세 번째는 벽 두께가 생각보다 얇다는 것이었습니다. 여름에는 엄청 덥고 겨울에는 난방 효과가 없을 정도로 추웠습니다.

사실 빌라는 사람들에게 인기가 없는 주택입니다. 그냥 어쩔 수 없이 가는 거라고 보면 됩니다. 이런 상품이 잘 오르겠습니까? 그런데 오르더란 말입니다. 신기하죠? 빌라가 많이 오르는 시기가 있습니다. 바로 아파트 사이클에서 하향안정기 시점입니다. 이 시기에는 주택매매 시장이 아직 침체에서 크게 벗어나지 못해 사람들이 투자에 머뭇거리고 있기 때문에 매매가는 정체되어 있습니다. 특히 아파트의 경우 매매가가 거의 오르지 않습니다. 그런데 이때 밑에서 전세가가 치고 올라옵니다. 전세가가 급등해 세입자들이 크게 부담을 느끼고 아파트 매매가는 올라갈 기미가 보이지 않아 꼭 아파트를 사야 하나 의문이 드는 시기이죠. 이럴 때 세입자들, 특히 자금이 많이 부족한 세입자들의 경우 급등하는 아파트 전세에 감당하기가 어려워 어쩔 수 없이 빌라 전세를 선택하거나 이때 전세에서 벗어나 자가를 고민하는 분들이 빌라 매매를 선택하게 됩니다.

임차든 매매든 빌라로 수요자가 몰리는 시기인 것입니다. 사실 이때는 아파트는 크게 인기가 없습니다. 시장에 매물은 많이 나와 있어 매매가는 언제 떨어질지도 모를 것 같은 분위기에 전세가는 급등해 시장에 전세매물은 눈 씻고 찾아봐도 없는 상황이라 자가로 가고 싶은 사람도 비싼 돈을 들여서 아파트로 가고 싶은 생각이 잘 들지 않는 시기입니다. 때문에 저렴한 빌라로 눈을 돌리게 되죠. 전세난이 심해서 이때는 빌라도 전세 물건이 드뭅니다.

그렇다고 매수자들이 가격을 올려가며 사는 시기도 아닙니다. 주로 급매물이나 시세보다 훨씬 저렴한 매물들이 없나 찾아보는 시기에 해당합니다. 따라서 매수자가 늘었다고 해 매매가가 급등하는 시점은 아닙니다. 이때가 바로 전세에 밀려서 가격이 올라가는 그런 상황입니다. 그래서 이 시기에 빌라를 전세 끼고 갭 투자를 하면 올라갈 것 같지도 않은데도 계속해서 매매가가 올라가게 됩니다.

그런데 빌라는 딱 이 시기가 거의 전부라고 보시면 됩니다. 빌라 가격이 상승하면 이때다 하고 빌라 분양자들이 너도나도 분양을 시작합니다. 이때는 정말 잘 팔립니다. 그런데 처음부터 전제로 깔고 시작했습니다. 바로 빌라는 살기에 불편하고 아파트에 비해서 삶의 질이 너무나도 떨어지기 때문에 인기 있는 상품은 아니라는 것입니다. 어쩔 수 없이 사게 되는 상품인데, 공급이 이 시기가 되면 너무나도 많아집니다. 주변에 빈 땅이 있으면 다 빌라를 짓습니다. 그런데 어느 정도 시간이 흘러 아파트가 전세에 밀려 상승하는 시점이 되면 드디어 사람들이 아파트 매수에 관심을 갖기 시작합니다. 이때부터 빌라는 소외되기 마련입니다. 물론 빌라가 가격이 내려가는 것도 아니고 어느 정도 상승은 할 수 있습니다. 그러나 그것도 새 발의 피 정도입니다. 나는 빌라를 가지고 있는데 지인은 아파트를 가지고 있습니다. 상승하는 가격이 다릅니다. 이때 손해 본 것보다 더 배가 아프게 됩니다. 바로 상대적 박탈감이라는 심리입니다. 오르긴 올랐으나 지인에 비해 터무니없이 적게 올라 안 오른 것만 못한 상황이 되는 것입니다.

많은 사람이 부동산에서 착각하는 것이 있습니다. 바로 상대적으로 저렴한 상황입니다. 상대적으로 저렴하기 때문에 나중에 따라 올라가지 않을까 하는 기대입니다. 물론 저렴하기 때문에 한때 사람들이 몰려 어느 정도 상승은 하지만, 그것뿐입니다. 오히려 본격적인 상승이 시작될 때는 비싸더라도 살기 좋고 학군 좋고, 교통 좋은 브랜드 있는 아파트가 더 많이 오릅니다.

빌라 투자에서 결론은 빌라가 싸다고 해서 아파트처럼 따라 올라가는 것은 아니라는 것입니다. 오히려 전세가 급등하고 아파트 매매가 뜸할 때 틈새상품으로서 단기간 메리트가 있는 투자 상품입니다. 소액의 자본금으로 투자할 곳을 찾지 못해 어쩔 수 없이 하는 투자로서는 어느 정도 괜찮은 상품이긴 하지만, 시기를 잘못 선택하면 오히려 딱 물리기 좋은 상품이 될 수도 있습니다.

물론 재개발지역의 경우에는 예외가 될 수도 있습니다. 그 경우에는 빌라라서 올라가는 것이 아닌, 재개발지역의 땅을 소유하고 있기에 그 기대가치로 인해서 올라간다는 사실을 잊지 마시기 바랍니다.

04
재개발·재건축 투자는 비효율적일 수 있다

 보통 대부분의 투자자들이 좋아하는 방법에 대해서 유의하라고 하니 의아하실지도 모릅니다. 그러나 남들이 다 한다고 해서 무작정 따라 하는 것보다는 나만의 투자법을 확실하게 익혀서 간단하게 투자하는 것이 좋습니다. '하이 리스크 하이 리턴'이라는 투자 격언이 있지만, 일부러 하이 리스크로 갈 필요는 없다고 생각합니다.

 재개발·재건축 투자는 원래 좋은 투자법입니다. 사실 장기적으로만 생각해보면 언젠가는 추진될 재개발·재건축이기 때문에 장기적인 투자법으로 보면 괜찮은 투자 방법입니다. 그런데 제가 왜 이렇게 좋은 투자 방법을 지양해야 한다고 말씀을 드리는가 하면, 지금 이 책을 읽고 계신 분이 어느 정도 초보이시고 자금력이 그리 많지 않은 분들을 가정하고 있기 때문입니다.

제가 현장에 있다 보면 많은 분을 상담하는데, 생각 외로 많은 분들이 재개발 지역에 저렴한 빌라를 가지고 있습니다. 그런데 그게 대부분 물려 있는 것이었습니다. 사업추진될 가능성이 커지고 있다는 그러한 호재가 있는 시기에 어느 정도 비싼 가격에 매입했다가 사업추진이 흐지부지되고 장기화되는 바람에 가격은 많이 내려가 있고 팔지 못해 어쩔 수 없이 가지고 있는 분들이 대부분이었습니다.

그리고 이분들의 특징이 재개발·재건축에 대한 지식이 많지 않고 분위기에 휩쓸려 구매를 하신 경우가 많았습니다. 그리고 재개발·재건축이 어느 정도 연한만 되면 자연스럽게 사업이 진행되는 것으로 생각하고 있는 경우가 많았습니다. 너무 낡아서 살기가 힘든 상태이니까 아마도 정부에서 재개발을 해주겠지 하는 생각인 것 같았습니다.

그래서 저는 재개발·재건축 투자의 단점에 대해서 살펴보고 이것을 감안한 투자를 진행하시는 것이 좋다는 측면에서 보고자 합니다.

1. 사업의 장기화

앞에서도 잠깐 언급했듯이 재개발·재건축은 기간이 도래했다

해서 바로 사업을 진행하는 것이 아닙니다. 우리나라 사람들이 모두 알고 있는 강남 대치동의 은마아파트를 보세요. 벌써 몇십 년째 재건축을 진행하고 있지만, 아직 사업을 추진하지 못하고 있습니다. 은마아파트는 1979년에 입주를 한 아파트입니다. 무려 42년이 지났습니다. 은마아파트는 1999년부터 재건축사업을 추진했지만, 22년이 지난 지금도 사업추진이 불투명합니다. 사업추진을 못 하는 이유는 여러 가지가 있겠지만, 결국에는 조합원의 수익문제라 볼 수 있습니다. 지금 현재 49층 계획안을 놓고 심의를 벌이고는 있지만, 가능성이 그리 커 보이지는 않고 있습니다. 그런데 왜 49층을 고집할까요? 그것은 일반분양분을 늘리는 방법이라고 보면 됩니다. 일반분양을 늘려야 그 수익을 조합원이 가져갈 수 있기 때문입니다.

재개발·재건축에서의 핵심은 조합원의 수익 여부에 따라서 조합원들의 대부분이 사업추진에 동의하냐, 안 하냐의 문제인 것입니다. 조합원의 수익이 많아지기 위해서는 일반 분양물건이 많아야 하고, 그 일반분양분이 비싼 분양가에 잘 팔려야 합니다. 그래서 주택가격의 침체 흐름에 있는 시기에는 재개발·재건축이 전면 중단되어버립니다. 일반분양을 비싼 가격에 해야 하는데 그때는 안 팔립니다. 그래서 어느 정도의 기간이 흘러서 주택가격이 활황을 이룰 때 비로소 사업들이 활기를 띠며 추진되는데요. 이것도 흐름에 잘 맞아야 진행이 가능합니다. 상승기

초반에 잘 진행한 곳은 괜찮은데 너무 활황인 상태가 되면 정부에서는 제일 먼저 재개발·재건축에 대한 규제가 강력하게 진행이 됩니다. 그러면 사업추진이 무산될 수도 있습니다.

그런데 문제는 이 비싸게 팔 수 있는 일반분양이 지역에 따라 큰 차이를 보이게 됩니다. 현재 서울의 핵심지역인 강남, 송파, 서초, 강동, 강북 등을 제외한 지역은 그렇게 좋은 상황이 아닙니다. 특히 서울을 제외한 경기도와 인천지역의 경우 재개발·재건축은 조합원의 수익이 그리 좋지 않은 상황입니다. 이런 상황에서 사업이 추진될 가능성이 그리 크지 않습니다. 그러다가 자칫 상승 흐름이 지나 하락장으로 접어들면 다시 10년 이상을 기다려야 사업추진이 가능해집니다. 사업추진이 무산되면 사업추진 가능성으로 인해 올랐던 가격이 순식간에 쭉 빠져버리는 것이 재개발·재건축 지역 주택의 특징입니다. 사실 재개발·재건축 지역의 주택은 살기에 매우 안 좋은 환경입니다. 그러니까 재개발·재건축을 추진하는 것이죠. 이러한 지역에 있는 주택이 사업추진의 희망이 사라질 경우 어떻게 되겠습니까? 당연히 가격이 내려갈 것입니다. 사업추진이 마냥 기대와 같이 수월하게 진행되는 것이 아닙니다.

재개발·재건축 투자를 진행할 때는 반드시 사업추진이 가능성이 아주 클 때만 진행하는 것이 바람직하다고 할 수 있습니다.

2. 투자금의 비효율성

재개발·재건축 투자를 하는 경우 임대를 놓거나 직접 들어가서 살아야 하는데, 이 2가지 다 비효율적입니다.

먼저 임대를 놓는 경우를 생각해보겠습니다. 재개발·재건축 지역은 삶의 환경이 매우 안 좋은 지역입니다. 그럼 이런 지역에 와서 살고 싶은 사람들이 많겠습니까? 당연히 그 수가 적을 것입니다. 이 경우 다른 지역에 비해 임대료 시세가 적게 형성됩니다. 특히 사업추진이 가까워져 올수록 임대료는 더욱 떨어지게 되어 있습니다. 세입자의 경우 오랫동안 안정적으로 생활할 수 있는 근거지가 요구되는데, 사업추진이 될 경우 집이 철거되기 때문에 바로 이주를 해야 합니다. 얼마 살지도 못할 집이 확정되어 있다면, 그리고 살기에도 불편한 집이라면 임대료는 당연히 싸야겠지요? 재건축이 이미 진행된 개포주공 아파트의 경우 매매가격은 6억 원~9억 원대까지 갔지만, 전세가는 1억 원 전후였습니다. 이런 집에 투자한다고 하면 전세를 맞춘다고 봤을 때 약 5억 원~7억 원대의 투자금이 요구됩니다. 투자금이 너무 많아서 비효율적이 됩니다. 이걸 사서 만약에 몇억 원이 올랐다 하더라도 금액의 단위는 크지만, 비율로 봤을 때는 그리 높은 투자 수익이 될 수 없습니다.

3. 사업 진행 가능성이 매우 낮은 지역에 투자하는 실수

재개발·재건축 투자에서 투자자들이 가장 많이 하는 실수는 사업성이 없는 지역에 투자하는 것입니다. 사업이 진행될 가능성이 큰 지역에는 이미 그 가능성이 시세에 반영이 되어 있기 때문에 투자자가 구매를 하기에는 부담스러운 상황입니다. 이러한 지역의 경우 일반적인 투자자들은 구매를 잘 안 합니다. 대부분의 재개발·재건축 투자자들은 조금이라도 대박을 바라고 있어서 저평가된 지역을 선호하게 됩니다. 그래서 나름대로 지역에 관한 공부는 진행하지만, 개인적인 선입견이 많이 반영되어 사업추진 가능성이 그리 크지 않음에도 불구하고 가능성을 긍정적으로 평가해 아주 저렴하다고 판단되니 선뜻 투자를 진행하게 되는 것입니다. 주변 사람들의 소문이나 아주 공격적인 투자를 선호하는 공인중개사의 상담만을 신뢰하고 투자를 진행하는 투자자가 너무나도 많습니다. 그 결과로 장기간 별 수익 없이 자금이 묶이는 상황으로 가게 되는 것입니다. 그러한 지역은 매수자가 없으므로 팔고 싶어도 팔 수가 없게 되는 경우가 허다합니다. 그렇다고 손해를 심하게 보면서 팔기에는 너무나도 억울하기 때문에 이러지도 못하고 저러지도 못하면서 시간만 흘러갑니다.

이분들이 다른 지역 아파트를 구경하러 와서 상담사 중에 부동산 지식이 해박하다 싶은 사람이 있으면 본인이 보유하고 있는 재개발 지역에 대해서 어떻냐고 물어봅니다. 꽤 오랜 시간을 묶여 있음에도 불구하고 상당히 사업추진 가능성을 크게 보고 있는 경우가 많았습니다. 그리고 많이 착각하는 게 정부에서 그 사업을 시켜주지 않겠냐는 기대였습니다. 사업은 조합원이 결정하는 것이고, 그 결정의 근거는 사업성과 조합원의 수익 여부라고 말씀드려도 소용이 없는 분이 허다했습니다. 이미 그분들은 사업이 언젠가는 추진될 것으로 믿고 있고 그렇게 생각하고 싶은 것이겠죠. 한번 묶이면 빠져나오기가 어려운 것이 바로 재개발·재건축 투자입니다. 그렇게 해서 다행히 사업이 추진되면 대박이 될 수도 있는데, 너무 모 아니면 도 식의 투자법은 옆에서 지켜보는 사람으로 매우 안타까울 뿐입니다.

05
분양권 단타 매매는 매우 위험하다

최근 들어 부동산 시장의 열기가 더해지면서 분양권 거래가 활발해지고 있습니다. 서울 수도권에서는 아파트 일반분양만 하면 그 경쟁률이 수십 대 일~수백 대 일까지 나오고 있습니다. 심지어는 이 열기가 오피스텔 분양까지 번지고 있습니다. 브랜드 있는 분양 현장의 경우 모델하우스에 들어가기 위해 전날부터 줄을 서서 날을 새고 진을 치고 있는 사람들이 수천 명에 이르는 곳도 있습니다. 이런 현장의 경우 필수적으로 떴다방이 활개를 치게 되고 자연스레 청약 당첨자의 단타를 유도하게 됩니다.

경쟁이 심한 현장에서는 청약이 당첨되자마자 피가 최소 500만 원에서 많게는 수천만 원까지 붙어서 거래가 되기도 합니다. 이러한 열기에 투자자들이 투자 클럽을 이루어 단체로 청약에 참여하고 서로의 거래를 도와주는 현상까지 벌어지고 있습니다. 이른바 분양권 초단타 매매가 현장에서 이루어지고 있는 것입니다. 이러한 투자 방법은 매우 위험하고 해서는 안 되는 이른바 범법행위가 될 수 있기에 주의해야 합니다. 그런데 이러한 투자 방법이 너무나도 성행하기 때문에 개인 투자자들 같은 경우 그 위험성을 크게 느끼지 못하고 오히려 중독성까지 보이는 상황입니다. 이에 이 투자 방법의 위험성과 위법성을 살펴보도록 하겠습니다.

1. 탈세로 인한 범법행위

기본적으로 전매제한이 걸려 있는 아파트 분양권의 경우 그 제한 기간 내에 거래하는 것은 불법입니다. 그럼에도 불구하고 횡행하고 있는 것이 현실입니다. 이것이 너무나도 일반화되어 있어서 불법행위라는 것을 개인 투자자들이 크게 느끼지 못하고 있는 것이 현실입니다. 그와 더불어 전매가 허용되는 오피스텔 같은 경우에도 초단타 매매는 양도차익이 있는 경우 양도세를 50% 이상 내야 함에도 불구하고 양도세를 안 내기 위해 다운계약서를 쓰는 경우가 허다합니다.

2. 현장 분위기에 자칫 흐름을 망각할 수 있다

경쟁률이 심한 현장에서 초단타 매매를 하는 경우 순식간에 작게는 500만 원에서 많게는 수천만 원을 벌 수 있기 때문에 이러한 거래형태에 중독되는 사람이 많게 됩니다. 문제는 이러한 거래를 많이 하다 보면 분위기에 취해 객관적인 시장의 판단이 흐려질 가능성이 매우 농후합니다. 실제로 제 주변에 분양을 오래전부터 하셨던 분들이 어쩔 수 없이 다주택자가 된 분들이 많습니다. 한참 활황일 때 분양권 초단타 매매로 재미를 많이 봤습니다. 그러다가 어느 순간엔가 거래가 뜸해지더니 더 이상 프리미엄이 형성되지 않는 시기가 옵니다. 이때부터는 분양권 거래가 잘 안 이루어집니다. 그런데 이때쯤이면 지금까지 번 자금의 대부분이 분양권에 투입되어 있을 것입니다. 그게 사람의 기본적인 심리입니다. 결국에는 입주 시기까지 팔리지 않아 비자발적 다주택자가 됩니다. 그리고 이때 발생하는 손해는 그동안 벌어들인 수익보다 훨씬 큽니다.

활황기에 초단타 매매를 하시는 분들의 거래형태를 보면 처음에는 청약당첨을 노립니다. 현장에 가서 밤새도록 줄을 서보기도 하고 줄을 서주는 알바를 쓰기도 하고 몸이 힘든 투자를 행합니다. 그런데 경쟁이 심하다 보니 청약당첨확률이 떨어집니다. 그런데 옆에서 거래하는 과정을 지켜보니 초피를 파는 사람은 실제 100~200만 원 정도 적게 먹고 팔게 되고, 그 초피를 직접 산 떴다방 업자는 다른 매수자에게 그 자리에서 500만 원 정도에 넘기는 형태를 알게 됩니다. 이런 거래를 몇 번 진행해보면 점점 그런 거래에 중간역할을 하고 싶어 합니다. 본인이 떴다방이 아니어도 500만 원에 매수한 사람은 다음 사람에게 1,000만 원에 넘기려 하고 1,000만 원에 받은 사람은 1,500만 원에 넘기려 하는 거래가 순식간에 이루어지게 됩니다.

처음에는 조금 안전한 거래를 하다 이러한 거래를 지속하다 보면 위험에 대한 감각이 무디어져 조금 더 과감해지는 거래형태를 띠게 됩니다. 그런데 이런 현상은 어느 현장 같은 경우 청약자들이 많았던 그 당일에만 분위기가 유지되고 다음 날이나 그 다음 날 갑자기 분위기가 조용해지는 상황도 발생합니다. 이때 당일 분위기에 취해 피가 계속 오를 것으로 본 한 투자자가 몇 번의 거래를 거쳐 1,000만 원에 매수해서 다음 날 1,500만 원에 팔고 싶은데 갑자기 매수자가 거의 없어 피가 오히려 500만 원 이하로 떨어지는 상황이 발생합니다. 덜컥 겁이 난 투자자는 500만 원에 사려는 매수자를 어렵게 구해 팔고 500만 원을 손해봅니다. 그런데 이 분양권이 한 달쯤 지나자 3,000만 원으로 뜁니다. 기본적으로 활황인 시장이라 시간이 지나면 분양권은 오르는 양상을 띱니다. 그런데 초단타를 하는 분은 분위기 때문에 시장의 흐름을 망각하고 그날 하루하루의 상황에 따라 사고팔고 해서 오히려 500만 원을 손해 본 상황이 발생한 것이죠. 그냥 가지고만 있어도 2,000만 원 이상을 벌 수 있는 상황이었는데, 초단타로 재미를 보다 어느 순간에 손해를 보는 상황이 된 것입니다. 초단타를 노리는 사람은 그 심리가 오래 가지고 갈 생각이 없었기 때문에 그날그날의 현장 분위기에 좌우되기에 십상입니다. 그럴 경우 앞의 사례처럼 손해를 보는 상황이 발생하기도 하고, 그리고 활황장에서는 오래 가지고 있으면 크게 오를 수 있는 것을 순간순간의 거래로 인해 적은 금액만을 벌기 때문에 오히려 수익률이 떨어질 수 있습니다.

부동산은 기본적으로 장기적인 운영계획을 세우고 일정 기간을 유지하는 투자를 진행하는 것이 원칙입니다. 단타를 하는 것은 정상적인 세금을 내게 되면 남는 것도 없습니다. 단기거래는 기본적인 양도세율이 매우 높기 때문입니다. 그래서 수익률을 높이기 위해서는 어쩔수 없이 탈세하는 방법을 찾게 됩니다. 그런데 이것은 범법행위이기 때문에 매우 위험한 투자 방법입니다. 세금적으로나 적법성 여부나, 수익률 면에서 단타는 결코 투자자에게 이로울 것이 없습니다. 순식간에 일어나는 수익을 보면서 환희를 느끼는 것보다는 장기적인 운영의 묘를 통한 커다란 수익을 노리는 것이 부동산 투자의 정석입니다.

Chapter
03

무주택자들이 궁금한 BEST 9

01
정부의 강력한 규제정책으로 부동산 가격이 내려갈까요?

제가 이 책을 마무리하고 있을 즈음에 정부의 고강도 대책이 나왔습니다. 이번이 새 정부 들어 두 번째 나오는 정책입니다. 그 대략적인 내용은 먼저 서울지역 중 강남, 서초, 송파, 강동, 용산, 성동, 노원, 마포, 양천, 영등포, 강서 그리고 세종시를 가장 강력한 투기지역으로 지정하고 이를 제외한 서울의 나머지 전 지역과 과천시를 투기과열지구로 지정했습니다. 경기도 지역의 성남, 하남, 고양, 광명, 남양주, 동탄2 그리고 부산지역의 해운대, 연제, 동래, 수영, 남, 기장, 부산진 지역을 투기조정 대상 지역으로 지정했습니다.

그래서 이들 지역에서는 대출이 많게는 70%까지 나올 수 있었던 것이 최저 30%까지만 진행되고 양도세도 다주택자들은 10~20% 정도 늘어나게 됩니다. 재건축아파트의 경우 조합원의 지위 양도가 금지되고, 청약은 실수요자에게 당첨 확률을 높여

주는 조치가 취해졌습니다.

정부는 "집을 거주공간이 아니라 투기수단으로 전락시키는 일은 용납하지 않겠다. 집값 문제를 해결하지 못하면 경제성장률은 숫자에 불과하다. 주거복지에 우선하는 정책은 없다는 선언이자, 정부의 강력하고 일관된 의지다"라고 천명하고 8·2 부동산 대책을 내놓게 되었습니다. 그리고 이어서 3가구 이상의 다주택자에 대한 세무조사를 강화하겠다는 압박을 하는 동시에 8·2 부동산 대책 이전에 주택을 구입한 무주택자에게는 대출규제 등 피해가 가지 않도록 추가적인 보완조치를 할 것임을 발표했습니다.

예상보다 센 고강도 조치에 대해서 시장에서는 당혹감을 보이는 상황입니다. 앞으로 어떻게 시장이 반응하게 될지 다들 관심이 집중되고 있는 상황입니다. 한 치 앞도 보이지 않는 상황에서 이후 어떻게 될지를 정부의 시장을 바라보는 시각과 앞으로의 시장 예상 반응을 살펴보도록 하겠습니다.

1. 정부의 시장을 바라보는 시각

이번 대책에서 느껴지는 정부의 시장에 대한 시각은 지금까지의 주택에 대한 공급은 어느 정도 안정을 이룰 만한 정도의 공급이 이루어지고 있다고 판단하고 있는 것 같습니다. 그리고 안정적이어야 하는 시장을 일부 투기세력이 주택가격을 끌어올리고 있는 상황으로 보고 있습니다. 다주택자를 투기세력으로 보고 이들에 대한 규제가 집중되어 있습니다. 그리고 이들 때문에 불쌍한 무주택자들은 집값이 너무 올라 집을 살 수가 없는 상황이 벌어지고 있다고 판단하고 무주택자가 집을 소유할 수 있게 만들겠다는 의지를 가지고 있어 보입니다.

그러나 안타깝게도 정부는 시장 분석을 잘못하는 것으로 생각됩니다. 먼저 공급 부분을 살펴보겠습니다. 정부는 지난 2013년 이후 주택인허가수가 평균 65만 호에 이를 정도로 공급이 큰 폭으로 늘고 있다고 했습니다. 그러면서 이번 대책에서는 주택 공급에 관한 내용이 거의 없다시피 합니다. 제가 앞에서도 언급했다시피 집이라는 것은 다 똑같은 집이 아니라는 것입니다. 주택의 종류, 지역, 시기에 따라서 선호도가 확연하게 달라지는 것이 집입니다. 일단 주택 시장은 지역적으로 크게 둘로 나뉘어 있습니다. 바로 지방을 한 시장으로 하고, 서울·수도권을 다른 한 시장으로 합니다. 두 시장별로 공급 정도가 다릅니다. 지금까지는 주로 공급이 지방에 집중되어 있었습니다.

지방 시장의 경우 2008년 이후 꾸준히 상승하는 모습을 나타내어 분양이 활기를 띠고 건설사는 당연히 분양이 잘되는 지방에 집중적으로 분양을 할 수밖에 없었습니다. 반면 서울·수도권 시장은 2008년 이후 2013년까지 극심한 침체기를 겪으면서 거의 공급이 중단되어 있던 상태였습니다. 그러고 나서 2015년 이후 시장 상황이 조금씩 나아지는 기미를 보이자 이제 막 공급이 늘어나고 있는 상태입니다. 특히 서울지역은 공급이 너무나도 없었습니다. 그도 그럴 것이 서울의 경우 아파트를 지을 빈 땅이 거의 없습니다. 신규공급을 위해서는 재개발·재건축을 통해서만이 가능한 상황입니다. 그런데 재개발·재건축은 조합원의 수익이 극대화되는 상황이 아니고서는 사업이 진행될 수가 없습니다. 조합원들이 동의를 안 하기 때문입니다. 집값이 상승하고 나서 재건축의 일반분양 물건이 어느 정도 비싼 가격에 분양이 가능해진 최근에 이르러서야 재건축이 활발해지고 있는 상황입니다. 그러나 지금까지의 공급 공백으로 보면 아직도 공급이 크게 부족한 상태입니다. 공급이 부족한 지역은 당연히 가격이 상승할 수밖에 없겠지요. 이번 정부에서 지정한 투기지역을 보면 확실하게 알 수 있습니다. 대부분의 지역이 서울·수도권인 것은 이 지역이 공급이 부족해서 그렇게 되는 것입니다.

주택보급률이 100%가 되면 가격이 안정되어 흘러갈까요? 절대 그렇지 않습니다. 왜냐하면 수요는 일정 지역에, 새로운 아파트에 몰리게 되어 있습니다.

전세를 보면 공급이 부족한지, 남는지를 알 수가 있습니다. 전세는 투기 수요가 없는 실수요가 전부입니다. 그래서 일시적인 투기 수요에 의한 가격 왜곡 현상이 발생할 수 있는 매매가와 달리 전세의 경우 실수요 위주이기 때문에 수요와 공급의 정도를 그대로 반영해 가격이 형성될 수밖에 없습니다. 그런데 서울·수도권의 경우 매매가 상승에 가려져서 그렇지 몇 년 전 전세가가 급등했다가 지금도 꾸준히 상승하고 있는 상태입니다. 이를 보면 공급이 부족한 지역을 알 수가 있습니다.

두 번째 무주택자가 주택을 소유할 수 있게 만들겠다는 정부의 의지인데요. 정부는 무주택자가 집값이 비싸서 못 사고 있는 것으로 판단하고 있습니다. 그러나 현장에서 수천수만 명을 상담하고 있는 저희가 봤을 때 조금은 미안하지만, 무주택자는 집을 못 사는 것이 아니고 안 사는 사람이 대부분입니다. 그 증거가 바로 변하지 않는 무주택자 통계입니다. 집값이 가장 저렴했던 2011~2012년으로 돌아가볼까요? 이때 집값이 가장 저렴해 집을 사기에 최적의 상태였습니다. 미분양 물건도 넘쳐나고 빈집도 수두룩했습니다. 집을 골라서 갈 수 있는 최적의 상황이었습니다. 거기에 각종 세제 혜택과 대출확대가 이루어졌습니다. 그런데 결과는요? 무주택자는 여전히 무주택자입니다. 여러 가지 이유가 있을 수 있겠으나 무주택자는 집을 사고자 하는 생각이 없다고 봐도 무방합니다.

그런데 제가 앞에서도 말씀드렸다시피 이분들 때문에 집값이 올라가는 것입니다. 이분들이 바로 전세가를 올려주기 때문이죠.

　지금부터 만약에 집값이 내려간다고 가정해보겠습니다. 집값이 내려가면 무주택자들이 집을 과연 살까요? 이때는 더욱더 못 삽니다. 왜냐하면, 떨어질 것 같으니까요. 집을 사면 손해일 것 같은데 왜 집을 삽니까? 일반 사람들의 아주 미묘한 심리를 전혀 고려하지 않는 일반적인 재화를 보는 시각으로 주택을 바라보기 때문에 오류가 발생하는 것입니다. 다른 재화는 가격이 싸다 싶으면 수요가 늘지 않습니까? 그러나 집은 집값이 싸지면 오히려 수요가 줄어듭니다.

　세 번째 일부 투기세력에 의해 집값이 올라간다고 보고 있습니다. 특히 이번 규제는 이들에게 화살이 향해 있다고 봐도 무방할 것입니다. 그래서 이들을 잡으면 집값이 안정될 것으로 보고 있는 것이죠. 이것도 아주 큰 오판입니다. 어떻게 보면 이들은 세력이 아니고 시장의 흐름에 편승한 자연스러운 투자 행위라 볼 수 있을 것입니다. 제가 이들을 옹호하는 것이 아니고 자연발생적으로 이 시기에 생겨나는 투자 형태라는 것입니다.

　정책자들의 시각이 서울에 집중되어 있어서 잘 모르시나 본데 작년까지 대구의 집값 상승률이 전국 최고였습니다. 대구에서도 자연스레 상승하는 시기에 갭 투자나 분양권 투자가 활발하게 이루어졌습니다. 그리고 자연스럽게 지금은 시장이 꺾여서 하락세를 타고 있습니다. 이번 규제대상 지역에 대구는 빠져 있지요? 제주도는 어떻습니까? 불과 작년까지만 해도 제주도도 투기열풍으로 난리가 났던 지역입니다. 제주도도 규제대상 지역에서 제외되었습니다. 시장이 하락세로 변했으니까요. 지금의 투기세력들은 시장을 주도하는 세력이 아닌, 분위기에 편승한 각 개개인들입니다. 조금 지나서 자연스레 시장이 하락장으로 변하면 이들의 움직임도 없어질 것입니다.

2. 앞으로의 시장 예상 반응

이번 정부의 규제는 생각보다 강력하기는 합니다. 가격조정을 하기 위해서는 결국 수요와 공급의 조정이 이루어져야 합니다. 그중 이번 규제는 수요를 줄이고자 하는 데 집중되어 있습니다. 공급은 충분하다 판단하고 늘어나는 수요를 눌러서 정상수요로 만들면 가격이 안정될 것으로 보고 있는 것이지요.

시장에서는 생각보다 강력한 규제로 인해 수요가 당분간 관망세를 보일 것은 확실해 보입니다. 일부 자금력이 부족한 투자자들의 경우 겁을 먹고 급매로 매물을 내놓기도 하고 있습니다. 이로 인해 당분간은 가격이 하락할 수도 있습니다.

그러나 이 효과는 당분간입니다. 이미 공급은 부족한 상태인데 공급을 늘리는 정책이 빠져 있습니다. 그리고 투기 수요는 억

제했다고 하지만 실수요자 쪽은 문을 열어놨습니다. 제대로 가격을 잡으려 했으면 실수요 쪽도 부작용이 있더라도 문을 닫아놨어야 합니다. 결국에는 실수요 쪽에서 가격상승을 일으킬 가능성이 농후합니다. 그리고 투기 수요는 억제했다고 하지만 가격안정을 위해서는 결국 다주택자들이 집을 대거 시장에 매물로 내놓아야 합니다.

그런데 그게 그렇게 될까요? 시장에 매물은 내던지듯이 내놓게 하기 위해서는 매도자가 공포에 휩싸여 있어야 합니다. 그런데 지금의 다주택자가 과연 두려울까요? 이 사람들은 이미 투자가 안정화되어 있는 상태입니다. 갭 투자가 되었든 월세 투자가 되었든 임차인은 맞춰져 있는 상태이고, 들어갈 자금은 이미 다 투입이 된 상태입니다. 추가로 들어가거나 현재 상태에서 손해 볼 것이 없습니다. 이들에게 가해진 규제가 양도세 중과와 대출 규제입니다. 양도세는 팔아야 생기는 세금입니다. 보유 시에는 발생하지 않습니다.

전세를 끼고 나머지 자금을 자기자본으로 투자하는 방식이기에 갭 투자자는 대출이 필요없습니다. 그리고 가장 중요한 것은 정책에 대한 신뢰성입니다. 지금까지도 많은 규제가 있었습니다. 그런데 그런 규제가 장기간 지속된 적이 있습니까? 정부의 임기는 겨우 5년입니다. 그리고 그 정부도 상태에 따라서 정책은 수시로 바뀌었습니다. 시장 참여자들은 버티면 된다는 것을 알고 있고 이미 경험했습니다. 노무현 정부 때도 그랬죠? 많은 사람이 노무현 정부 때 정책이 실패한 것으로만 기억하고 있지, 그때의 상황이 어떻게 흘러갔는지 잘 기억하지 못합니다. 2004년 집값이 크게 상승하자 바로 강력한 규제가 나왔습니다. 그리고 예상치 못한 정부규제로 인해 2005년 시장이 크게 위축되었습니다. 그때 분위기는 이제 떨어질 일만 남았다는 것이었습니다. 규제가 너무나도 강력해 이를 시장이 이기지 못할 것으로 봤습니다. 그러나 그것은 2006년 폭등으로 이어졌습니다.

이번 상황도 비슷하게 흘러갈 것으로 보입니다. 시장은 당분간 눌릴 가능성이 큽니다. 그러나 결국 근본적인 해결이 되지 않은 채 수요의 억제만 가지고는 시장을 조정할 수 없습니다. 예상컨대 아마도 내년쯤이면 폭등으로 이어질 가능성이 커 보입니다. 만약 이를 예상해서 정부가 더욱더 강력한 규제를 내놓을 수도 있습니다. 다들 예상하는 종부세의 부활과 분양가 상한제 전면실시, 후분양제도, 보유세의 강화 등이 있습니다.

정부정책의 한계가 뭔지 아십니까? 이제 더 이상 나올 것이 없는 경우입니다. 지금 예상해보면 한두 가지 더 강력한 규제가 나올 수 있습니다. 그런데 이 규제를 시장이 이겨내면 어떻게 됩니까? 정부는 더 이상 쓸 카드가 없습니다. 시장에서 더 이상의 카드가 없다 여겨지면 그 뒤에는 그동안 눌려 있던 강력한 에너지를 폭발시키게 됩니다. 그리고 그것은 폭등으로 이어집니다. 오히려 지금 지방의 경우처럼 그냥 시장이 저절로 조정이 되게끔 정부는 가만히 있는 것이 훨씬 더 효과적일 수 있습니다.

 지방 시장을 몇 년 전으로 거슬러 가서 살펴봐도 그동안 정부가 취한 규제는 거의 없습니다. 그런데 지방 시장은 크게 올랐다가 지금은 자연스럽게 하락장으로 이어지고 있습니다. 부동산 이론에 의하면 정부의 시장 개입은 반드시 실패하게 되어 있습니다. 그것은 부동산의 특징으로 인해서입니다. 공급조정이 안 됩니다. 일단 그 규모가 엄청납니다. 공급을 많이 해 조정하기 위해서는 천문학적인 자금이 소요됩니다. 그리고 공급 기간의 장기성이 있습니다. 지금 당장 공급을 해야 하지만 정부가 정책을 바탕으로 공급을 시작하겠다 하면 그 결과가 최소한 3년은 걸립니다. 집을 짓는 기간이 필요하니까요. 그동안 시장에서는 난리가 나게 됩니다. 공급에 대한 대책이 없이 수요만으로 시장을 조절하는 것은 한계가 있습니다. 그래서 정부정책은 실패하게 되어 있는 것입니다.

02 그럼 집값은 언제 내려가나요?

   상담을 하다 보면 지금까지 집값이 많이 올랐으니까 이제는 떨어지지 않을까 하는 걱정을 많이 하십니다. 이런 상황에서 정부규제까지 나오니 이제는 떨어질 일만 남았다고 여기시는 분들도 많습니다. 부동산은 그냥 많이 올랐으니까 떨어지거나 정부의 규제로 떨어지는 것이 절대 아닙니다. 그렇다고 마냥 지속해서 올라가는 것도 아닙니다. 떨어지기 위해서는 반드시 전제조건이 몇 가지 있습니다. 그 조건이 모두 갖춰져야 비로소 떨어집니다. 집값이 내려가려면 시장 참여자들이 공포에 가까운 심리상태여야 합니다. 사람들이 공포상태가 되면 거의 매물을 내던지다시피 하게 됩니다. 그러한 공포상태가 되기 위한 전제조건이 형성되어야 한다는 이야기입니다.

   첫 번째는 한 지역 시장에 최소 3~4년 이상 공급과잉이 있어야 합니다. 한두 해 공급과잉이 있다 해서 가격이 내려가지 않습니다. 입주할 물량이 해마다 쌓여 있어야 합니다. 시장에서 지속적인 감당이 어려울 정도로 있어야 합니다. 한두 해로 끝날 물량이면 시장에서 충분히 소화가 가능해지고 하락세는 일시적으로 끝날 수도 있습니다. 시장 참여자들이 가격이 내려가고 있는데 앞으로도 입주할 물량이 지속해서 있다는 것을 인지하고 있어야 합니다. 그러면 미래가 두렵게 됩니다.

둘째는 공급물량이 과잉되는 기간 동안 폭등이 있어야 합니다. 폭등으로 인해 전세가와 매매가의 갭이 상당히 떨어져 있어야 합니다. 전세가는 떨어질 때 매매가를 밑에서 받쳐주는 역할을 합니다. 전세가와 매매가가 갭이 없으면 매매가가 일시적으로 떨어지다가도 다시 전세가를 지지 삼아 다시 올라갈 수 있습니다. 보통 매매가가 상승할 때는 매매가와 전세가가 같이 상승하게 됩니다. 그러나 어느 시기가 되면 매매가의 상승이 가파르게 되어 전세가 상승폭을 훨씬 앞지르게 됩니다. 이렇게 되면 매매가와 전세가의 갭이 벌어지게 됩니다. 결국, 매매가가 떨어질 수 있는 폭이 형성되어야 합니다. 주식 투자해보셨나요? 주가가 떨어질 때 보통 밑에서 이동평균선이 받쳐주고 있으면 이쯤에서 하락을 멈추겠구나 하는 기대를 하게 되고 그때 매수세가 유입됩니다. 부동산도 비슷합니다. 떨어지려고 하는데 바로 밑에서 전세가가 받쳐주고 있다면 더 이상 떨어지기가 어렵겠죠?

낙폭이 안 보일 정도로 저 밑에서 전세가가 형성되어 있어야 합니다. 그래야 시장 참여자들이 엄청난 공포를 느끼게 됩니다.

세 번째는 너무 비싼 분양가로 인해 더 이상의 프리미엄이 형성되는 것이 어려워야 합니다. 만약 프리미엄이 몇억 원씩 형성되어 있다면 시장 참여자들이 어려운 상황에서도 버틸 힘을 내게 해줍니다. 프리미엄이 든든한 지지선 역할을 하게 되는 것이죠. 그런데 분양가가 이때쯤이면 너무하다 싶은데도 투자자들이 분양권을 구매하게 되고 어느 정도 프리미엄이 형성되는 듯하다 거기서 멈추게 되면 이때부터 사람들은 지금이 상투가 아닌가 하는 의심이 들게 됩니다. 이런 상태에서 입주를 맞이하면 그게 바로 공포로 다가옵니다.

이때 분양 시장의 상태는 높은 분양가로 인해 미분양이 반드시 나옵니다. 그런데 그 미분양이 일정 기간 동안 다 소화는 됩니다. 그런데 지금 서울의 분양 시장은 어떻죠? 미분양은커녕 청약에서 당첨되기도 힘들죠? 아직 한참 남았다는 이야기입니다. 반드시 높은 분양가로 인해 투자자들이 부담을 느낄 수 있는 가격대가 형성되어 있어야 합니다. 그래야 프리미엄이 안 붙습니다.

네 번째는 투자자들이 묻지 마 투자자가 주를 이루어야 합니다. 묻지 마 투자자는 이것저것 따지고 묻지도 않고 아무 분양권이나 사는 사람을 의미합니다. 보통 집을 사고자 하는 사람들은 집에 대해서 요모조모 꼼꼼히 따져보는 것이 원칙입니다. 그런데 일정시기가 되면 그러한 행위를 할 수가 없게 됩니다. 청약열기는 너무나도 뜨겁고 주변 아파트는 급등을 지속하기 때문에 집을 사기 위해 꼼꼼히 검토하는 행위를 할 수가 없게 됩니다. 그리고 이 시기에는 아파트에 대해서 부정적인 사람도 투자자로 진입을 하게 됩니다. 바로 이런 사람들이 묻지 마 투자자가 될 확률이 매우 높습니다. 이런 분들은 진입하는 계기가 본인의 투자 계획에 의한 것이 아니라 주변 사람들이 대부분 아파트로 인해 돈을 벌었을 때 뒤늦게 그 대열에 동참하게 되는 것입니다. 그래서 당연히 계획을 가지고 있지 않았기 때문에 묻지 마 투자가 될 수밖에 없습니다. 이분들은 자금 계획도 거의 마련되어 있지 않습니다. 지금처럼 대출규제 같은 것이 갑자기 나오게 되면 이분들은 공포에 휩싸일 수밖에 없습니다.

 이러한 대략 4가지 정도의 전제조건이 마련이 되면 그동안 쌓여 있던 분양 물량이 입주하는 순간부터 떨어지기 시작합니다. 이때는 시장 참여자들이 공포에 쌓여 있기에 폭락에 가까운 하락을 하게 됩니다. 한두 사람이 매물을 내던지는 것이 아니고, 그 수가 많게 되면 그 공포는 전염에 가깝게 형성되는 것입니다. 이때 비로소 하락하게 되고 이 하락이 시작되면 그동안 적체되어 있던 지속적인 물량으로 인해 한동안 계속해서 하락하게 됩니다. 그러기 위해서는 반드시 먼저 폭등에 가까운 가격상승이 있어야 합니다. 폭등이 있어야 분양 물량도 쏟아지게 되고 프리미엄이 형성되는 만큼 비싼 분양가로도 분양할 수 있게 되고, 전세가와의 갭 차이도 상당 부분 벌어지게 되는 것입니다. 그리고 묻지 마 투자자도 이 시기에 진입하는 것이죠. 이 4가지 상황이 벌어지는 단 하나의 상황이 바로 폭등입니다. 폭등이라는 것은 단기간에 많은 금액의 상승이 이루어질 때 그것을 비로소 폭등이라 일컫는 것입니다.

점진적인 상승이 이루어지는 것을 폭등이라 하지는 않습니다. 우리가 이미 겪어봤던 2006년 부동산 상승을 바로 폭등이라고 하는 것이죠. 이때 1년 동안 거의 2배 가까이 상승했습니다. 그러니까 앞으로 2006년과 비슷한 상황이 올 것이란 이야기도 됩니다. 이것을 겪어야 집값 하락이 오게 되는 것이죠. 정부가 규제를 써서 하락시키려 해도 이 전제가 마련이 안 되면 하락은 일시적일 뿐 다시 오르는 과정을 겪을 수밖에 없습니다.

시기로 보면 정확하게 예상하기는 어렵지만 앞으로 3~4년 정도쯤 지나서 서울 수도권은 하락할 것으로 보입니다. 폭등은 조심스럽게 2018년 정도가 되지 않을까 싶습니다. 만약 정부의 규제가 더욱 강력한 것이 나온다면 그 시기가 조금 더 미루어질 수는 있을 것입니다. 그러나 반드시 폭등은 오게 되어 있습니다.

03
2017~2018년 입주 폭탄으로 집값이 폭락할까요?

 연일 뉴스에서 2017년과 2018년 10년 이래 최대의 입주 물량이 예정되어 있어 폭락이 예상된다고 말하고 있습니다. 많은 분이 상담을 진행해보면 내년이 걱정된다며 집 사는 것을 포기하시는 분들이 많았습니다. 일단 집을 잘 못 사시는 분들을 보면 너무 부정적인 뉴스에 크게 반응을 하신다는 것입니다. 해마다 부정적인 이슈가 넘쳐났습니다. 너무나 안타깝게도 이러한 부정적인 뉴스에 최적의 내 집 마련 시기를 지속적으로 놓치고 있는 분들이 많습니다. 이번 제목도 그러한 부정적인 뉴스 중 하나입니다.

 부동산이 수요와 공급의 원리에 의해서 가격이 결정되는 것은 맞지만, 단순히 공급이 많다 적다로 가격이 오르고 내리는 것은 아닙니다.

이러한 뉴스가 나오면 무작정 그것을 믿고 따르려 하지 마시고 분석을 할 줄 알아야 합니다. 일단 뉴스가 나오면 끝까지 내용을 깊이 있게 읽어봐야 합니다. 기사라는 것도 그것을 쓰는 사람의 의도가 있습니다. 그 의도를 파악하는 것이 중요하고, 어디에서 잘못 인용된 부분이 있는지, 그리고 부동산만의 특성에 기인해서 그러한 내용이 올바르게 적용될 것인지를 잘 파악해야 합니다.

첫 번째는 진짜 입주 물량의 지속적 증가 여부를 봐야 합니다. 제가 지속적으로 말씀드리는 것이 있습니다. 바로 시장의 구분입니다. 현재 우리나라 시장의 흐름은 크게 두 지역으로 나뉘어 움직이고 있습니다. 물론 각 지역별로 구분해보면 약간씩의 시기별 차이가 있긴 합니다. 그 두 시장이 바로 서울·수도권 시장과 지방 시장입니다. 그리고 이 두 시장은 서로 다른 흐름을 보이고 있습니다. 이렇게 나누는 이유는 시장의 흐름이 다르기 때문에 입주 물량 또한 서로 다른 양상을 보여왔던 것이 사실입니다. 시장에서 입주 물량 과다로 인한 하락의 흐름을 나타내기 위해서는 시장에서 이 입주 물량을 소화하기 버거운 정도여야 합니다. 시장에서 소화가 버겁기 위해서는 어느 한 시기에만 집중적으로 물량이 늘어도 안 됩니다. 지속적인 물량 증가가 있어야 합니다.

먼저 지방의 아파트 흐름을 한번 보겠습니다.

대구:광주:대전:제주

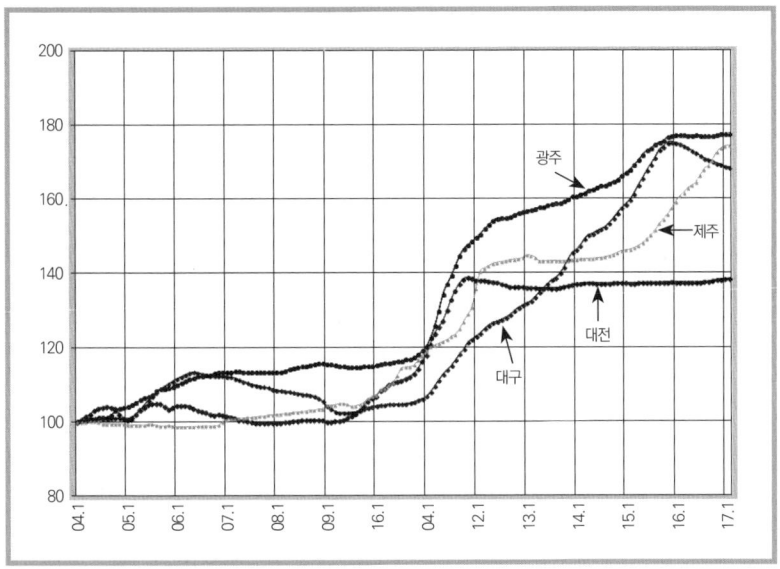

자료로 보이는 바와 같이 지방 대도시의 경우 2011년 이후 급등하며 꾸준히 아파트 가격이 상승했습니다. 아파트 분양은 가격이 상승하는 시점에 활기를 띠게 되어 있습니다. 건설사 입장에서는 비싸게 잘 팔려야 좋은 것이니까요. 당연히 지방의 경우 2011년 이후 꾸준히 분양 물량이 늘어났기 때문에 입주 물량이 지속적으로 늘어났던 상황입니다.

그런데 서울·수도권을 한번 볼까요?
서울·수도권은 2008년 이후 가격이 급락하면서 거의 2014년까지 침체기를 겪습니다. 이때 분양 물량은 급감하게 되어 있습

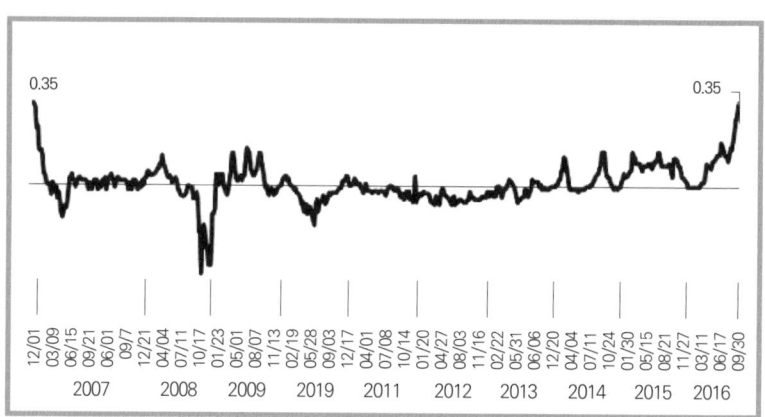

니다. 그러고 나서 2015년 이후 집값이 상승하면서 분양 물량이 크게 증가합니다. 그 증가한 분양 물량이 바로 2017년 이후 입주 물량으로 나타나게 되는 것입니다.

 지방의 경우 꾸준히 입주 물량이 증가하고 있던 상황이었고, 서울·수도권의 경우 입주 물량이 거의 없다가 최근 들어 급증하는 추세입니다. 물량의 소화 가능성을 봤을 때 지방은 소화가 버거운 반면에 서울·수도권의 경우 충분히 소화가 가능한 상황이라 볼 수 있습니다.

 두 번째는 분양권에 프리미엄이 어느 정도 형성되느냐에 따라 더 오를 수도 있으며, 떨어질 수도 있습니다. 단순히 입주 물량이 많다고 해서 떨어질 것 같으면 수도권의 경우 신도시가 입주를 시작할 즈음에는 반드시 떨어져야 합니다.

그런데 최근까지 대규모로 입주를 했던 위례신도시, 하남신도시, 광교신도시, 마곡 등을 살펴보면 가격이 어마어마하게 뛰었습니다. 대규모 입주가 있는 경우 확실하게 일어날 수 있는 상황은 전세가격의 하락입니다. 한꺼번에 입주할 때 분양자들은 3가지의 선택을 할 수 있습니다. 바로 실입주를 하거나, 임대를 놓거나, 매도하는 방법입니다. 대규모 입주로 인해서 가격이 내려가기 위해서는 시장에 매도 물량이 매수 물량을 초과해서 나와야 합니다. 그런데 프리미엄이 형성되어 있는 경우에는 분양자는 더 오를 것으로 판단하고 보유를 선택하게 될 가능성이 매우 큽니다. 그 대신 실입주자가 아닌 경우 잔금을 치르기 위해 임대를 놓아야 합니다. 그래서 시장에서는 임대 물량이 임대 수요에 비해 넘쳐나게 됩니다. 이 경우 임대료가 하락하는 상황이 발생하는 것이죠.

그런데 프리미엄이 발생하지 않고 더 이상 오를 것이라는 기대심리가 사라진 시점에서는 입주 시에 매도 물량과 임대 물량이 동시에 드러나게 됩니다. 이런 상황이 벌어지는 것은 분양자가 입주를 맞이하면서 잔금을 치러야 하는데, 그전에 매도하기 위해 매도 포지션을 취하게 되고 시장에서는 매도 물량이 넘쳐나기 때문에 팔리지 않을 것을 우려해 임대 포지션도 취하게 됩니다. 그래서 시장에서는 매도 물량과 임대 물량이 동시에 늘어나는 상황이 벌어지게 됩니다. 이 경우 임대료도 하락하고 매매가격도 하락할 수 있습니다.

2017년의 경우 지방은 더 이상의 프리미엄이 형성되는 것이 중단되고 매도세의 압박이 심해진 상황이었기 때문에 입주를 맞이한 경우 시세하락으로 이어졌고, 서울·수도권의 경우 프리미엄이 상당히 형성되어 있던 상황이었기 때문에 분양자들은 보유 쪽으로 포지션을 취하게 되고 시장에서는 매도 물량보다 매수 물량이 더 많은 상황이 발생했습니다. 그래서 입주하고도 가격이 지속적으로 올라가는 상황이 벌어졌던 것입니다. 그리고 일시적으로는 전세가가 하락하는 역전세 현상이 나타나기도 했습니다. 그러나 서울·수도권은 일시적 역전세난이 일어나기도 했지만, 결국 아직까지 공급이 부족한 상황이라 판단될 수 있는 것은 바로 다시 전세가가 회복되었기 때문입니다.

결론적으로 말씀드리자면 2017~2018년 대규모 입주 물량으로 지방 시장은 하락할 가능성이 크고, 서울·수도권 시장은 크게 영향이 없이 지금까지의 흐름을 이어갈 가능성이 크다고 볼 수 있습니다.

04
인구가 줄고 있다는데 아파트는 이제 끝인가요?

주택이라는 것은 사람이 살아야 할 필수적인 요소이기 때문에 인구가 줄면 결국 살 수 있는 집이 남아돌게 되니까 공급이 많아지게 되어 집값이 떨어진다는 논리로 집값 하락을 예견하고 있는 전문가들이 많은 상황입니다.

그러나 많은 사람들이 애매한 통계용어를 가지고 시기를 착각하고 있습니다. 사람들에게 물어보면 현재 시점으로 인구가 줄고 있다고 생각하는 사람이 너무나도 많습니다. 우리나라 인구는 2030년까지는 꾸준히 늘어나다가 그 이후 줄어드는 것으로 통계청에는 나와 있습니다. 그리고 부동산과 연관시켜 나오는 인구에 관한 통계가 생산가능인구입니다. 생산가능인구는 2020년부터 줄어든다고 통계청에서는 발표하고 있습니다. 생산가능인구를 주로 부동산과 연관시켜보는 이유는 부동산이 금액이 큰 재화이기 때문에 소득이 있어야 부동산을 구매할 수 있다는 것으로 보기 때문입니다. 아마도 이 생산가능인구가 줄어들 것이라는 말과 인구 자체가 줄고 있다는 말을 착각하고 있는 듯합니다. 사실 뉴스를 자세히 관심을 가지고 보지 않으면 충분히 착각을 일으킬 만한 용어입니다.

그리고 또 착각하는 것이 출산율의 급격한 저하에 관한 뉴스입니다. 올해만 해도 출산율이 최저를 기록해 인구가 급격히 줄어들 것이라는 뉴스가 연이어 나오고 있는 상황입니다. 아마도 인구가 줄어들면 집값이 내려갈 것이라고 생각하고 있는 분들은 인구에 관한 기사만 봐도 부동산 하락과 연관시키고 있습니다. 그러나 현재 우리나라 인구는 지금도 늘어나고 있습니다.

그리고 정말 인구가 줄어들면 집값이 내려갈까요? 앞서 내용에서도 잠깐 언급했듯이 인구가 줄고 있는 대표적인 도시인 대구를 인용해 말씀을 드렸습니다. 대구의 경우 인구가 줄고 있는데도 집값은 꾸준히 올랐습니다. 인구가 줄어들면 집이 남아돌아서 집값이 내려갈 것 같긴 합니다만, 과연 얼마나 줄어야 집값에 영향을 주는지는 아직 그러한 실사례도 나오지 않았고 연구된 통계도 없습니다.

또 어떤 전문가는 최근에 인구가 줄어도 집값이 오히려 올라가는 지역이 생기자 인구와 집값과의 상관관계를 언급하면서 결국에는 가구 수가 중요하다는 것으로 논리를 전개해나간 분도 계십니다. 이분의 말씀으로는 인구는 줄지만, 가구의 분리로 인해서 1인 가구, 2인 가구가 늘었고 이로 인해 집의 수요가 늘었기 때문이라고 판단하고 있습니다.

인구와 집값과의 상관관계를 논하기 위해서는, 먼저 인구가 줄어들면 결국에는 빈집이 늘어날 것인데, 그 빈집이 과연 공급에 해당될 것인가의 여부로 판단하면 될 것 같습니다. 그리고 만약에 공급에 해당된다고 하더라도 수요에 영향을 주지 않는다면 어떻게 될까요?

집이라는 것은 단순한 재화가 아닌 사람이 생활하는 공간입니다. 생활하기 위해서는 단순히 잠을 자는 공간의 역할뿐만 아닌 생활을 영위해 나가는 데 편리함을 제공해야 합니다. 그러기 위해서는 주변의 환경도 매우 중요한 역할을 합니다. 만약에 도시에서 한참 벗어난 한적한 곳에 집이 수백 채가 있다고 하겠습니다. 그런데 모두가 빈집입니다. 그리고 주변에는 상가라든지 학교 등 기반시설이 전혀 없습니다. 여러분은 이 집에서 싸게 임대를 줄 테니, 아니면 공짜로 줄 테니 살라 하면 살 수 있겠습니까?

아마도 이 집에서 살고자 하시는 분은 거의 없으실 것입니다. 이런 집이 시장에 매물로 나왔습니다. 과연 공급의 역할을 할까요? 공급은 될 수 있겠지만 과연 수요에 영향을 줄까요? 제가 볼 때는 거의 시장에 영향을 주지 않는다 생각됩니다. 얼마 전 TV의 한 시사프로그램에서 일본의 집에 대해서 보도를 한 적이 있었습니다. 일본에 약 800만 채의 빈집이 있다고 나왔습니다. 이 프로를 보고 많은 분의 시청자들이 이제 우리나라도 일본처럼 인구가 줄어서 결국에는 빈집이 늘어나게 될 것이고, 그때는 폭락만이 우리를 맞이할 것이라고 말씀하셨습니다. 그런데 지금 일본의 집값은 크게 상승하고 있다고 합니다.

어찌 된 일일까요? 빈집이 800만 채나 있는데 집값이 올라가다니요? 말이 안 된다고 생각하시는 분들도 계시겠지만 현실입니다. 일본에 있는 빈집들은 대부분이 도시 외곽이나 시골에서 노인분들이 살다가 돌아가시고 그 지역이 슬럼화된 곳에 있습니다. 도시지역은 예나 지금이나 사람이 넘쳐나고 집값은 다시 올라가고 있습니다.

우리나라의 경우도 마찬가지입니다. 인구가 줄어들면 슬럼화되는 지역이 생겨나고 그 지역의 집들은 황폐해집니다. 그 지역의 빈집들이 생겨나겠지만, 다른 도시지역의 집값에는 거의 영향을 주지 않게 됩니다. 그럼 빈집은 도대체 뭘까요? 바로 땅으로서의 역할만 하게 됩니다. 지금은 당장 건물이라는 장애물이 있어서 뭔가를 활용하지 못하는 쓸모없는 땅으로서의 역할을 수행하게 되고, 향후에 그 지역이 다른 용도로 개발이 된다면 그때 비로소 제대로 된 땅으로서의 역할을 수행할 것입니다.

예상컨대 인구가 갑자기 많이 줄어드는 현상이 아니라 자연발생적으로 서서히 줄어드는 현상이 일어날 것이고, 우리 인간 생태계는 서서히 변하는 인구에 잘 적응해 큰 변화 없이 그렇게 예전과 비슷한 흐름을 이어갈 것입니다. 다만 인구가 줄어듦으로 인해 슬럼화될 수 있는 지역의 집을 소유했던 분들은 그때부터는 집이 아닌 땅으로서의 가치를 가진 재산으로 변화될 것이니 이 점만 유의하면 될 것 같습니다.

인구뿐만 아니고 주택의 수요에 영향을 주는 요인으로 집값을 분석할 때는 반드시 단순한 재화로서의 분석이 아닌 부동산의 특성과 주택이 가진 특성을 고려해 접목시켜야만 오류에 빠지지 않을 수 있습니다. 현재 정말 많은 경제 전문가들이 부동산, 특히 주택을 분석할 때 그 특성을 고려하지 않은 다른 재화와 비슷한 논리로 부동산을 분석하기 때문에 커다란 오류에 빠지게 되는 것입니다. 그중에 대표적인 분들이 부동산 하락론자들입니다. 이분들의 이력을 보면 대부분이 경제 전문가입니다. 이분들이 가진 경제에 관한 전문적인 지식과 통계를 부동산에 단순접목해 미래를 예측하다 보니 폭락 쪽으로 방향이 잡히는 것입니다.

05 전세자금대출, 문제점은 뭔가요?

　전세가가 급등하자 돈 없는 무주택자를 위한 전세자금대출이 원활하도록 정부에서 적극 지원을 하고 있습니다. 그 결과로 전세자금대출이 급속도로 증가했고, 가계부채 문제의 주원인으로 꼽는 분들도 있습니다.

　예전에는 전세자금대출이 그리 원활하지 않았습니다. 임대인의 동의가 필수적으로 요구되었고, 동의를 해준 임대인은 생각지도 않았던 귀찮은 일들이 발생하기 때문에 임대인이 동의를 거부하는 경우가 많았습니다. 이에 따라서 전세대출을 받는다는 것이 현실적으로 만만하지 않았던 상황들이 있었습니다. 그런데 몇 년 전부터 전세가가 급등하는 등 전세난이 심해지자 무주택자들의 부동산 정책에 대한 질타가 이어졌고, 그 결과로 서민을 위한 전세자금 지원정책이 생겨났습니다. 그 정책이 바로 전세자금대출의 간편화였습니다. 임대인의 동의는 형식적으로 받는 절차가 되어버렸고 임대인의 의무는 없습니다. 은행은 대출을 보증금 담보로 자금을 빌려주는 것이 아닌 대한주택보증의 보증을 통해서 지원되기 때문에 보증금이 위험하지도 않게 되었습니다. 그런데 이렇게 간편화된 전세자금대출로 인해서 새로운 문제들이 발생하고 있는 상황이 되었습니다.

첫 번째는 전세난의 가속화입니다. 원래 전세난이라는 것은 그 주요 원인이 전세의 공급과 수요의 불일치로 인해서 발생하는 것입니다. 바로 수요에 비해서 공급이 부족하기 때문에 전세난이 발생하는 것인데요. 이 전세자금대출로 인해서 그 전세난이 더욱 가중되었다는 것입니다. 전세난을 해결하기 위해서는 전세공급을 늘리고 수요를 줄이는 정책을 마련해야 합니다. 그런데 공급을 늘리는 정책의 수행이 전무한 상황 속에서 수요를 억제시키는 것이 아닌, 수요에 대해 자금지원을 하는 상황이 된 것입니다. 예를 들어 전세 물건이 하나밖에 없는 상황이라고 봅시다. 그런데 이 전세를 원하는 수요자는 3명입니다. 3명이 이 한 전세공급을 두고 서로 차지하기 위해서 줄다리기를 하고 있는데, 이 상황에서 정부는 이 세 사람에게 전세자금에 쓰라고 대출을 지원해주는 것이죠. 이러면 전세가가 더욱더 올라가겠습니까, 내려가겠습니까? 또한 그에 따른 또 다른 현상이 발생하는데요. 바로 매매가 대비 전세가율이 크게 올라가게 됩니다. 예전 같으면 보통 70%대에 이르면 전세로 가는 것보다 담보대출을 끼고 매매로 가는 것이 오히려 자금이 적게 드는 상황으로 전환되기 때문에 집값이 오르고 내리고를 떠나서 단순히 자금적인 문제 때문에 매매로 전환이 되어 자연스러운 전세난 해소 역할을 했습니다.

예를 들어 3억 원짜리 집이 있습니다. 여기에 전세가가 70%이면 2억 1,000만 원이네요. 전세자금대출이 어려운 상황이라면 전세로 그 집에 들어가기 위해서는 2억 1,000만 원이라는 자기자본금이 있어야 합니다. 그런데 3억 매매로 갈 경우에는 주택담보대출을 60%만 받아도 자기자금 1억 2,000만 원만 있으면 됩니다. 그리고 대출금액 1억 8,000만 원에 대한 이자를 다달이 45만 원 정도만 내면 됩니다. 그런데 전세자금대출이 쉬워지니까 아파트 가격이 떨어질 거라 판단하는 사람은 전세가 상승에도 불구하고 전세를 고집하는 상황이 발생했습니다. 그 결과로 전세가율이 90%가 넘는 아파트도 속출하게 되었습니다.

이 때문에 새로운 투자 형태가 유행하게 됩니다. 바로 갭 투자법입니다. 예전에는 갭 투자를 하기 위해서는 자기자본금이 최소 30% 정도가 요구되었습니다. 3억 원짜리 아파트를 갭 투자하기 위해서는 9,000만 원 정도가 있어야 합니다. 그런데 전세가율이 90%를 넘어서면서 갭 투자를 하면 10% 미만으로 자기자본금만 있으면 되는 것입니다. 3억 원짜리 아파트를 사는

데 3,000만 원만 있으면 투자를 진행할 수가 있습니다. 예전 같으면 1억 원이면 1채밖에 투자를 못했다면 최근에는 3채 이상을 투자할 수 있는 새로운 갭 투자법이 유행하게 된 것이죠. 이러한 투자법이 유행하자 전세가율이 높은 아파트의 경우 다른 지역에서 관광 차를 타고 원정 투자를 진행하는 투자 클럽 같은 형태도 새로이 유행하게 되었습니다. 실제로 2015년 정도에 대구, 부산지역 투자자들이 수도권의 전세가율이 높은 소형아파트를 갭 투자로 싹쓸이하는 사례들이 빈번하게 발생했습니다. 이러한 투자 형태가 유행하고 지속되자 현 정부 들어 집값 상승의 근본 원인으로 이 갭 투자자들을 꼽게 되는 상황도 발생하게 되었습니다.

그런데 정말로 이 갭 투자자들이 집값 상승의 근본 원인인지는 잘 생각해볼 문제인 것 같습니다.

두 번째는 가계부채의 증가와 부실화입니다. 최근 들어 가계부채가 급증하면서 정부도 우려를 나타내고 이에 대한 대책들을 연이어 내놓고 있습니다.

정부는 가계부채 증가의 주원인을 집단대출로 보고 집단대출 규제를 통해서 가계부채의 증가를 막고자 하고 있으며, 또한 이를 통해서 집값 안정화라는 2마리의 토끼를 잡으려고 합니다.

그런데 가계부채의 내용을 잘 살펴보면 예전과 다른 부분의 증가세가 크게 나타나고 있습니다. 바로 전세대출입니다. 예전에는 없던 대출이기 때문에 가계대출의 비중을 거의 차지하지 않았습니다. 그런데 전세대출은 사실 가계대출 전체규모에서 차지하는 비중은 극히 작지만, 그 규모가 43조 원에 이를 만큼 무시하기에는 그 증가 폭이 커지고 있습니다. 그런데 더욱 큰 문제는 이 전세자금대출의 사용 용도가 사업자금이나 생활자금 등 소모성 자금에 치중되어 있기 때문에 그 대출이 부실화될 우려가 증가하고 있는 상황입니다.

그리고 한 번 더 생각해보면 자칫 2008년 미국의 서브프라임 모기지와 같은 사태의 우려도 있는 상황입니다. 주택을 살펴보겠습니다. 지금 주택은 자가로 소유자가 직접 살고 있거나 임대로 임차인이 사는 상황입니다. 예전 같으면 자가인 경우 주택담보대출을 받고 들어가는 경우가 많기 때문에 그 주택에는 대출이 있다고 보고, 전세를 임대 놓은 경우에는 전세자금대출이라는 것이 없었기 때문에 전세로 들어오는 임차인은 고스란히 자기자본금을 들고 와야 했습니다. 그 주택만을 살펴보면 대출이 없는 아주 건실한 주택입니다. 임대인의 경우 전세금을 제외한 나머지를 자기자본금으로 불입하고 전세인의 경우 자기자본금으로 전세금을 불입하기 때문에 그 주택은 자기자본금으로 꽉 찬 대출이 전혀 없는 집이었습니다.

그럼 현재 상황을 살펴볼까요? 자가인 경우는 예전과 크게 다른 바 없다고 보고 전세인 주택을 살펴보면 큰 차이가 발생합니다. 현재 전세로 임대를 놓은 주택의 경우 임대인은 전세금을 제외한 나머지를 자기자본금으로 불입합니다. 그런데 예전과는 다른 상황이 현재 전세가율은 예전의 전세가율에 비해서 월등히 높습니다. 심한 곳은 90% 이상, 낮다고 보이는 아파트의 경우에도 보통 70%대에 육박합니다. 평균 80% 정도로 봤을 때 임대인의 자기자본금은 아파트매매가의 20%에 해당됩니다. 그럼 전세인의 경우 매매가의 80%의 전세금을 불입하는데, 그중 전세가의 80%에 해당하는 전세자금을 대출받을 수 있습니다. 이렇게 되면 전세 세입자는 자기자본금이 매매가 대비 16%의 자기자본금을 보유하게 되고, 대출이 매매가 대비 64%에 해당하게 됩니다. 현재의 주택은 이제 대출이 없는 주택이 거의 없는 상황이 되어버린 것이죠. 이런 상황에서 1998년의 IMF나 2008년의 외환 위기와 같은 커다란 갑작스러운 외부충격이 발생하게 되면 우리나라도 미국의 서브프라임 모기지 사태와 같은 상황이 벌어지지 말라는 법이 없습니다. 전세대출의 경우 정부에서 보증하는 보증보험에 가입되어 부실이 발생하더라도 정부가 해결해줄 수 있을 것이라는 믿음이 있을 수도 있습니다. 그러나 한두 건의 부실이야 정부가 충분히 해결하고도 남지만 국가 전체에 발생하는 외부충격이 오면 한두 건의 부실이 아닌 주택 전체에 부실이 올 수가 있으며 이 경우 해당하는 자금은 천문학적이기 때문에 정부에서 해결할 수 있는 금액이 아니게 되는 것입니다.

그런데 가장 큰 문제는 정부가 이 대출을 건드리기가 아주 어렵다는 것입니다. 국가적으로는 큰 문제의 소지가 될 수 있는 사항이지만 전세 세입자들의 경우 전세가 급등으로 도저히 전세금을 자기자본금으로 해결할 수 없는 상황이기 때문에 전세자금대출은 현재 상황에서 숨통을 트여주는 역할을 수행하고 있기 때문입니다. 전세자금대출은 서민을 위한 정책이라는 측면이 강하게 작용하고 있기 때문에 이미 형성이 되어 있는 이 대출을 다시 규제로 갈 경우 서민의 삶이 어려워지는 상황에 직면할 수 있기 때문입니다.

전세자금대출은 처음부터 늘리지 않았어야 하는 정책이었으나 이미 정책이 시행되고 자리를 잡아버린 지금 정부는 이러지도 못하고 저러지도 못하는 아주 불편한 상황이 되었습니다. 그런데 집값을 안정화시키는 것을 지상과제로 삼고 있는 정부로서는 전세자금대출을 가만히 놔둔 채 다른 정책으로 매매의 수요를 규제하고자 한다면 그 성과를 좋게 나타낼 가능성이 거의 없어 보입니다. 이 시점에서는 매매의 수요를 누를 경우 전세의 공급이 줄어듦과 동시에 수요가 늘게 되어 전세의 급등을 막을 수가 없을 것이며, 이로 인해 다시 매매가가 상승하게 되는 악순환이 지속될 수밖에 없을 것입니다. 물론 지금 시점에서 전세자금대출을 막는다 해서 전세가의 급등을 막을 수는 없겠지만 어쨌든 전세자금대출은 전세가 급등을 더욱 가속시키는 역할을 수행하고 있다는 사실을 정부정책자는 알아야 할 것입니다.

06 무주택자인데 지금이라도 내 집 마련을 해야 할까요?

저는 먼저 자신이 왜 무주택자인지를 생각해봐야 한다고 생각합니다. 무주택자라고 해서 다 같은 무주택자가 아닙니다. 자신을 먼저 돌아보라는 이야기는 본인의 성향을 먼저 판단하고 있어야 그에 걸맞은 대응 방법이 나온다는 것입니다. 무턱대고 지금 분위기가 집값이 올라갈 것 같으니까, 주변에서 집을 사라고 하니까, 이런 식으로 집을 사게 되면 나중에 대응을 제대로 하지 못하고 오히려 큰 손해만 보고 다시 무주택자로 돌아가면서 다시는 집에 대한 환상을 갖지 않겠다고 마음을 먹게 될 수도 있습니다. 지금 무주택자이신 분은 집을 살 자금이 없어서인 경우, 그리고 자금은 있으나 집값이 내려갈 것 같아서인 경우, 그리고 아예 집을 살 생각이 없으신 경우로 나눌 수 있을 것 같습니다.

집을 사고픈 마음이 아예 없으신 분은 이 논의에서 처음부터 제외하도록 하겠습니다. 이미 이 책을 읽고 계신 분은 집을 살 생각이 없는 분은 아닌 것으로 보입니다.

결론부터 말씀드리자면 내 집 마련은 무조건 하시는 것이 좋습니다. 지금 시점이 약간 늦긴 했지만, 지금이라도 전세나 월세를 벗어나서 자가로 들어가시는 것이 훨씬 더 좋은 상황이 될 것이긴 하기 때문입니다. 다만 저는 여기서 강조하고 싶은 것이 있습니다. 절대 자가를 하나 만들어서 20년, 30년 살고자 하지는 마시라는 것입니다. 그런 계획을 하는 분들의 대부분이 무주택자로 돌아가게 됩니다. 왜냐하면, 주택의 가격은 항상 사이클을 가지고 있습니다. 오르는 시기가 있으면 내리는 시기도 있습니다. 그런데 사람의 심리는 욕심이 많다는 것을 기본으로 하고 있습니다.

예를 한번 들어보겠습니다. 어떤 분이 2억 원에 집을 구입했습니다. 이분은 아까의 설정대로 20년 이상 그 집에서 살고자 하는 계획을 가지고 있습니다. 그리고 집값이 3억 5,000만 원까지 크게 상승합니다. 이분은 집을 사고 나서 집값이 상승하자 기분이 매우 좋습니다. 그런데 어느 정도 시간이 흘러가자 집값이 내려가기 시작합니다. 떨어지는 폭도 상당해 2억 5,000만 원대까지 떨어지더니 다시 올라갈 기미가 보이지 않습니다. 가끔 공인중개사 사무실에 들러 집값이 올라갈 수 있을 것 같냐고 문의하지만 더 떨어질 것 같다는 말만 되돌아옵니다. 겁이 덜컥 나서 더 떨어지기 전에 매물로 내놓습니다. 물건을 내놓은 지 한참이 지났는데도 집을 보러 오는 사람이 없습니다. 이렇게 시간이 더 흘러 거의 파는 것을 포기하고 있는데, 갑자기 공인중개사 사무실에서 전화가 옵니다. 집을 사고자 하는 사람이 있는데 조금 깎았으면 좋겠다고 합니다. 공인중개사 사무실에서는 이 기회가 아니면 더 오래 걸릴 것 같다고 조금 깎아주고라도 파시는 것이 낫다고 권유를 합니다. 결국에는 조금 깎아주기로 하고 매도를 진행합니다. 2억 4,500만 원에 계약을 진행했습니다.

이분은 과연 얼마를 벌었다고 생각하시나요? 지금 책을 읽고 계신 분들은 아마도 2억 원에 구입해 2억 4,500만 원에 팔았으니 4,500만 원을 벌었다고 생각하실 것입니다. 그런데 이분은 그렇게 생각하지 않습니다. 1억 원 넘게 손해 봤다고 여기고 있습니다. 왜냐하면 이 아파트는 3억 5,000만 원까지 올랐던 것입니다. 그리고 지금 2억 4,500만 원에 팔았으니까 최고가 대비 1억 원 이상 떨어진 것이죠. 이분의 아파트를 산 원가는 3억 5,000만 원이라고 여기고 있습니다. 말도 안 된다고요?

말도 안 되는 상황인데 사실입니다. 제가 상담을 해본 분들의 대부분이 이렇게 생각하고 있었습니다. 2014년 당시 아파트에 대해서 상담을 해보면 2007년 가장 높았던 가격 대비 얼마가 떨어졌다고 계산하고 있으셨습니다. 그리고 이분은 다시 무주택자가 되고 앞으로는 아파트를 안 산다고 마음먹습니다.

왜 이런 현상이 벌어질까요? 그것은 매도 시기를 잘못 잡았기 때문이고 처음부터 너무 오랫동안 가지고 있으려 했기 때문입니다. 계획을 잡아서 매도한 것이 아니고 오랫동안 가지고 가려고 했으나 더 떨어질 것 같은 분위기 때문에 상황을 잘못 판단하고 매도를 진행한 것이죠. 그러고 나서 매매가는 다시 올라가기 시작합니다.

그러나 가격 흐름을 아시고 매도계획을 세워야 합니다. 적당한 시점에 매도하고 다른 지역에 투자하거나, 침체기에는 당분간 전세로 들어가서 사는 방법도 한 가지 방법이 될 수도 있습니다.

어떤 분은 이렇게 말씀하십니다. 자기는 아파트를 살기 위해서 사는 것이지 가격이 오르고 내리는 것은 아무런 상관이 없다고 말입니다. 그런데 사람의 마음은 화장실 가기 전과 다녀온 후가 반드시 다릅니다. 살 때는 그런 마음으로 샀다고 하더라도 집값이 내려가서 기분 좋은 사람은 한 명도 없습니다. 그런 분들이 결국에는 최고 바닥에서 매도할 가능성이 매우 큽니다. 집을 한 채를 사더라도 반드시 어느 정도 투자 목적을 가지고 투자를 한다 생각하고 실행하시는 것이 좋습니다. 손해를 보는 것보다는 버는 것이 조금이라도 좋겠죠?

중요한 것은 사는 것보다 매도가 중요하다는 것을 명심하시고, 그리고 매도의 시기는 아파트의 흐름을 알아야 어느 정도 가

시권에 있다는 것을 아셔야 합니다. 이 책이 도움을 드릴 것입니다. 다시 본론으로 돌아가서 자금이 부족한 분은 꼭 자가를 구입할 필요는 없습니다. 자기 자금에 맞게 계획을 잘 세워서 지금 사는 전세의 형태를 지속하고 단돈 몇천만 원의 여유자금을 가지고 다른 지역의 아파트나, 오피스텔 등을 사두는 것이 현명한 방법입니다. 아파트 사이클을 잘 살펴보면 떨어지는 시기는 길어야 3~5년 정도입니다. 그리고 올라가는 시기는 짧게는 5년, 길게는 거의 10년 정도입니다. 그래서 많은 분이 정확하게 사이클을 알지 못하더라도 떨어지고 난 뒤 적당한 시점에 주택을 구입하게 되면 돈을 벌게 되는 것입니다. 전세로 가만히 있으면 결코 돈이 불어나지 않습니다. 어떤 경제학자가 말했습니다. 자본주의 체제하에서는 자금을 가만히 놔두는 것은 결국에는 손해 보는 것이라고요. 부동산이 특히 그렇습니다. 부동산의 오름 정도는 시중에 있는 어떤 재화나 투자 상품보다 훨씬 높습니다. 그러기에 사람들이 모두 부동산, 부동산 하는 것입니다.

지금이라도 늦지 않았습니다. 많은 무주택자분들은 싸게 사려고 기다리고 있는 중이십니다. 그런데 싸게 사기 위해 기다리시는 분들은 제가 장담하는데 절대 무주택자를 벗어나실 수 없습니다. 왜냐하면, 그분의 시각으로는 매 시기가 자기 기준보다 비쌉니다. 제가 포털사이트에 접속해 부동산 관련 기사를 읽을 때 반드시 그 기사에 딸린 댓글을 읽어봅니다. 대부분의 사람이 지금의 집값은 너무 비싸다, 그래서 떨어질 것이다. 제발 떨어져라, 그러고 나서 살 것이다, 이렇게 말합니다. 그런데 과연 집값이 내려가면 살 수 있을까요? 떨어지면 얼마나 떨어져야 살 수 있을까요? 그런데 그렇게 말씀하시는 사람치고 정확한 자기 기준이 있으신 분은 거의 없습니다. 있다고 하더라도 현실성이 거의 없는 터무니없는 기준을 갖고 계신 분이 대부분입니다. 저는 아파트 가격이 가장 저렴했던 시점인 2011~2012년에도 분양 상담을 하고 있었습니다. 이때도 사람들의 심리를 읽기 위해서 많이 연구하고 있던 시기여서 분명히 기억합니다. 그때도 10명 중 9명은 다 비싸서 못 산다고 했습니다. 그리고 여기서 더 떨어질 것이라는 확신을 가지고 있었습니다. 그러니까 지나서 보면 그분들은 항상 그 시점에는 무조건 비싸다 생각하는 것입니다.

절대 싸게 사려고 하지 마세요. 너무 싸게 사기 위해 욕심부리시다 결국에는 못 사고 남들 올라가는 것을 보고 배 아파하게 됩니다. 사람의 욕심은 끝이 없습니다. 싸게 나온 물건이 있으면 그보다 더 싸게 사고 싶은 것이 사람입니다. 싸게 사려고만 하는 사람은 그 욕심을 이길 수가 없고 계속 싸게 사기 위해 노력만 하다 결국에는 결과물이 없이 빈손이 될 확률이 높습니다. 그래서 제가 앞에서 경매나 재건축 투자를 하지 말라고 한 것입니다. 결국에는 이런 투자법이 최고로 싸게 사기 위한 노력의 일환인 것입니다. 싸게 사는 것이 중요한 것이 아니고, 흐름을 어느 정도 익히고 올라가는 흐름에는 반드시 보유하고 있어야 하는 것이 더 중요한 것이라는 것을 말씀드리는 것입니다. 여기서 반드시 본인이, 싸게 사기 위한 무주택자라고 판단되면, 기준을 바꿔야 합니다. 싸게 사고자 하는 사람은 계속해서 무주택자일 가능성이 크고, 그동안 기울인 노력도 허사가 될 가능성도 크다는 것을 명심하시기 바랍니다.

다시 말씀드리지만 지금 시점이라도 집을 구입하는 것이 바람직합니다. 단지 지금 시점부터 앞으로 더 올라갈 수 있는 시점은 아주 오래가 아니라는 것은 명심하시기 바랍니다. 앞서 사이클에 대해서 언급했듯이 앞으로 폭등이 남아 있고 폭등 후에는 반드시 떨어질 수 있으니 이 점을 유의해서 매도시점을 잘 잡으시길 부탁드리겠습니다.

07 전세를 싸게 들어가는 방법은 없나요?

가장 먼저 해드리고 싶은 말씀은 생각을 한번 바꿔보시라는 것입니다. 어떠한 이유에서 무주택자를 고집하시는지는 잘 모르겠지만, 가능한 한 무주택자를 벗어나시길 권유합니다. 돈이 행복의 필요충분조건이 아니라고는 하지만, 최소한의 필요조건은 된다고 봅니다. 반대로 돈이 없는 것은 불행의 필요충분조건이 될 수 있습니다. 적어도 이 자본주의체제하에서는 그렇습니다. 사업을 엄청나게 잘해서 부동산을 통해서 벌어들일 수 있는 자금보다 많이 버실 수 있다면 별개로 볼 수는 있습니다, 그렇지만 그런 상황이 아니라면 그 어떤 일을 하셔도 부동산을 통해서 버는 것보다 많을 수는 없습니다. 물론 부동산이 오르기만 하는 것은 아닙니다. 반드시 떨어지는 시기도 있습니다. 그래서 이제는 떨어질까 봐 두려워 부동산 매입을 포기하는 분들도 계시는 것입니다. 그런데 그것은 지금까지 부동산의 흐름에 대해서 알려주는 사람이 없었기 때문입니다. 부동산, 특히 아파트의 경우 제가 말씀드리는 흐름의 형태에서 크게 벗어날 일이 거의 없습니다. 흐름에 대한 공부만 어느 정도 되면 떨어질까 하는 두려움에서 벗어날 수 있습니다. 그러면 투자의 대열에 참여하시는 것이 낫다고 보는 것입니다.

그러함에도 불구하고 무주택자를 고수하시겠다면 저렴하게 전세로 들어갈수 있는 상황을 알고 그에 맞춰 행동하시면 될 것 같습니다. 먼저 정부와 지자체에서 공급하는 임대주택을 공략합니다. 서울의 경우 장기시프트라는 상품이 있고, 다른 지역에서는 뉴스테이라는 상품이 존재합니다. 두 상품은 주변 시세에 비해서 저렴한 임대료가 책정되어 있으며, 이사 갈 걱정 없이 장기간 거주할 수 있다는 것이 아주 큰 메리트로 작용하고 있습니다. 다만 정부와 지자체에서 제공하는 주택이다 보니 요건이 일반전세에 비해서는 다소 까다로운 측면이 있습니다. 예를 들면, 서울의 장기시프트의 경우 당연히 무주택자여야 하고, 소득수준 등의 추가요건도 구비해야 합니다. 그러나 뉴스테이 같은 경우에는 다른 큰 제약 없이 들어갈 수가 있기 때문에 노려볼 만합니다. 특히 뉴스테이의 큰 장점은 계약기간 내에도 본인이 나가고 싶다면 3개월 전에 통보만 하면 보증금을 돌려받을 수 있다는 것입니다. 다만 완전한 형태의 전세는 아니라는 점이 조금은 아쉬운 측면이 있습니다. 하지만 보증금을 최대한 높이고 월세를 작게 하는 조건으로 선택을 하신다면 큰 부담 없이 지내시기에는 좋을 듯합니다. 정부나 지자체에서 제공하는 임대상품은 인터넷만 찾아봐도 충분히 많은 정보가 있습니다.

그다음으로는 싼 일반전세를 구하는 방법입니다. 바로 대단지로 입주하는 새 아파트를 눈여겨보시면 됩니다. 대단지의 새 아파트의 경우 투자자들에게 인기가 좋아서 투자자들이 매입을 많이 하는 편입니다. 이런 경우 입주를 맞이하게 되면, 보통 입주기간이라 해서 준공 후 입주할 때까지의 여유 기간을 약 2달 정도 주게 됩니다. 분양자들은 이 기간 안에 잔금을 모두 치러야 합니다. 안 그러면 그다음부터는 엄청난 금리의 연체이자가 발생하게 됩니다. 그리 길지 않은 기간 안에 잔금을 치러야 해서 투자자들은 이때 전세를 시세보다 싸게 내놓게 됩니다. 대단지의 경우 임차인을 한꺼번에 맞추는 게 쉽지 않기 때문에 투자자들은 세입자를 구하기 위한 서로의 경쟁을 벌이게 됩니다. 그래서 일시적으로 전세금이 시세에 비해서 월등하게 낮아지는 현상이 벌어지게 됩니다. 이 현상을 사람들은 역전세라고도 합니다. 이때 전세를 구해서 들어가면 좋은 조건에 임대차계약을 맺을 수 있을 것입니다. 그런데 치명적인 단점이 있습니다. 처음 입주할 때는 저렴한 임대료로 입주할 수 있지만, 입주가 이 한 아파트로 끝나는 지역이면 다음 2년 차에는 임대료가 급등할 수 있으니 주의하시기 바랍니다.

다음 방법으로는 입주하는 아파트 중에 잘 찾아보시면 입주 미분양 물건이 있는 경우가 있습니다. 예전에는 미분양물건을 시행사는 다 팔릴 때까지 빈집으로 놔두는 경우가 많았습니다. 그런데 빈집으로 있는 경우에 오히려 팔기가 어려운 상태가 될 수 있어서 전세처럼 살다가 얼마든지 나갈 수 있는 애프터리빙 이라는 특수한 상품을 일시적인 형태로 분양하는 방법이 생겨 났습니다. 처음 이 상품이 생겼을 때는 위약금이라는 약관 내용 이 있어서 2년 살다가 그냥 나가겠다고 하는 경우에는 몇천만 원의 위약금이 발생하기도 했는데, 점차 소비자들이 그러한 내 용에 대해서 지식을 가지고 항의를 하자 실제 전세처럼 살다가 나오는 상품이 나왔습니다. 이러한 상품을 잘 이용하면 아주 저 렴한 금액으로 전세를 살다가 나올 수 있고 살아보다가 그 집이 마음에 들고 자금도 마련이 되면 분양을 받을 수도 있는 기회가 되기 때문에 전세를 고집하시는 분에게는 아주 괜찮은 상품이 될 수도 있을 것입니다.

그리고 다른 한 가지 팁은 완전히 일반임대의 경우 임대인이 외국에 있거나 그 지역과 많이 떨어져 있는 지역에 거주하는 경 우가 좋을 수 있습니다. 왜냐하면, 그 지역과 많이 떨어져 있어 서 그 지역 시세나 돌아가는 현상들을 잘 모를 수 있기 때문입 니다. 전세가가 급등하는 경우 단기간에 몇십 %씩 상승하는 경 우도 많기 때문에 시세를 잘 모르는 분들은 전세금 올리는 것에 약할 수 있습니다. 제가 아는 몇몇 임대인도 외국을 몇 년씩 나가 있으면서 그 물건을 전담하는 공인중개사 사무실에 정해 놓고 임대를 일임하는 경우가 있었습니다. 이 경우 임차인이 그 중개업소 사장님과 잘 대응해 임대료를 몇 년 동안 거의 올리지 않고 아주 편안하게 살았습니다.

그리고 대출이 낮은 비중으로 있는 주택도 괜찮습니다. 대출이 있으면 위험하지 않냐고 할 수 있지만, 보증보험제도를 활용하면 됩니다. 이럴 경우 아주 저렴한 금액으로 전세를 들어갈 수 있는 좋은 방법이 될 수 있습니다. 이때 보증보험료를 누가 내는가에 대한 이견이 있을 수 있으나 현재 누가 내야 한다는 정확한 규정이 있는 것은 아닙니다. 결국에는 아쉬운 사람이 내거나 적당히 합의해 반반씩 내는 경우가 있을 수 있습니다. 그런데 대부분 대출이 있는 경우 임차인들이 그 집을 선호하지 않기 때문에 조금이라도 아쉬운 사람은 임대인이 될 수 있습니다. 이러한 점을 잘 활용해 협상에 임하면 좋은 결과가 있을 수 있습니다.

08
내 집 마련을 위한 대출은 어느 정도를 받아야 할까요?

　집을 구입할 때 대출을 받는 것에 대한 거부감이 상당하신 분들이 의외로 많습니다. 이분들의 특징이 처음 집을 구입하는 분이시거나 집값이 앞으로 떨어질 것 같다고 여기시는 분들이 대부분입니다. 일단 대출은 빚이라는 개념이 너무 크게 자리 잡고 있습니다. 그래서 다달이 이자 내는 것도 부담스럽고 갚아야 할 돈인데, 언제 벌어서 갚나 하는 두려움도 갖고 있습니다. 그리고 그 빚을 갚아야 한다고 생각하시는 분들은 집을 한번 사면 영원히 갖고 가실 생각을 갖고 있습니다.

　제가 도움이 될 만한 말씀을 드리자면, 주택을 구입할 때 발생할 수 있는 대출은 빚이라는 생각을 안 하시는 게 좋습니다. 집을 사게 되면 평생 가져갈 것 같지만 실제로 보유 기간이 그리 길지 않습니다. 보통 길어야 5~10년 정도가 길게 가져가시는 분들입니다. 생각해보세요. 만약에 신혼부부가 24평짜리 아파트를 구입했습니다. 과연 얼마를 보유할까요? 살다 보면 자녀가 생길 테고 자녀가 자라날 것입니다. 요즘은 애를 많이 낳지 않기 때문에 애한테 신경 쓰는 것이 매우 많습니다. 책이며, 장난감이며, 너무 많아서 작은 방 하나를 넘어서 거실까지 다 차지하게 될 것입니다. 이럴 경우 조금 더 큰 집으로 이사를 가고 싶어 할 것입니다. 가장 좋은 방법은 대출을 받고 나서 이자만 내고 살다가 집을 팔고 나면 그 대출을 상환하는 것입니다. 그러고 나면 남는 게 뭐가 있냐 하시겠지만, 집값은 내려갈 확률보다 올라갈 확률이 2배 이상 높습니다. 거의 최고 높은 시기에 사는 것만 아니라면 올라 있을 확률이 훨씬 높죠. 최근에는 집값이 많이 오르고 가계부채가 크게 증가하자 정부에서는 거치식 대출상품을 규제하고 원리금균등상환을 유도하고 있습니다. 어쩔 수 없는 경우가 아니고서는 거치식으로 갈 수 있으면 그게 제일 좋습니다.

한 2억 원 정도 대출을 받는다고 생각해보겠습니다. 대출이자는 계산하기 쉽게 3%라고 가정하겠습니다. 거치식으로 이자만 내는 경우와 30년 원리금균등상환으로 이자와 원금을 상환하는 경우를 비교해보겠습니다. 이자만 내는 경우는 2억 원×0.03(금리)÷12(개월)=50만 원입니다. 다달이 이자 50만 원만 내면 됩니다. 원리금 균등상환방식으로는 계산식이 아주 복잡합니다.

이 경우 30년 원리금균등상환 방식으로 다달이 내야 할 돈이 843,208원이 됩니다. 다달이 내야 하는 돈이 343,208원이 많게 됩니다. 그런데 4년쯤 지나면 얼마나 원금을 갚았을까요? 4년이면 48개월입니다. 48개월을 납입하고 난 원금은 182,519,998원이 됩니다. 약 17,500,000원을 갚았네요. 그런데 우리가 생활하는 데 써야 할 돈이 생각 외로 많습니다. 생활하다 보면 고정비가 꽤 많이 차지합니다. 고정비에 해당하는 것은 관리비, 통신비, 보험료, 교통비, 식비, 월 이자 등입니다. 월 소득이 300만 원 정도 되는 사람들은 이 35만 원이 상당한 부담이 될 수 있습니다. 고정으로 나가는 돈에 35만 원이 추가되는 것입니다. 물론 적금을 드는 사람의 경우에는 적금을 드는 것보다는 원리금균등상환으로 가시는 것이 훨씬 낫습니다.

그런데 실제로 4~5년 지나서 집을 팔고 대출금을 상환할 때 느끼는 감정은 그동안 힘들게 납입했던 원리금에 비해서 생각보다 많은 금액이 남아 있는 느낌을 받게 될 것입니다.

사람마다 바라보는 시각이 다를 수 있습니다. 이게 나을 수도 있고, 저게 나을 수도 있습니다. 다만 저는 부동산 투자를 할 때 너무 팍팍한 삶을 살아가면서 투자하는 것은 옳지 않다고 생각합니다. 돈을 버는 목적이 무엇일까요? 다들 돈을 벌어서 여유 있는 삶을 살아가기 위한 것 아니겠습니까? 그런 측면에서 보면 팍팍하게 원금까지 갚아가면서 어려운 살림을 꾸려가는 것보다는 여유 있는 삶을 누리면서 집도 생기고 나중에 집 팔아서 여유자금도 생기고, 그리고 그 자금을 바탕으로 두 집, 세 집을 사서 좀 더 여유 있는 삶을 누리시길 바랍니다.

대출 규모는 제 입장에서는 최대한 많이 받는 쪽을 권합니다. 다만 이자불입액이 부담스럽지 않은 범위 내면 좋겠습니다. 예를 들어 집을 사고자 하는데 시세가 3억 원 정도 합니다. 대출은 최대 60%인 1억 8,000만 원 정도 가능하다고 보겠습니다. 수중에 2억 원 정도가 있다고 보겠습니다. 이때 1억 원만 받을 것이냐, 1억 8,000만 원을 받을 것이냐에 대한 고민이 많이 들 것입니다. 제가 권하는 가장 좋은 투자법은 1억 8,000만 원을 대출받고 여유자금 8,000만 원은 갭 투자나, 분양권을 사두는 것입니다. 그중 세금을 고려한다면 분양권 투자가 좀 더 나은 투자법이 될 수 있을 것입니다.

왜냐하면, 무주택자인 경우 지금 집을 사게 되면 1가구 1주택자가 되는데, 여기서 추가로 집 하나를 더 구매한다면 2주택자가 되어서 나중에 집값이 오른다 해도 양도세가 발생하게 되어 수익 면에서 손해를 볼 수가 있습니다. 양도세 면제를 받기 위해서는 1주택을 구입한 이후에 1년이 지난 시점에 구입해야 일시적 1가구 2주택의 범위에 포함될 수가 있습니다. 그리고 늦게 산 주택을 산 시점에서 3년 안에 기존 주택을 팔면 양도세가 면제됩니다. 분양권의 경우 보통 지금 분양을 하면 최소 2년 정도

후에 입주하게 됩니다. 분양권은 집이 아닙니다. 단지 입주할 수 있는 권리에 해당하는 것이죠. 그래서 기존 주택 한 개와 분양권은 하나 가지고 있는 경우 1주택자에 해당합니다. 그리고 비로소 분양권이 입주하는 시점에 2주택이 되는 것입니다. 그럼 이 시점으로부터 3년 안에 내가 살던 집을 팔면 됩니다. 이때 원칙적으로는 거주요건이 없어도 됩니다. 다만 최근 정부규제로 인해 규제대상 지역은 거주요건이 필수적으로 요구되니 참고하시기 바랍니다. 거주요건이라는 것은 2년 동안 본인이 필수적으로 그 집에서 살아야 한다는 것입니다.

지금의 대출 규모에 관한 견해는 지극히 제 개인적인 견해에 해당하는 것이고 이와 달리 확고한 신념을 가지신 분은 자기 견해에 맞게 행동하시면 됩니다. 다만 레버리지 투자라 해서 대출, 즉 남의 돈을 가지고 투자했을 때 수익률은 배가된다는 것을 아신다면 아마도 대출을 많이 받는 쪽으로 투자를 진행하실 것입니다.

09 깡통전세가 위험한가요?

전세가가 급등하면서 매매가 대비 전세가 비율이 80%를 넘어 90%에 다다른 주택들이 속출했습니다. 세입자들이 전세계약을 진행하려 할 때 매매금액과 전세금액을 비교해보고 생각보다 높은 전세금액 때문에 깡통전세에 대한 걱정을 많이들 하고 있습니다.

이에 깡통전세에 대해서 알아보고 그에 대한 대비책을 살펴보도록 하겠습니다.

깡통전세를 네이버에서 검색해보면 사전적 의미를 알려주는 글과 그에 따른 유의사항을 적어놓은 블로그를 보실 수가 있을 것입니다. 네이버 지식백과에 나오는 의미를 보면 통상적으로 주택담보대출과 전세금을 합한 금액이 집값의 70%를 넘어서면 깡통전세로 본다고 써 있습니다.

그런데 제가 볼 때는 이 사전적 의미가 현실을 반영하지 못하는 상황으로 보입니다. 옛날에는 전세가가 매매가의 70%를 넘는 경우가 거의 없었습니다. 그래서 기준이 70%가 된 것이죠. 그런데 요즘 70% 미만 되는 전세가 있나요? 우리나라 전체 전세 물건이 다 깡통전세인 셈입니다. 세입자들은 혹시나 전세금을 날리지나 않을까 걱정하고 있습니다. 그래서 깡통전세를 많이 검색하고 있습니다. 그런데 하나같이 똑같은 말만 되풀이하고 있습니다. 안타깝게도 지금의 현실은 깡통전세가 아닌 전세가 없습니다. 어떤 분들은 그런 전세는 피하라고 말합니다. 세입자들이 피할 수 있으면 진작에 피해서 좀 더 전세가 저렴한 주택을 구해서 갔을 것입니다. 그런데 시장에 그런 전세가 없으니까 걱정하는 것입니다. 이미 전세대출과 보증보험제도로 인해서 전세는 모두 깡통전세를 넘어서 버렸습니다.

이제는 사실상 깡통전세라는 말은 큰 의미가 없어진 단어라고 봐도 무방합니다. 이것을 대비할 수 있는 최선의 방법은 보증보험밖에는 없습니다. 다들 주의하라고 알려주는 방법인 등기부등본을 살펴보고, 임대인에 대해서 알아봐서 대안이 있어야 하는데 대안이 없는 상황입니다. 현실적인 대안은 보증보험뿐입니다. 보증보험에서 보장하는 금액 안에 있으면 안전하게 보장받을 수 있습니다. 대출이 먼저 실행되어 있더라도 안전하게 보장받으실 수 있습니다. 만약 대출과 전세금을 합한 금액이 매매가를 넘어서게 되면 보증보험증서를 발행하지 않습니다. 그럴 때 전세가를 조정해 낮출 수 있게 될 것입니다.

현실적으로 거의 모든 전세 물건이 깡통전세가 된 상황에서 걱정하는 것은 큰 의미가 없을 수 있습니다. 다행히 보증보험이라는 제도가 있어서 이를 회피할 방법이 마련되어 있으므로 너무 큰 걱정은 안 하셔도 됩니다. 다만 보증보험료에 대한 다툼이 있을 수 있습니다. 임대인이 내느냐, 임차인이 내느냐에 대한 규정이나 규칙이 정해진 것은 없습니다. 이럴 때 결국에는 아쉬운 사람이 내는 것이 원칙입니다. 대출이 없는 깨끗한 전세인 경우 어쩔 수 없이 임차인이 낼 가능성이 커질 것입니다. 그리고 대출이 있는 경우에는 임대인의 양보를 받아낼 가능성이 커지는 상황이 될 것입니다.

다만 안타까운 것은 이렇게 두려워하면서도 끝까지 전세를 고집하고 계시는 분들입니다. 조금만 노력하고 공부하면 임차인에서 벗어날 방법들이 많은데 말입니다.
이 책을 읽고 계시는 독자분들은 제발 무주택자에서 벗어나서 자유로운 영혼이 되시길 바랍니다.

전세가를 알면 부동산 투자가 보인다

제1판 1쇄 2018년 1월 5일
제2판 1쇄 2018년 10월 17일
제2판 30쇄 2024년 4월 25일

지은이 이현철
펴낸이 허연 **펴낸곳** 매경출판㈜
기획제작 ㈜두드림미디어
디자인 디자인 뜰채 apexmino@hanmail.net
마케팅 김성현, 한동우, 구민지

매경출판㈜
등 록 2003년 4월 24일(No. 2-3759)
주 소 (04557) 서울시 중구 충무로 2(필동 1가) 매일경제 별관 2층 매경출판㈜
홈페이지 www.mkbook.co.kr
전 화 02)333-3577
이메일 dodreamedia@naver.com(원고 투고 및 출판 관련 문의)
인쇄·제본 ㈜M-print 031)8071-0961
ISBN 979-11-5542-040-9 (03320)

책 내용에 관한 궁금증은 표지 앞날개에 있는 저자의 이메일이나
저자의 각종 SNS 연락처로 문의해주시길 바랍니다.

책값은 뒤표지에 있습니다.
파본은 구입하신 서점에서 교환해드립니다.

이 도서의 국립중앙도서관 출판예정도서목록(CIP)은 서지정보유통지원시스템 홈페이지(http://seoji.nl.go.kr)와
국가자료공동목록시스템(http://www.nl.go.kr/kolisnet)에서 이용하실 수 있습니다.
(CIP제어번호: CIP2017032646)